KB132007

헤세가 신혼살림을 시작했던 가이엔호펜의 헤세 박물관에 걸려 있는 헤세의 초상화.

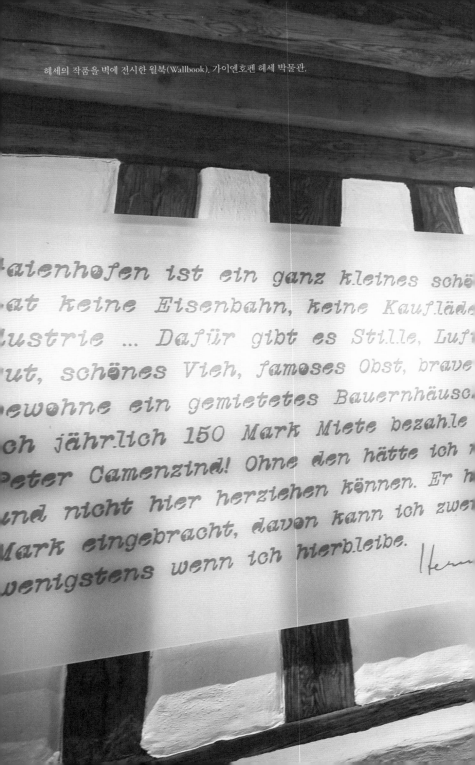

헤세의 작품을 벽에 전시한 월북(Wallbook). 가이엔호펜 헤세 박물관.

Aaienhofen ist ein ganz kleines schö
at keine Eisenbahn, keine Kaufläde
lustrie ... Dafür gibt es Stille, Luft
ut, schönes Vieh, famoses Obst, brave
ewohne ein gemietetes Bauernhäusc.
ch jährlich 150 Mark Miete bezahle
Peter Camenzind! Ohne den hätte ich
und nicht hier herziehen können. Er h
Mark eingebracht, davon kann ich zwei
wenigstens wenn ich hierbleibe.   Herm

헤세가 살았던 가이엔호펜의 보덴 호수 건너편으로 스위스의 모습이 아주 가깝게 보인다.
보덴 호수를 사이에 두고 스위스와 독일이 마주보고 있다.

❶ 칼프 독일 남부
아름답고 평화로운 유년기를 보낸 곳

헤세가 태어난 곳. 헤세는 칼프의 모든 집, 모든 골목, 모든 사람을 기억하고 싶어 했다. 고향을 향한 그칠 줄 모르는 사랑은 헤세 문학의 중요한 원동력이다.

❷ 마울브론 독일 남부
성직자의 꿈은 부서졌지만
작가의 꿈을 발견한 곳

헤세는 괴팅겐에 있는 라틴어 학교를 졸업한 뒤 마울브론 신학교에 들어갔다. 그러나 1년 만에 퇴학한 뒤 요양원과 소년의 집 등을 전전하며 방황했다.

❸ 괴핑엔 독일 남부
수많은 책 속에서
읽기와 쓰기의 기쁨을 발견한 곳

헤세가 작가의 꿈을 이루기 위해 본격적으로 습작을 시작한 시기에, 헤켄하우어 서점에서 4년간 견습 사원으로 일한 곳. 헤세는 서점 직원으로 일하면서 맹렬하게 온갖 책을 읽었고, 서점은 헤세에게 가장 훌륭한 학교가 되어주었다. '작은문학회' 활동도 했다.

❹ 바젤 스위스 북부
미술에 대한 열정을 깨달은 곳

이곳에서도 서점에 취직한 헤세는 계속해서 글을 쓰며, 미술관에서도 많은 시간을 보냈다. 미술에 대한 열정과 감각을 키운 시기이기도 하다.

❺ 가이엔호펜 독일 남부
가정을 꾸리고 호숫가의
평화로운 삶을 즐긴 곳

첫 번째 부인 마리아 베르누이와 결혼한 후 정착하여 3년 동안 살았던 지역. 이곳에서 헤세의 세 아들이 태어났다.

❻ 베른 스위스 중부
독일 정부의 검열에 맞서
전쟁을 반대하는 출판물을 쏟아낸 곳

동방 기행을 다녀온 뒤 정착한 곳. 제1차 세계대전 때는 이곳에서 전쟁 포로를 돌보는 일에 힘을 쏟았으며, 독일인들의 편협한 애국주의를 넘어서서 보편적인 인류애와 평화를 강조하는 글을 발표하면서 독일 정부에 민족의 배반자로 낙인찍힌다.

❼ 루체른 스위스 중부
우울감과 싸우던 헤세가 융 심리학의
도움으로 창작의 위기를 돌파한 곳

첫 번째 부인 마리아와의 불화가 심각해지고, 아내와 막내아들의 우울증이 심해지면서 헤세도 심신이 쇠약해진다. 루체른에서 융의 수제자인 랑 박사에게 상담 치료를 받는다. 이후 융과의 교류도 이어진다.

❽ 몬타뇰라 스위스 남부
헤세가 마침내 발견한 궁극의 안식처

독일 정부의 탄압 때문에 출판에 어려움을 겪던 헤세는 1919년 이곳으로 이사하여 완전히 정착했다. 헤세의 무덤, 헤세가 살았던 두 채의 집인 카사 카무치와 카사 로사가 있는 곳이다.

헤세

×

정여울

바로 지금, 나 자신으로 살기 위하여

arte

서재에서 책을 읽고 있는 헤르만 헤세의 모습.
평생 독학으로 자신만의 세계를 일구어낸 헤세에게, 서재야말로 위대한 학교였다.

CONTENTS

PROLOGUE 에고를 넘어 나에게로 가는 길   013

01 여행자: 헤세, 사랑의 길 위에 서다   022

새로운 여행의 꿈으로 나를 이끌다
독일 남부의 소도시, 헤세의 고향에 가다
헤세의 가족이 탄생한 아름다운 소도시 가이엔호펜
헤세가 선택한 제2의 고향
그 어떤 그림자도 잠자리로 가져가지 말라

02 방랑자: 끝없이 떠날 수 있는 자유   050

도주에서 방랑으로, 방랑에서 순례로
내면의 황금을 찾아서
누군가에게 온전히 나를 내어주다
자유로운 영혼, 크눌프에게서 나를 보다
자유의 대가, 방랑의 아픔
그가 선물한 영원한 일요일

03 안내자: 문득 길이 보이지 않을 때 간절해지는 것들   078

길의 안내자가 필요한 시간
무소의 뿔처럼 홀로 걷는 길이 문득 외롭다면
첫 마음, 첫 느낌
게으름의 천재, 몽상의 천재
내적 성장에 이르는 두 가지 길
아무 말 없이 스러져가는 것들
영혼의 독립선언
우정, 때로는 사랑보다 뜨거운
또 다른 만남: 상실의 고통을 이기는 힘
운명을 찾아 떠난 영원한 길 위의 방랑자

04 탐구자: 『데미안』의 탄생   122

나답지 못하게 만드는 모든 것과의 전투
개구리나 도마뱀이 아닌, 나 자신이 되기 위하여
블리스, 내 안의 진정한 멘토
두려움에 지지 않는 나를 발견하다
내 영혼의 반려자, 소울메이트를 찾을 수만 있다면

05 예술가: 그 끝이 비극인 줄 알면서도 달려가다   150

더 높이 날아오르기 위해 더 깊이 추락하다
내 안의 숨은 빛을 알아주는 사람
내 그림자를 건드리는 사람들
운명적인 사랑을 꿈꾸다
최고의 우정, 최악의 사랑
그 끝이 비극인 줄 알면서도, 우리는 달려간다
예술가의 열정, 죽음과의 전투
내면의 정열과 타인의 시선 사이에서 갈등하는 예술가
내 안의 무한한 가능성과 만나는 시간
마지막 순간을 준비하는 동안
광기를 넘어 예술혼으로

06   아웃사이더: 소시민적 삶을 향한 저항   196

히피들이 열광한 헤르만 헤세
시민적인 삶을 향한 불복종
전쟁이라는 이름의 집단적 광기
세상과 불화하는 천재
당신과 나 사이에 결코 평화란 없다
"미친 사람만 들어오세요!"
가면무도회, 나를 잊어 비로소 내가 되다
그 모든 악행의 욕망은 누구에게나 있다
내 안의 또 다른 나를 만나다
이 모든 것을 '유머'로 만들 수만 있다면

07   구도자: 마침내 깨달음을 향하여 한 걸음   238

깨달음의 길을 떠나다
너무도 남성 중심적인, 헤세식 사랑법
욕망을 통제하는 기술을 넘어
절망을 배울 필요가 있을까
장애물에서 구원을 발견하다
사랑에 이르는 길, 깨달음에 이르는 길

EPILOGUE   부디 내게도 그런 순간이 오기를   267

헤세 문학의 키워드   274
헤세 생애의 결정적 장면   280
참고 문헌   286

에고를 넘어 나에게로 가는 길

헤세와 함께하는 시간은 아무런 해가 없는 진정제를 투여받는 시간이었다. 독한 치료제가 아니라 지금의 아픔을 가만히 누그러뜨리는, 마음의 진정제가 나에게는 헤세였다. 헤세가 심리학을 전공한 것은 아니지만, 그의 모든 작품세계는 심리적 치유 효과를 자신도 모르게 지향하고 있다. 헤세 자신이 평생 고통과 싸워온 사람이고, 자신의 고통을 아낌없는 희생 제물로 삼아 독자의 고통을 어루만진 작가이기 때문일 것이다.

꿈을 이루기 위해 가장 필요한 마음 자세는 무엇일까. 많은 사람이 인정해주지 않더라도, 나만의 꿈을 향해 조금씩 다가가는 삶을 살기 위해 우리에게는 무엇이 필요할까. 나는 그것이 '외로울 용기'와 '가난할 용기'라고 생각했다. 타인이 나를 인정해주지 않고 이해해주지 못하는 상황에서 오는 외로움, 그리고 남다른 꿈을 오직 내 힘으로 실현하기까지 필연적으로 견뎌야 할 가난. 그 두 가지는 인간이 꿈을 이루는 과정에서 가장 먼저 부딪히는 장벽이기 때문이다.

지긋지긋한 외로움과 가난조차 때로는 유머러스하게 견뎌내는 노하우가 생기면, 마음의 여유를 가지고 꿈을 이루는 힘겨운 과정 자체를 즐길 수 있게 된다. 쓰라린 고통조차도 삶의 자양분이 되고 글쓰기의 재료가 되어주는 축복을 나는 경험했다. 그런데 내가 이제 외로울 용기와 가난할 용기를 간신히 갖추었다 싶을 때, 또 다른 위기가 닥쳐왔다. 바로 나이 듦에 대한 두려움이었다.

어떻게 하면 나이 들면서 찾아오는 '혹시 나의 꿈을 이루지 못하면 어쩌나?' 하는 두려움과 불안으로부터 나를 지킬 수 있을까. 어떻게 하면 나이 듦의 공포를 이겨내고 나의 존엄과 나만의 세계를 제대로 지켜낼 수 있을까. 흐르는 시간에도 불구하고 결코 나다움을 잃지 않는 용기를 어떻게 길러야 할까. 나는 이런 용기를 헤세로부터 배웠다.

그는 기댈 수 있는 학벌도 이렇다 할 지연도 없었다. 힘들 때 의지할 만한 그 어떤 성공한 사람도 주변에 없었지만, 그 대신 헤세는 누구에게도 잘 보일 필요가 없었다. 헤세는 학창 시절 두 번이나 퇴학을 당했고 따돌림도 당했으며 사랑했던 사람들에게 버려지기도 했지만, 어떤 상황에서도 무릎 꿇지 않았다. 그는 선배든 스승이든 부모든 그 누구 앞에서도 자기답지 않은 모습을 꾸며내어 잘 보이고 싶어 하지 않았다. 그런 당당함이 참으로 좋았다. 어떤 상황에서도 오직 나다움을 지키겠다는 믿음, 인정 투쟁이나 대중적 인기를 위해 자신을 호사스럽게 꾸며대지 않는 순수함이 그를 지켜준 자기 안의 에너지였다.

무엇보다도 헤세는 나이 들수록 더 좋은 사람이 되어갔다. 사실 젊었을 때의 헤세는 좋은 남편도 좋은 아버지도 아니었다. 오직 자신의 글쓰기와 여행을 가족보다 우선순위에 두는 이기적인 면모를 보였다. 하지만 오히려 나이 들수록 헤세는 따스한 아버지, 좋은 남자가 되어갔다. 첫 번째 부인 마리아와는 고통스러운 이혼의 과정을 겪었지만, 노년기에는 두 사람이 세상 누구보다도 믿음직스러운 친구가 되었다.

헤세는 심각한 신경쇠약과 우울증을 앓았지만 융 심리학의 도움을 받아 정신적 문제를 극복했으며, 그 치유의 과정을 『데미안』을 비롯한 수많은 작품에 반영함으로써 치유와 극복의 에너지를 전 세계 독자들에게 전해주었다. 그는 나이 들수록 영감이 고갈되지도, 그 흔한 매너리즘에 빠지지도 않았다. 오히려 노년기에 접어들수록 더욱 활활 타오르는 영감을 주체하지 못했고, 평생 아이디어가 떨어지지 않았으며, 마지막까지도 좋은 작품을 구상하고 출간했다. 노년기에 더 창조적인 아이디어를 내고, 나이 들수록 더 좋은 사람이 되는 축복이야말로 내가 꿈꾸는 노년의 이상적 밑그림이다.

때로는 삶이 우리에게 너무도 가혹하고 불친절하게 느껴지고, 나이 듦이 무작정 두려워지는 순간이 많지만, 나는 헤세로부터 흐르는 시간을 내 편으로 만드는 방법을 배웠다. 그 방법은 바로 문학과 예술과 자연을 항상 물처럼 공기처럼 내 곁에 두는 진지하고도 풍요로운 삶을 사는 것이다. 문득 '내가 과연 잘하고 있는 것일까' 하는 조바심이 들 때마다 나는 헤세의 작품을 찾는다. 나는 헤세의 글과 삶과 작품 속의 주인공들을 통해 더 나은 삶을 꿈꾸는 시간에는 결코 '늦음'이란 없음을 배운다.『수레바퀴 아래서』를 통해 모든 인연을 첫사랑처럼, 첫 만남처럼 소중히 여기는 법을 배우고,『데미안』을 통해 아무리 읽고 또 읽어도 신비와 새로움을 잃지 않는 문학작품의 마법을 배운다. 마주치는 모든 존재 속에서 사랑과 희망의 조짐을 보는 것, 그것이 내게는 나이 듦에 굴복하지 않는 생의 에너지를 충전하는 일상 속의 마음 챙김mindfulness 비법이다. 헤세를 통해 나는 점점 '나다운 존재'가 되어간다. 헤세를 통해 나는 단지 더 좋은 작가가 아니라 더 아름다운 삶의 주인공이 되고 싶어진다.

위대한 작가들의 공부와 글쓰기 비법을 살펴보면, 그들의 솜씨가 손끝에서 나오는 것이 아니라 세상을 바라보는 시선 자체에서 나온다는 것을 알게 된다. 문장을 요리조리 버무려서 듣기에 좋은 달콤한 말로 빚어내는 얕은 솜씨가 아니라 자기 자신을 단련하는 방법, 자신의 삶을 더 아름답게 만들려는 매일매일의 습관이 위대한 작가를 만들어낸다.

그런데 위대한 창작자들이 입을 모아 전하는 조언이 있다. 바로 '너 자신이 되라'는 것이다. 이 말은 아주 쉬워 보이기도 하고 너무 어려워 보이기도 한다. '나답게, 다른 사람 눈치 보지 말고, 최대한 나 자신의 모습으로 살아가라'는 단순한 조언으로 생각하면 쉽지만, '내 마음 깊은 곳에서 우러나오는 나만의 목소리를 들으며, 어떤 순간에도 흔들리지 말고 깊은 내면의 목소리를 따라 살라'는 의미로 생각하면 그 실천은 참으로 어렵다. 우리의 셀프(self: 내면의 자기)는 끝없이 에고(ego: 사회적 자아)의 시선을 의식하며, 에고는 매 순간 헤세의 타자기와 사진이 놓여 있는 헤세의 고향, 칼프의 헤세 박물관.

흔들리고 방황할 뿐 아니라 끊임없이 타인과의 비교를 일삼기 때문이다.

그렇다면 자꾸만 타인의 시선에 민감해지는 에고로부터 가장 나다운 나, 즉 셀프를 지켜내는 방법은 무엇일까. 셀프를 지키기 위해서는 일종의 '봉인'이 필요하다. 외부의 자극으로부터 나를 보호하는 장소를 찾아 나를 지켜낼 수 있는 내면의 요새 안에서 지내보는 것이다. 봉인이란 가장 나다워질 수 있는 일, 가장 나다운 모습으로 살아갈 장소를 찾아 가장 원하는 나의 모습으로 지내보는 일이다. 아무 꾸밈없이 투명하게 날것 그대로의 내 모습을 지킬 수 있는 일. 그것이 작가에게는 글쓰기이고, 화가에게는 그림 그리기이고, 음악가에게는 작곡이나 연주일 것이다.

어떤 직업이든 '내가 끝내 나다워질 수 있는 일과 장소와 인간관계'를 찾을 수만 있다면, 우리는 힘겹게 일하는 과정에서도 진정한 자기만의 아름다움을 끌어낼 수 있다. 그러나 나다움을 꽃피울 수 있는 일을 찾기도 어렵지만, 나다워질 수 있는 장소와 인간관계까지 찾는다는 것은 하늘의 별 따기다. 그래서 많은 예술가가 고립된 장소에서 혼자 지내는 삶을 택한다.

헤세는 내면의 자기를 지키는 이 길이 얼마나 힘든 일인지 잘 알고 있었다. 그는 나다움을 추구하는 일이 때로는 세상 전체와 맞서기만큼이나 어렵다는 것을 뼈저리게 깨달았다. 그는 지인에게 쓴 편지에서, 세상은 우리가 나약하고 순응적인 존재가 되기를 바라기 때문에 평범하지 않은 정신을 추구하는 모든 이들에겐 삶 자체가 투쟁이 될 수밖에 없다고 이야기한다. 헤세는 사회의 요구에 저항하여 자신만의 생각을 펼치려 한다면 그 행동의 위험까지도 기꺼이 감수할 수 있어야 한다고 말한다. 일단 그 길을 가기로 정했다면, 과연 내가 올바른 길을 가고 있는지에 대해 지나치게 질문하지 말고, 우리의 영혼이 갈망하는 그 길을 따라 거침없이 걸어가야 한다. 나보다 뛰어난 능력을 지닌 사람을 부러워하거나 곁눈질하지 않고, 오직 마음 깊은 곳에서 우러나오는 목소리를 따라 걸어가는 것만이 셀프를 지키는 길이다.

나는 그런 마음의 집중력을 헤세에게서 배운다. 나 자신이 될 수 있는 길이라면 그 무엇이라도 해내고, 나 자신이 될 수 없는 길이라면 그 무엇에도 곁눈질하지 않는 봉인된 집중력이 저마다 지닌 창조성을 발휘하는 최고의 비결이다.

헤세는 때로는 절망조차 필요하다고, 절망하지 않는 자는 아무런 어려움도 영혼도 없는 사람들이라고 말한다. 절망할 수 있는 권리는 자신의 길을 고독하게 걸어가며 매일 장애물을 뛰어넘기 위해 고군분투하는 사람들에게 허락된 지극히 좁고 아름다운 창조의 길이기도 하다. 우리는 '수많은 사람 중에, 보이지 않는 하나의 점' 같은 미미한 존재가 아니다. 대중의 유행을 따라가거나 대중의 취향에 종속되는 일이야말로 창조적 삶을 꿈꾸는 사람들이 가장 경계해야 할 것이다.

나는 내 마음 깊은 곳의 목소리를 좀 더 생생하게 듣기 위해, '셀프의 목소리'라는 노트를 하나 만들었다. 그 노트에는 남들의 시선에 신경 쓰지 않는 오직 나만의 투명한 목소리들이 담겨 있다. 거기에는 이런 낙서들이 둥지를 틀고 있다. "누가 뭐라든, 나만의 글을

헤세의 영원한 안식처가 된 고장의 입구에는 이렇게
헤세 산책로를 안내하는 표지판들이 즐비하다.
왼쪽으로 가도 헤세, 오른쪽으로 가도 헤세와 만날 수 있다니.
그 어느 쪽으로 갈지라도, 헤세가 이루어낸 아름다운 사유의 숲으로 도착할지니.

써야지. 아무에게도 보여줄 수 없더라도, 하루에 한 페이지 이상씩 나만의 글을 쓰고 싶다. 타인에게 길들인 시선이 아닌 나만의 시선으로 세상을 바라보고, 더 많은 사람을 보살피고, 더 깊이 사람들을 아끼고 사랑해야지." 이런 솔직한 문장을 쓸 때마다 나는 더 강인해지고 용감해진다. 두려움이 잦아들고 잡념이 사라진다. 이 순간 나는 다시 글을 쓸 수 있는 용기를 얻는다. 그렇게 진짜 나 자신이 될 때 세상은 더욱 찬란하게 빛나며 내 품에 안긴다.

우리가 자기 안의 눈부신 창조성의 날개를 펼칠 때, 셀프는 가장 환한 미소로 당신의 도전을 반겨줄 것이다. 내게 더 나답게 살 수 있는 용기를 전해준 헤세의 모든 것을 여러분에게 선물하는 여정이 바로 이 책의 한 문장 한 문장이었다. 헤세와 함께하는 동안 나는 매일 더 강해지고, 매일 더 지혜로워지는 느낌이었다.

헤세와 함께라면, 당신 또한 외롭지 않게 혼자 있는 법을 알게 될 것이다. 헤세와 함께라면, 우리 모두 '나'를 향한 아름다운 여정에 매일 오를 수 있는 용기를 얻을 것이다.

01

HERMANN HESSE

여행자

헤세, 사랑의 길 위에 서다

새로운 여행의 꿈으로 나를 이끌다

　헤세는 도전의 소중함에 대해 이렇게 말한 적이 있다. "말로 갈 수도, 차로 갈 수도, 둘이서 갈 수도, 셋이서 갈 수도 있다. 하지만 맨 마지막 한 걸음은 자기 혼자서 걷지 않으면 안 된다." 정말 그렇다. 진정으로 인생을 바꾸는 도전, 내 삶의 진정한 터닝포인트가 되는 도전은 반드시 혼자만의 힘으로 완성해야 한다. 그 길에 누군가 함께할 수는 있지만 결정적인 한 걸음, 마지막 한 걸음은 반드시 자신이 마무리 지어야 한다.

　뭔가에 도전할 때 맞닥뜨리는 가장 큰 장애물은 주변 사람들의 반대다. 도전할 때마다 우리는 주변의 온갖 반대와 저항에 부딪히지만, 도전이 끝난 뒤 선물처럼 기다리는 '더 나은 나'와의 만남을 결코 포기할 수 없다.

　내가 사랑하는 도전은 글을 쓰기 위해 머나먼 곳으로 떠나는 취재 여행이다. 취재 여행은 관광보다는 출장에 가까워 한정된 시간

안에 엄청나게 많은 장소를 돌아다녀야 하고, 걸어 다니면서 메모를 하고, 열악한 상황에서 사진을 찍느라 정신이 없을 때가 많다. 헤세와 인연이 깊은 장소들, 특히 칼프Calw나 몬타뇰라Montagnola, 가이엔호펜Gaienhopen은 모두 화려한 대도시나 유명한 관광지가 아니어서 교통이 불편하다. 하지만 온갖 불편과 험난한 과정을 견뎌내고 나면 '그것을 견뎌낸 사람만이 느낄 수 있는 눈부신 희열'과 만날 수 있다는 것이 도전이 갖는 매력이다.

내가 '헤세의 흔적을 찾아 떠나는 여행'을 하겠다고 했을 때, 어김없이 주변 사람들은 나를 말렸다. 그런 외딴 시골엔 뭐하러 가느냐, 관광지도 아닌데 볼 것도 별로 없지 않냐, 도대체 머릿속에 뭐가 들어 있어 늘 그런 신기한 장소를 찾아 헤매느냐. 이제 그만 방랑벽을 버리라는 사람도 있었다. 그런데 나는 헤세의 작품을 눈으로만 읽는 것으로는 만족이 되지 않았다. 그가 작품을 쓰고, 아이들을 키우고, 사랑에 빠지고, 삶을 꾸려가던 장소에 직접 찾아가 보고 싶었다.

만약 그때 도전을 포기했다면 나는 『헤세로 가는 길』이라는 책을 낼 수 없었을 것이고, 지금까지 헤세에 관한 글을 꾸준히 쓸 수 있는 결정적인 원동력도 얻지 못했을 것이다. 도전이 실패하든 성공하든, '도전' 그 자체가 가져다주는 쾌감이 있다. 그것은 도전하기 전과 끝낸 뒤의 내 모습이 다르다는 것이다. 나아가 좀 더 자신감 있는 나, 좀 더 나 자신을 깊이 이해하고 존중하는 나, 더 나아질 수 있다는 희망을 간직한 나로 변신할 수 있다는 점이다.

헤세의 고향인 칼프에서는 최소한 300년이 넘는 유서 깊은 목조 건물과 아름다운 골목길, 헤세의 흔적이 곳곳에 녹아 있는 마을의 산책로가 마음을 끌었다. 일단 찾아가는 길이 무척 복잡해 힘이 들었지만 그래도 좋았다. 관광지가 아니어서 해가 뉘엿뉘엿 넘어가기만 하면 상점들이 문을 닫아 불편하기도 했다. 숙소가 너무 좁아 방안 의자와 침대 여기저기에 다리를 부딪쳐 멍이 들기도 했다. 그래도 마냥 좋았다. 내가 사랑하는 헤세가 태어난 곳이라는 이유만으로도 도전의 험난함은 성취의 기쁨으로 바뀌었다.

헤세가 세 아들을 낳아 키운 곳이며 『수레바퀴 아래서』라는 출세작을 쓴 곳이기도 한 가이엔호펜은 더욱 그 여정이 험난했다. 일단 가이엔호펜에서는 마음에 드는 숙소를 찾을 수가 없어서 휴양 도시 라돌프첼Radolfzell의 기차역 근처에 숙소를 정했다. 그런데 라돌프첼 기차역에 내리자마자 나는 탄성을 질렀다. 가이엔호펜에 있는 헤세의 집을 찾아가기 위해 잠시 숙소로 정한 곳이지만 너무나 아름다웠기 때문이다. 이런 뜻밖의 즐거움, 의도하지 않은 상황에서 만나는 뜻밖의 희열을 세렌디피티serendipity라고 하던가. 평범한 일상 속에서는 절대로 만나기 힘든 세렌디피티를 도전할 때는 하루에도 몇 번씩이나 맞이할 수 있다.

헤세의 세 번째 장소 몬타뇰라로 가는 여행도 만만치 않았다. 이 여행의 장벽은 경비였다. 스위스의 물가는 늘 상상을 초월하기 때문에 스위스 여행을 갈 때는 항상 바짝 긴장하게 된다. 머릿속에서는 환율 계산기가 바쁘게 돌아가고, 과연 이 경비를 내가 글 써서 번 돈으로 충당할 수 있을까 하는 걱정이 샘솟기 시작한다. 하지만 몬타뇰라로 가는 길 역시 너무도 아름답고 풍요로운 볼거리들로 가득 차 있어서 그 치명적인 물가마저도 용서가 되었다.

헤세의 고향. 칼프의 광장. 목조건물의 따스함과 정겨움.
그리고 아무것도 바쁠 일 없이 느긋한 칼프 사람들의 어우러짐이 한 폭의 그림 같다.

몬타뇰라 역시 여행자들을 위한 숙소가 별로 없어서 헤세가 수필에서 자주 묘사하던 루가노 호수 근처에 숙소를 잡았다. '단테 호텔'이라는 이름만으로도 문학적 향기를 물씬 풍기는 루가노의 숙소에서, 미처 헤세의 마지막 안식처 몬타뇰라에 도착하기도 전에 이미 커다란 행복을 느꼈다. 루가노 사람들은 친절하고 세련되고 우아한 미소로 사람들을 기분 좋게 한다.

단테 호텔에 들어가자마자 준비되어 있던 따스한 크로아상과 핫초코, 커피가 지친 여행자의 마음을 달콤하고 보드랍게 만들어주었다. '칼로리 따윈 걱정하지 마세요. 달콤한 인생을 마음껏 즐기세요'라는 카드가 붙어 있는 초콜릿과 과자는 여행자들의 지친 몸과 마음을 따스하게 녹여주었다. 도전의 여정에는 피로와 불편도 많이 있지만, 그보다 훨씬 커다란 기쁨과 희망이 넘실거린다.

도전을 꿈꾸는 사람에게는 항상 새로운 자극이 찾아온다. 예컨대 헤세가 사랑한 곳, 가이엔호펜으로 가는 버스를 타는 동안 재미있는 경험을 했다. 시차 때문에 한국에서 전화가 올 만할 시간이 아닌데도, 자꾸만 문자메시지가 울렸다. 나중에 확인해보니 보덴 호수 근처가 접경지대여서 생긴 일이었다.

보덴 호수는 스위스와 독일 사이에 있었다. 버스가 이리저리 이동할 때마다 조금씩 독일에서 스위스로, 스위스에서 독일로, 국경이 바뀌었던 것이다. 문자메시지는 오랫동안 갈피를 못 잡으며 여기서 드르륵 저기서 드르륵 진동음을 울려댔다. 스위스에 오신 것을 환영한다고 메시지가 왔다가, 몇 분이 지나면 독일에 오신 것을 환영한다며 메시지가 왔고, 조금 있다가 다시 스위스에 오신 것을 환영한다는 메시지가 왔다. 자동화된 시스템으로 전송되는 메시지이겠지만, 독일과 스위스가 나를 향해 번갈아 따스한 포옹을 건네는 것 같아 기분이 좋아졌다. 국경을 넘는 것이 너무도 어려운 한국과 달리, 독일과 스위스에서는 이렇듯 시내버스를 타면서도 매일 국경을 넘을 수 있다는 사실이 흥미로웠다.

지금 나는 『헤세로 가는 길』에 이어 또 다른 헤세와의 만남을 꿈꾸는 두 번째 책을 쓰고 있다. 그 첫 번째 헤세를 찾아가는 여행이 없었다면, 아무도 권하지 않고 아무도 찬성하지 않던 그 외로운 도전이 없었다면, 나에게 이런 축복은 일어나지 않았을 것이다. 도전은 또 다른 도전으로 우리를 이끈다. 새로운 도전을 할 때마다 우리는 이전에는 상상도 할 수 없었던 우리 자신의 눈부신 잠재력과 만날 수 있다.

독일 남부의 소도시, 헤세의 고향에 가다

때로는 목적지보다 그곳으로 가는 길이 더욱 아름답다. 헤세의 흔적을 찾아 떠나는 여행도 그랬다. 그 아름다움은 풍경 자체라기보다는 목적지에 다다르기 전까지의 설렘이 만들어낸 신기루이리라. 그곳으로 가는 길에서, 아직 목적지에 다다르지 않았을 때의 소박한 떨림을 마음에 담으려 애썼다.

그 떨리는 마음을 증폭시킨 것은 다름 아닌 헤세의 문장들이었다. 헤세의 문장을 살아 있는 가이드 삼아 나는 '헤세로 가는 길'을 하나의 파노라마적 루트로 만들어보고 싶었다. 그 간절한 바람이 통했던 것인지, 얼마 전에 드디어 이런 독자를 만났다.

그는 내가 묘사한 칼프가 너무 아름다워서 정말 '혼자' 그곳으로 떠났다고 한다. 대도시도 아니고 숙박지도 많지 않은 그곳에서 그는 예전의 그 어떤 여행지에서도 느껴보지 못한 눈부신 자유를 맛보았다고 한다.

정말 기뻤다. '내가 전하려 한 바로 그 마음'이 독자에게 생생하게 가닿은 것이다. 혼자여도 좋다. 아주 후미진 곳이라도 좋다. 내가 사랑할 수 있는 단 한 가지라도 있는 곳이라면. 그런 감정을 느끼게 하는 모든 곳이 어쩌면 우리 마음의 또 다른 고향일 것이다.

헤세에게 가는 길 위에서 나는 언제나 마음의 피난처를 발견한다. 항상 '어딘가 피할 곳이 필요하다'라고 믿는 마음의 정체는 무엇일까. 때때로 나는 세상을 두려워하고, 가끔은 나 자신을 두려워하기도 한다. 자꾸만 무언가를 원하고 갈망하는 나 자신으로부터 나를 보호하고 싶어지기도 한다.

무언가를 원하는 것은 마음속에 엄청난 갈증과 보이지 않는 감옥을 만든다. 나는 내가 감당할 수 없는 질문에 공격당하고, 나 스스로 이겨낼 수 없는 나의 열망에 주눅 든다. 그런데 헤세의 이런 문장들이 내게 용기를 준다. 『싯다르타』에는 이런 보석 같은 문장들이 곳곳에서 반짝인다.

당신 안에는 하나의 은밀한 장소, 하나의 피난처가 있다. 당신은 언제나 그 속에 틀어박혀서 자기 자신과 이야기를 나눌 수 있다. 하지만 그렇게 할 수 있는 사람은 극히 드물다. 누구라도 할 수 있는 일임에도 불구하고.

─『싯다르타』(저자 번역)

내 안에 은밀한 장소, 이미 존재하고 있었던 피난처. 그걸 마침내 찾을 수 있으리라는 용기를, 나는 헤세가 써 내려간 문장의 창窓을 통해 발견한다.

대부분의 인간은 바람에 날려서 빙글빙글 춤추고 방황하고 비틀거리면서 땅으로 떨어지는 나뭇잎과 비슷하다. 그러나 별을 닮은 인간도 있다. 그들은 확고한 궤도를 걷고, 어떠한 강풍도 그들에게는 닿지 않는다. 그들은 자신의 내부에 자기의 법칙과 자기만의 궤도를 가지고 있는 것이다.

─『싯다르타』(저자 번역)

세상에서 가장 어려운 일. 어떠한 강풍도 나에게 닿지 않도록, 나만의 궤도를 간직하는 것. 얼굴을 살짝 간지럽히는 미풍에도 칼날이 스치는 듯 상처를 받는 나는 '아, 이것만은 할 수 없겠다'라고 엄살을 부려본다.

하지만 마음속에 남모를 처방전을 감춰두듯 이런 문장을 가만히 품어본다. 읊조리고 어루만질수록 마음이 단단해지는 문장. 소슬한 미풍에도 폭풍우를 만난 듯 온몸으로 펄럭이는 내 마음의 돛대를 바로잡기 위해 '별을 닮은 인간'이라는 화두를 가슴에 새겨본다.

헤세에 대한 강연과 책을 쓰다 보니 가장 많이 받는 질문이 바로 이것이었다. "선생님은 헤세를 왜 좋아하세요?" "수많은 작가 중에 헤세를 선택하신 이유가 뭔가요?" 그런데 이상하게도 그 당연하고 필수적인 질문에 가슴이 아려왔다.

'왜 하필 헤세인가요?'라는 질문이 마치 '당신은 왜 하필 당신인가요?'라는 질문처럼 다가왔기 때문이다. 당신은 왜 당신으로 태어났는지, 당신은 왜 당신으로 살아가는지를 묻는 것 같아 가슴이 아파왔다.

왜 그토록 마음이 아팠나 생각해보니, 당시에 나는 헤세에게 '거리'를 둘 수 없어서였다. 너무 좋아하는 것에 대해서는 좋아하는 이유를 말할 수 없을 때가 더 많다. 지나치게 좋아하는 것에 대해서는 그 이유를 미주알고주알 설명하기가 어렵다. 독자들은 순수한 호기심에서 질문했을 뿐인데 나는 엉뚱하게도 마음속의 다른 환부를 찔린 것이다.

헤세를 왜 그토록 좋아했는지, 나는 이제야 알 것 같다. 헤세의 문장을 읽을 때마다 헤세의 고향 칼프를 떠올릴 때마다 나는 좀 더 나 자신에 가까워짐을 느낀다. 나는 이 글을 쓰면서 더욱 생생하게 느낀다. 헤세를 향해 걸었던 그 모든 길이 바로 나 자신을 향해 걷는 길이었음을. 나를 너무도 잘 알고 있다고 믿었던 나 자신을 향해, 헤세는 이렇게 속삭이는 듯했다. '아직 너는 멀었잖아. 하지만 멀었다고 좌절하지 마. 너는 지금 아주 천천히, 하지만 아주 꿋꿋하게, 잘 걸어가고 있는 거야.' 그렇게 속삭이는 듯한 마음의 멘토가 내게는 헤세다.

나는 헤세에게서 독학의 묘미를 배운다. 그는 한 번도 모범생인 적이 없었지만, 한 번도 선생님들에게 제대로 된 칭찬을 받은 적이 없었지만, 학교에서 쫓겨나 비로소 학교 밖에서 자신의 진짜 공부를 찾았다. 그런 그의 투지가 좋다. 헤세가 평생 독학자로 살았던 것이 그의 콤플렉스라고 지적하는 사람도 있지만, 내 눈에는 전혀 그렇지 않다. 그의 평생 독학은 콤플렉스가 아니라 그가 지닌 눈부신 무기다. 나도 그렇게 평생 독학하며 살고 싶다. 누구도 가르쳐주지 않더라도 나 자신의 길을 찾아가고 싶다.

헤세의 가족이 탄생한 아름다운 소도시 가이엔호펜

멋진 쇼핑센터도 없고, 화려한 박물관도 없지만, 마음속에서 '꼭 한 번 다시 가보고 싶다'는 그리움을 낳는 장소들이 있다. 대도시에서 직행으로 갈 수 있는 기차편도 없고, 인구도 적으며, 유명한 특산품도 없지만, 마치 마음속에서 창조해낸 고향처럼 아련한 그리움을 자극하는 도시. 나에겐 헤세의 세 아들이 태어난 장소, 독일 남부 보덴 호수 근처의 가이엔호펜이 그랬다.

아름다운 라돌프첼 기차역에서 내려 숙소를 잡은 뒤, 나는 어서 빨리 헤세가 살았던 바로 그 집에 가보고 싶은 생각에 택시를 탔다. 역에 내리자마자 그림 같은 호수가 펼쳐져 마음을 설레게 하더니 택시를 탄 후 펼쳐지는 풍경은 더욱 아름다웠다.

온 가족이 자전거를 타고 햇살 속을 쌩쌩 달리는 모습, 스위스와의 접경지대인 보덴 호수에서 보트를 타는 사람들, 하얀 목화솜을 오려 붙인 듯한 구름이 새파란 하늘 위를 헤엄치는 모습. 모두가 헤세의 여행 수필에서 따온 장면인 듯 정겹고 사랑스러웠다.

헤세가 살았던 가이엔호펜의 집은 이제는 박물관이 되어 여행자들을 반기고 있었다. 그가 첫 번째 부인 마리아 베르누이와 결혼하여 세 아들을 낳은 곳, 가이엔호펜은 보덴 호수가 한눈에 보이는 아름다운 풍광을 한 아름 안고 있었다. 그곳에서 그는 정원을 가꾸는 삶의 소중함을 깨달았다. 헤세가 가꾸던 정원의 모습은 아직도 생생히 살아남아 향기로운 꽃들과 함께 헤세의 동상 바로 뒤쪽에 자리 잡고 있었다.

아마 헤세가 살았던 곳이 아니라면 나는 독일 남부의 이 작은 도시를 물어물어 찾아올 생각도 못 했을 것이다. 나는 새삼 '내 마음의 오랜 열병'을 떠올렸다. 왜 이렇게 끊임없이 떠나고 싶어 할까. 매번 집으로 돌아올 땐 집을 향한 그리움을 가득 느끼면서도 말이다. 모든 여행에 완전한 만족이란 없었다. 꿈꾸던 그 무엇을 꿈과 똑같은 모습으로 찾지는 못하지만, 전혀 알지 못하는 장소까지 그리워하게 만드는 여행의 마력은 '내 그리움의 얼굴'을 조금씩 알아나가는 과정이다.

헤세는 「붉은 집」이라는 수필에서 고백한다. 작가가 되고 싶어 작가가 되고, 집을 갖고 싶어 집을 지었으며, 가족을 원했기에 결혼을 했지만, 그 행복은 오래가지 않았다고. 소원이 이루어질 때마다 만족감을 느꼈지만, 그 만족감, 포만감이야말로 헤세가 견딜 수 없는 것이었다. 이것은 소유욕의 본질이다. 무언가를 가지고 싶어 하가이엔호펜에 있는 헤세 박물관의 외부. 헤세의 정원이 고스란히 보존되어 있다.

헤세가 첫 번째 부인 마리아와 함께 살림을 차렸던 가이엔호펜의 옛집.
지금도 헤세를 사랑하는 친절한 할아버지가 살고 계신다.

면 필연적으로 성취욕과 만족감이 따르지만, 만족감은 오래가지 못한다. 인간은 또 다른 결핍, 또 다른 갈망에 목마르게 된다.

헤세는 아무리 이루고 또 이루어도 여전히 충족되지 않는 열망의 본질을 꿰뚫고 있었다. 작가가 되지 못한다면 다른 무엇도 되지 않겠다는 생각으로 사춘기 시절부터 끈질긴 독학과 습작 끝에 마침내 훌륭한 작가가 되었지만, 막상 작가가 되고 나자 견딜 수 없는 포만감을 느낀다. 그 포만감은 처음에는 욕망을 마침내 이루었다는 성취감이었지만, 나중에는 '지금의 나 자신에 대한 불만'으로 이어졌다. 가정을 이루고 싶어 결혼도 하고 아이도 낳았지만, 그 또한 견딜 수 없는 포만감을 가져다주었다.

우리가 행복을 '성취의 결과물'로만 생각한다면 마침내 소망이 이루어졌을 때의 허탈감을 견디지 못한다. 작가가 되는 것이 아니라, '어떤 작가가 될 것인가'를 끊임없이 고민하는 것이 중요하다. 가정을 이루는 것이 아니라, 어떤 가정을 이룰 것인가가 중요하듯이 말이다. 소망의 성취는 행복의 본질이 아니다. 내가 어떤 인생을 살아갈 것인가를 매 순간 고민하며 조금씩 '어제보다 더 나은 사람'이 되고자 하는 열정을 잃지 않을 때, 행복은 '나른한 포만감'으로 전락하지 않을 수 있다.

가이엔호펜에서 나는 잊을 수 없는 한 할아버지를 만났다. 가장 잘 알려진 가이엔호펜의 헤세 박물관 말고도 또 하나의 '헤세 하우스'가 있는데, 그곳은 독일과 스위스 등에 남겨진 헤세의 집 가운데 헤세가 살았던 그때 그 모습과 가장 가깝게 보존되어 있다고 한다.

몬타뇰라나 칼프에 있는 헤세의 집은 박물관으로 개조되어 보존

되는데, 가이엔호펜에 있는 또 하나의 헤세 하우스는 민간인이 사서 자신의 집으로 쓰고 있었다. 건물을 다른 용도로 사용하려던 사람이 원래 집을 부수고 다른 건물을 지으려 했지만, 헤세의 집을 꼭 보존해야 한다고 생각했던 뜻있는 할아버지가 그 집을 사들임으로써 헤세가 세 아들을 낳고 첫 번째 가정을 꾸렸던 유서 깊은 장소가 온전히 보전될 수 있었다.

내가 한국에서 왔다고 하니 할아버지는 더욱 반가워하시며 "멀리서 왔으니 입장료는 받지 않겠다"라고 하셨다. 나는 감사한 마음에 할아버지와 함께 사진 촬영도 하고, 헤세의 부인 마리아 베르누이의 손길이 아직도 남아 있는 듯한 그 아늑한 정원을 조용히 산책도 했다. 정원에 있는 작은 벤치에 앉으니 보덴 호수가 한눈에 들어왔다. 잔잔한 보덴 호수 건너편이 바로 스위스였다. 호수 하나를 사이에 두고 이편은 독일, 저편은 스위스라는 것이 무척 신기했다.

작은 보트 하나만 타면 금방 닿을 수 있는 거리에 헤세가 사랑한 제2의 고향, 스위스가 있었다. 나는 여행에서 돌아온 뒤에도 헤세의 집을 묵묵히 옛 모습 그대로 지키고 계신 그 인자하고 소탈한 할아버지의 미소를 기억하며 그 집에서 찍은 사진들을 이메일로 보내드렸다.

헤세는 끊임없이 어디론가 떠나고 싶어 하는 자신의 방랑벽을 '에로스적인 충동'이라고 생각했다. 누군가를 사랑하고 싶은 열망을, 여행을 향한 충동으로 대체한다는 것이다. 그는 「마을」이라는 수필에서 여행의 낭만이란 바로 에로틱한 충동을 다른 무언가로 바꾸어 해소하려는 무의식적인 충동이라고 묘사한다. 채워질 수 없는 영원한 갈증, 그것이 여행자들을 끊임없이 떠나게 만드는 원동력이니까.

그는 사랑에 빠지고 싶은 충동을 이 세상 모든 자잘한 풍경에 대한 무한한 사랑으로 대체하는 자신의 방랑벽을 너무도 잘 알고 있었다. 그는 여기서 특정한 누군가에 대한 사랑을 말하는 것이 아니라, '사랑 그 자체에 대한 사랑'을 말하고 있는 것 같다. 누군가와 꼭 만나지 못하더라도, 사랑이라는 열정 그 자체를 잃고 싶지 않은 마음. 사랑이라는 감정과 사랑으로부터 우러나오는 몸짓의 향기를 잃고 싶지 않은 마음. 헤세 작품의 주인공들이 추구한 방랑의 열정도 바로 그런 것이었다. 꼭 무언가를 찾기 위해서가 아니라, 그저 방랑의 즐거움 그 자체를 사랑하는 마음이다.

나는 떠나기 전에는 방랑의 즐거움 자체를 사랑한다는 헤세의 그 말을 그저 머리로만 이해했다. 정해진 목적지에 도착하기도 전에, 이미 떠나는 길 위에서 여행자가 느낄 수 있는 모든 행복을 다 깨달아버린 그 모든 기억의 향기가 없었더라면 나는 어떤 사람이 되었을까. 주어진 목표를 향해 끊임없이 전진하기만 하는 재미없고 따분한 모범생이 되지 않았을까. 내가 스쳐 지나가기만 할 뿐 결코 맛보지 못한 수많은 행복의 조각들이 이 세상에 존재한다는 것을 미처 알지 못한 채, 내가 무엇을 모르는지조차도 깨닫지 못한 채, 건조한 생활인이 되지 않았을까.

내가 사랑한 풍경들은 저마다 '떠나지 않았더라면 결코 깨닫지 못했을 타인의 아름다움, 이 세상의 아름다움'을 일깨워준다. 나는 그렇게 조금씩 어제보다 조금 더 행복한 사람이 되어가고 싶다.

가이엔호펜 인근의 호수.
젊은 헤세가 매일 바라보았을
호수를, 우리도 함께 바라본다.

헤세가 선택한 제2의 고향

어려운 일이 생길 때마다 우리는 인생의 갈림길에 선다. 지금까지 걸어왔던 길의 연장선상에 설 것인가. 아니면 지금까지와는 전혀 다른 삶의 길을 찾을 것인가. 갈림길은 위기로 인식되지만 뜻밖의 기회이기도 하다. 지금까지와는 전혀 다른 삶의 길을 찾을 절호의 기회. 그래서 '어려운 일'이 꼭 '나쁜 일'만은 아니다. 새로운 삶을 선택할 기회를, 우리는 일이 술술 잘 풀릴 때 찾아내기는 어렵기 때문이다. 헤세에게도 그런 기회가 여러 번 찾아왔다. 전쟁에 반대하는 글을 쓴다는 이유로 독일에서의 글쓰기가 사실상 금지된 시절이 있었다. 1919년 스위스의 몬타뇰라로 이주한 헤세는 이곳에서 마침내 제2의 고향을 발견한다.

독일어로, 독일인의 이야기를, 독일 사람들에게 읽힐 기회는 사라졌지만, 그는 심정적으로 친밀감을 느껴오던 스위스에서 '화가의 삶'과 '작가의 삶'을 병행하기 시작한다. 그는 『클라인과 바그너』에서 이런 아름다운 문장을 남긴 적이 있다. "인생은 모든 의미와 의의가 상실된 순간에 가장 의미 깊은 것이 된다." 화가의 길이라는 새로운 삶의 기회를 찾은 그는 '내 인생을 잃어버렸다'는 뼈아픈 상실감을 그림을 통해 극복했다.

나이 마흔에 완전히 새로운 삶을 시작한다는 것은 얼마나 어려운 일인가. 하지만 헤세는 그 일을 해냈다. 미술을 공식적으로 배운 적도 없고 스승이 따로 있는 것도 아니었지만 그는 몬타뇰라의 아름다운 자연을 스승 삼아 그림을 그리고, 글을 쓰고, 정원을 가꾸는 삶을 시작한다. 다른 사람의 길과 나의 길을 비교하지 않고, 묵묵히 자신의 길을 걸어가는 것. 그것이 헤세의 눈부신 재능이었다.

내게 '작은 마을로 여행하기'의 기쁨을 알려준 헤세 작가 기행은 몬타뇰라, 칼프, 가이엔호펜 등 그전에는 이름도 잘 알지 못했던 곳을 물어물어 찾아가는 모험을 가능하게 해주었다. 쓸데없이 겁도 많고 걸핏하면 길도 잘 잃는 나에게는 이런 소박한 여행마저 쉽지 않았다.

하지만 도착하기 전까지는 힘들고 어려웠던 여행이 도착하고 난 뒤에는 다른 어떤 대도시보다 소중한 체험을 선물해주었다. 사람들은 여행자의 질문을 전혀 귀찮아하지 않았고, 마치 자신이 '길을 가르쳐주는 사명'이라도 가지고 태어난 것처럼 성심성의껏 그 도시의 아름다움을 설명해주었다. 나는 그저 '길'을 물었을 뿐인데, 사람들은 '아름다움'을 선물해주었다. 나는 그저 목적지에 도착하는 방법을 물었을 뿐인데, 사람들은 그곳으로 가는 '길'의 아름다움을 가르쳐주었다.

『클라인과 바그너』에서 헤세는 속삭인다. 무엇보다도 '자기 자신'과 사이가 나빠지지 말라고. 자기 자신을 사랑하고 신뢰하며 살아간다면, 그 무엇이라도 해낼 수 있다고. 가족과 불화하고, 국가와 불화하고, 자기 자신과 불화하며 중년의 위기를 심각하게 겪은 헤세는 몬타뇰라라는 스위스 남부의 작은 마을에서 안식을 찾았다. 몬타뇰라 곳곳에 펼쳐져 있는 '헤르만 헤세 산책로'는 헤세가 걷고 또 걸음으로써 마침내 찾아낸 '자기 자신으로 가는 길'을 알려주는 마음의 이정표가 아닐까. 나는 몬타뇰라의 헤세 산책로를 걸으

몬타뇰라의 '헤세 산책로'에서 오르막길을 걷다 보면, 루가노 호수와 알프스가
다정하게 대화를 하는 듯한 바로 이 풍경을 볼 수 있다. 헤세가 매일 바라보았던 풍경이다.

며 나에게 다가가는 길, 오래전에 잃어버린 나에게로 가는 길을 찾았다. 노트북 곳곳에 빼곡하게 입력해놓은 헤세의 문장들을 마음의 이정표 삼아 나는 헤세가 살았던 곳, 헤세가 글을 쓰던 곳, 헤세가 그림을 그리던 곳을 하나하나 짚어가 보았다.

그렇게 오래오래 걸을수록 마음속은 이상할 정도로 편안해졌다. '이것도 해야 하잖아', '저것도 신경 써야 하잖아', '할 일이 얼마나 많은데', 이런 내면의 시끄러운 알람 소리는 어느덧 잠잠해졌다. 그런 외부의 알람 소리를 다 들어주다가는 나 자신으로 가는 길을 영영 찾을 수 없을 것이다.

헤세는 자신이 떠나온 고향 칼프의 온도와 비슷한 곳, 칼프처럼 작고 소박하지만 그에게 결코 우호적이지 않았던 나치즘의 손길에서 멀어질 수 있었던 이국의 땅 몬타뇰라에서 '계속 글을 쓰며 살아갈 힘'을 얻었다.

아마도 그것은 몬타뇰라에 '무엇이 있어서'가 아니라 '무엇이 없어서'였을 터다. 조국의 전쟁에 참여해야 진정 애국자라고 부추기는 사람들, 전쟁에 반대하는 글을 쓰고 팸플릿을 만든다는 이유로 헤세의 책을 판매 금지했던 사람들, 나치즘에 떳떳이 동조하는 사람들, 어떻게든 국가의 조치에 따라야 훌륭한 국민이 될 수 있다고 믿는 맹목적인 사람들이 없었기 때문일 것이다.

몬타뇰라는 그가 선택한 제2의 고향이기도 했지만 그곳 자체가 최고의 집필실이자 화실이기도 했다. 그는 사람에게서 받은 상처를 그림으로 치유했고, 아직 못다 한 작가로서의 사명을 글쓰기로 풀어내며 시끄러운 내면의 알람 소리를 잠재웠을 것이다. 혼자 있는

시간은 더 깊은 자연의 아름다움과 만나는 시간, 더 깊은 위대함의
비밀과 만나는 시간이기에.

그 어떤 그림자도 잠자리로 가져가지 말라

헤세의 시 「청춘은 아름답다」에는 이런 구절이 있다.

　모든 나쁜 행동을 진정으로 부끄러워하고
　그 어떤 그림자도 잠자리로 가져가지 말라.

이것이야말로 평온한 잠자리의 비결이 아닐까. 자신의 행동을 진
심으로 반성하고 성찰한 뒤 잠이 들 때는 그 어떤 어두운 생각도 품
지 말라는 것이다. 물론 이것은 무척이나 어렵다. 자신의 나쁜 행동
을 진심으로 속속들이 반성하기도 어렵지만, 잠이 들 때 어떤 그림
자도 이불 속으로 가져가지 않기도 힘들다.
　우리의 머리맡은 영원히 해결하지 못할 것만 같은 온갖 걱정거
리, 낮에 저질러놓은 온갖 일에 대한 뼈아픈 후회와 예측 불가능한
내일에 대한 두려움으로 가득 차 있다. 모든 걱정거리를 마음에서
떼어내어 우리 영혼이 편안히 쉴 수만 있다면 얼마나 좋을까. 그
하룻밤의 지극히 평화로운 단잠은 세상 무엇과도 바꿀 수 없을 것
이다.
　이런 평화로운 단잠을 자려면 도대체 어떻게 해야 할까. 작은 것

들, 하찮은 것들, 항상 내 곁에 있는 것들을 소중히 여겨야 한다. 헤세는 일상의 자잘한 기쁨, 생활의 사소한 걱정거리를 소중하게 여겼다. 그는 「어떤 소설을 읽고」라는 산문에서 이렇게 말한다. 큰일에는 진지하게 임하면서 작은 일에는 무관심한 것이 당연하다고 생각하는 것, 몰락은 바로 거기서 시작된다고. 인류는 존중하지만 자기 하인은 괴롭히는 사람들, 조국이나 교회나 당은 숭배하면서 일상의 자잘한 일은 거칠고 소홀하게 다루는 태도, 거기서 붕괴는 시작된다고.

나는 이 대목을 읽고 정신이 퍼뜩 들었다. 내가 기성세대에게 실망했던 순간, 어른들이 미웠던 순간이 바로 이런 때였기 때문이다. '내 주변의 진짜 문제들'은 '작다'는 이유로 무시하고, 곁에 있는 사람들은 하대하면서 '힘 있는 사람들, 대단한 조직들'은 숭배하는 사람들. 나 자신이 그런 사람이 될까 봐 얼마나 두려워했던가. 우리는 더욱 예민하고 섬세해져야 한다. 작은 것들이 버려지지 않도록, 항상 곁에 있는 것들이 상처받지 않도록. 그런 조심성 속에서 삶은 아주 천천히 영글어갈 것이다.

헤세는 평생 아주 작은 마을들을 전전했다. 그가 대도시의 환락가를 생존의 장소로 삼지 않은 것은 지혜로운 선택이었다. 그는 수많은 장소를 여행했지만, 언제나 몬타뇰라나 가이엔호펜 같은 작은 마을로 다시 돌아왔다. 그는 수많은 사람이 명예나 부나 인기를 두고 아귀다툼을 하는 곳, '여기가 문화의 중심'이라고 스스로 외치는 장소를 한사코 피했다. 친구들은 그에게 베를린이나 뮌헨으로 오라고 손짓했지만, 그는 그토록 다정한 친구들의 유혹을 떨쳐냈다.

헤세는 작은 시골 마을이 주는 삶의 사소한 기쁨들을 사랑했다. 대도시와 멀리 떨어진 곳, 교통도 생활도 불편한 그 작은 마을에서 갑갑함을 느끼지 않았다. 헤세의 수많은 작품이 우리에게 주는 감동도 바로 그런 '작은 시골 마을에서 태어난 생각들'의 아름다움에서 비롯한다. 그 모든 사소한 것들이 마침내 위대한 것들로 변신하는 과정, 그것이 바로 창작의 비밀이 아닐까.

나는 스위스 남부의 작은 마을 몬타뇰라를 여행하면서 헤세가 그곳을 제2의 고향으로 선택한 이유를 곰곰이 생각해보았다. 그리고 그렇게 작은 것들의 아름다움, 이름 모를 들꽃들의 아름다움, 화려하지 않은 것들의 소중함을 새삼 깨달았다.

헤세는 오랫동안 수많은 사람 사이에서 화제의 중심에 있었다. 두 번의 이혼, 세 번의 결혼, 조국 독일이 일으킨 전쟁에 대한 반대, 파격적인 글쓰기, 독일에서의 출판 금지, '애국자'가 되어 제1차 세계대전과 제2차 세계대전에 동조하지 않은 '죄'까지. 그리고 첫 번째 아내와 자신의 우울증까지도 화젯거리가 되었다.

많은 사람에게 사랑을 받은 만큼, 더 많은 사람에게 비난과 질투도 한 몸에 받았다. 그 속에서 숱한 어려움을 겪었고, 경제적 곤란도 여러 번 겪었으며, 때로는 포도를 재배하고 그림을 그려 팔아 생계를 유지해야겠다는 생각도 해보았다. 하지만 항상 '글쓰기'로 되돌아오는 자신을 발견했다. 글쓰기는 그에게 단순한 직업이 아니라 그를 비로소 그 자신으로 만들어주는 무엇이었다. 『데미안』에서 헤세는 속삭인다. 자기 자신으로부터 이탈하는 것이야말로 죄악이라고. 거북이처럼 자기 안으로 온전히 파고들어야만 진정한 나를 찾을 수 있다고.

몬타뇰라를 천천히 산책하면서 나는 헤세의 무덤을 향해 발걸음을 옮겼다. 무덤 속에 누워 있는 헤세를 만나는 것이 왜 그토록 설렜을까. 물론 거기 누워 있는 것은 '헤세의 스러진 육신'이었지만, 나는 여전히 남아 있는 한 인간의 온기를 느낄 수 있었다. 수직으로 고즈넉하게 서 있는 헤세의 묘비 아래 수평으로 고요히 누워 있는 또 하나의 묘비는 바로 헤세의 세 번째 아내 니논의 것이었다. 나란히 누워 있는 것보다 그렇게 수직과 수평으로 서로를 보완해주는 두 사람의 모습이 기이한 편안함을 느끼게 했다.

무덤가에 앉아 지금까지 내가 걸어온 '헤세 루트'를 가만히 곱씹어보았다. 누군가를 만나기 위해 이토록 애써본 적이 있었던가. 헤세의 흔적을 따라 걸어간 그 머나먼 길은 결국『데미안』의 한 대목이 말하듯 '나 자신을 향한 길'이었다. 누군가가 시켜서도 아니고, 바쁜 업무 때문도 아닌, 그저 나 자신의 내면에서 우러나오는 목소리를 따라 고요히 걸어가는 마음의 오솔길. 그 위에 내가 사랑한 사람들의 추억들, 내가 사랑한 헤세의 작품들, 그리고 미처 화해하지 못한 나 자신의 어두운 그림자까지 함께 포개지고 있었다.

이제 나는 비로소 편안히 잠들 수 있을 것 같다. 온갖 걱정거리를 잠시 저 멀리 여행 보내고, 아름다웠던 추억의 조각들과 아직 부르지 못한 그리움의 노래들을 껴안고 편히 잠들 수 있을 것 같다.

HERMANN HESSE

방랑자

끝없이 떠날 수 있는 자유

도주에서 방랑으로, 방랑에서 순례로

여행지에서는 모든 것이 새롭고 낯설고 어렵다. 이방인으로서의 소외감은 매번 뼈가 시릴 정도로 아프지만, 이방인이기에 배울 수 있는 세상의 기쁨은 현지인들이 얻지 못할 쾌락이기도 하다. 그저 스쳐 가는 사람, 손님만이 느낄 수 있는 묘한 외로움은 신기하게도 우리의 영혼을 훌쩍 자라게 한다. 헤세는 방랑의 목적지가 아니라 방랑 자체, 떠돎의 기쁨을 있는 그대로 누리길 원했다. 그런데 그가 창조하는 예술은 방랑의 길 위에서 나왔지만, 그의 작품을 감상하는 독자들은 주로 시민이자 정착민들이었다.

헤세가 말하는 시민이란 사회나 국가가 요구하는 의무에 충실한 순응적인, 혹은 불가피하게 순응적으로 보이는 인간을 가리켰다. 하지만 이 세상은 바로 그러한 시민들이 꾸려가고, 지켜내고, 보살피는 곳이기도 하다. 예술가의 삶을 꿈꾸지만 시민의 울타리를 벗어날 수 없는 보통 사람들의 영혼에 호소하는 이야기야말로 우리 시대에 필요한 이야기가 아닐까.

그는 자신의 방랑에 더 커다란 의미를 부여할 수 있는 어떤 초월적인 힘이 필요했다. 『크눌프』나 『페터 카멘친트』 같은 초기작에서 보여주는 방랑은 다소 개인적이고 내면적인 차원에 머물렀다. 방랑 자체에 커다란 의미를 부여하는 『크눌프』와 『페터 카멘친트』와 달리, 적극적으로 종교적 초월을 꿈꾸는 주인공이 등장하는 『싯다르타』와 종교와 예술 사이에서 갈등하는 주인공의 모험을 그린 『나르치스와 골드문트』 같은 작품은 바로 '순례자'를 주인공으로 삼고 있다. 싯다르타와 골드문트는 단지 방랑하거나 도주하는 것이 아니라 지고한 목표를 향해 고행의 길, 순례의 길을 떠나는 주인공들이다.

『황야의 이리』와 『데미안』은 시민적인 삶과 초월적인 삶 사이에서 갈등하는 문제적 개인의 모험을 극적으로 그려낸다. 싯다르타나 골드문트가 탈속적인 세계, 다소 세속적인 세계와 벗어난 세계에서 초월을 꿈꾼다면, 데미안이나 하리 할러(『황야의 이리』의 주인공)는 시민적인 세계 내부에서 내적인 초월을 꿈꾼다. '방랑'을 넘어 '순례'로 나아가는 인간의 아름다움, 순례를 통한 현실 세계의 초월로 나아가는 헤세의 여정이 잘 드러나는 것이 『싯다르타』와 『나르치스와 골드문트』이다.

정착민의 삶, 무언가를 차곡차곡 쌓아가는 삶을 향한 유혹을 완전히 떨치지 못한 그는 현실에서 결혼도 하고 아이도 가지며 멋진 집도 지었고 농부나 정원사의 삶을 살아보기도 한다. 도주에서 방랑으로, 방랑에서 순례로 나아가는 그의 문학적 여정은 사실은 반쯤 정착민적인 자신의 현실 삶에서의 결핍을 채우기 위한 몸부림이

헤세가 가장 오랫동안 살며 글을 쓴 곳. 몬타뇰라에는 여행자를 위한 이정표가
곳곳에 설치되어 있다. 헤세의 서명이 있는 곳은 모두 헤세가 걸었던 길이다.

아니었을까.

　그는 「도주」라는 산문에서 고백한다. 오직 자신만이 존재하는 곳, 외부세계의 그 어떤 자극도 자신을 공격하지 못하는 곳, 산속이나 동굴보다도 안전한 곳을 찾고 싶다고. 관속이나 무덤보다도 더 안전한 곳, 내면 깊숙한 곳의 장소를 찾는 것이야말로 헤세의 목표였다.

　그는 글 속에서는 결혼과 사랑으로부터 자유를 꿈꾸지만, 실제 생활에서는 결혼과 사랑 없이 살지 못한다. 그는 예술과 학문을 탐구하기 위해, 고향의 울타리 너머에 존재하는 더 넓은 세상을 맛보기 위해 고향을 떠났지만, 40년 넘게 고향을 떠나 살아가면서 끊임없이 고향의 온도를 그리워한다. 그것은 단지 태어난 고장 칼프를 향한 낭만적 향수가 아니라 지친 영혼이 쉴 수 있는 내면의 안식처, 오직 상상 속에서만 온전한 모습을 갖추게 되는 마음의 이상향이었을 것이다.

(위) 가이엔호펜 헤세 박물관에서 헤세에게 메시지를 남긴 사람들의 메모.
헤세를 향한 여행자들의 사랑이 담겨 있다.
(아래) 가이엔호펜 헤세 박물관에 전시된 헤세가 쓰던 타자기.
헤세는 타자기로 글을 쓰고, 그 여백에 손수 그림을 그려 사람들에게 편지를 보내곤 했다.

내면의 황금을 찾아서

단지 그 사람과 차 한 잔 마셨을 뿐인데, 가슴이 따뜻해지고 영혼이 충만해지는 느낌이 든 적이 있는가. 그 사람과 길을 걸으며 도란도란 이야기를 나누었을 뿐인데, 내 안의 무언가가 힘차게 용솟음치는 느낌이 든 적이 있는가. 그런 사람이 있다면, 당신은 그에게 '내면의 황금'을 준 것이다.

내면의 황금이란 우리 정신 가장 깊숙이 가라앉아 있는 최후의 그 무엇이며, 저절로 나타나는 것이 아니라 끊임없이 갈고닦아야 할 무엇이다. 내면의 황금이란 이루지 못한 꿈이나 표현하지 못한 감정만이 아니라, 한 사람의 인생 전체를 좌우하는 정신의 뇌관이다. 심리학자 로버트 존슨Robert A. Johnson은 각자가 지닌 내면의 황금은 혼자서 다루기에는 너무도 무겁고 힘든 대상이기 때문에 반드시 그것을 함께 나눌 사람이 있어야 한다고 조언한다.

현대인이 쉽게 피로와 우울을 느끼는 이유 중 하나는 바로 이 내면의 황금을 공유할 사람을 찾기가 어렵기 때문이다. 가장 이상적인 상태는 내면의 황금을 나눌 사람이 항상 곁에 있는 것이다. 아이들에게는 부모가 그런 역할을 해주고, 부부에게는 서로가 그런 역할을 해줄 수 있다면 얼마나 좋을까.

하지만 늘 바쁜 일과에 쫓기거나 온갖 스트레스를 달고 사는 현대인들은 이미 지니고 있는 내면의 황금조차 꺼내어 다듬고 길들일 시간이 없다. 끊임없이 사주팔자를 보러 다니고, 좋은 사람을 찾아 헤매고, 정처 없는 여행을 떠나며 우리가 간절히 찾는 것이 바로

'내면의 황금'을 나눌 사람은 아닐까. 눈에 보이는 황금과 달리 내면의 황금은 '메신저'가 필요하다. 누군가의 마음속에서 꿈틀거리는 황금의 씨앗을 알아보고, 그것을 뛰어난 혜안으로 감식하여 세공할 수 있는 마음의 연금술사가 필요하다. 헤세의 『수레바퀴 아래서』를 읽을 때마다 가슴이 시린 이유는, 누구보다도 눈부신 내면의 황금을 지니고 있던 소년이 바로 그런 '황금의 메신저'를 찾지 못해 좌절하는 이야기이기 때문이다.

독일 남부의 시골 마을에서 태어난 천재 소년 한스에게는 바로 그런 황금의 메신저, 영혼의 스승이 필요했다. 다른 아이들처럼 자연스럽게 농부나 구두장이의 가업을 물려받을 수 없었던 천재 소년 한스는 온 마을의 기대를 한 몸에 받는다. 한스처럼 감수성 여린 아이를 어떻게 키워야 할지 몰랐던 아버지는 '공부만이 살길'이라고 주장하며 가혹한 입시지옥으로 아이를 몰아넣는다.

아버지의 뜻에 따라 신학교에 입학하여 신부가 되는 것이 '유일한 살길'이라 믿는 한스는 막상 입시를 위해 슈투트가르트에 가게 되자 초유의 긴장 상태에 빠진다. 처음으로 도시의 아이들을 만난 한스에게 그들 모두는 하나같이 대단한 영재로 보였기 때문이다.

'만약 신학교 입학시험에서 떨어지면 김나지움(일반 고등학교)에 가겠다'는 아이들을 보며, 한스는 부러움을 느낀다. 한 번도 다른 길을 생각해본 적이 없는 한스에게 '이게 안 되면 다른 길이 있겠지'라고 생각하는 아이들의 여유로운 태도는 엄청난 인식의 대전환을 가져온다. 입시에 대한 공포로 잔뜩 주눅이 든 한스는 신학교 입학시험에 떨어지면 김나지움에 들어가도 되냐고 아버지에게 조심스레

여쭤본다. 엄격한 아버지는 일언지하에 거절한다. 누가 너에게 그런 쓸데없는 꿈을 심어준 거냐며 당장 방에 들어가서 공부나 하라는 아버지의 협박에 기가 질린 한스는 '다른 길은 전혀 없다'는 절망적인 생각에 빠져버린다.

부모들은 자신도 모르는 사이에 번번히 아이들이 지닌 '내면의 황금'을 간직하고 보살펴야 하는 갈림길에 선다. 때로는 부모의 보살핌보다 스승의 채찍질이 필요할 때도 있다. 가슴이 찢어지지만, 아이를 저 멀리 더 나은 스승이 있는 곳으로 보내주어야 할 때도 있다.

아이들을 무사히 키우는 일만으로도 지쳐버린 현대의 부모들에게는 일종의 대모나 대부가 필요하다. 생물학적 부모는 아니지만 영혼의 부모가 되어줄 수 있는 대모와 대부 같은 존재들이야말로 '내 아이가 최고다'라는 부모의 편협한 시선을 뛰어넘어 아이들에게 진정으로 필요한 제3의 가르침을 줄 수 있다. 한스에게 그런 가능성을 보여준 사람은 구둣방 아저씨와 신학교 교장이었다.

매일 공부만 하느라 팔다리가 앙상해진 한스를 향해 구둣방 아저씨 플라이크는 이렇게 말해준다. "말도 안 된다. 한스, 이건 죄악이야. 네 나이 때는 바깥 공기를 많이 마시고 많이 움직이고 제대로 쉬어야 해."

하지만 아버지의 등쌀에 짓눌린 한스는 플라이크의 조언을 따를 수가 없다. 한편, 신학교의 교장 선생님은 한스의 미래를 걱정하고 그의 재능을 아낀 사람이었지만, 한스가 불량기 다분한 하일너와 어울리자 그와 가까이 지내지 말라고 경고한다.

한스에게 가장 필요한 것은 자기 영혼의 생김새를 있는 그대로 사랑해줄 친구였다. 교장은 한스의 재능을 아꼈지만 한스의 영혼을 돌볼 혜안은 없었던 것이다.

가르치는 사람에게는 학생들 각자가 지닌 내면의 황금을 보살피는 지혜가 필요하다. 예컨대 문학이나 미술 작품 공모전에서 심사를 맡은 사람들은 단지 수상작만을 뽑는 것이 아니라 수많은 젊은이가 지닌 가장 순수한 내면의 황금을 다루는 것이다. 공정한 심사도 중요하지만, 젊은이들 각자가 지닌 내면의 황금이 다치거나 부서지지 않도록 심사 대상 하나하나를 소중히 다루어야 한다. 영화 〈죽은 시인의 사회〉의 키팅 선생님처럼, 학생들 각자가 지닌 내면의 가능성을 최대치로 끌어올릴 수 있는 이상적인 스승이 된다는 것은 하늘의 별 따기만큼이나 어려운 일이다.

『수레바퀴 아래서』의 교장 선생님은 훌륭한 교사이긴 했지만 아름다운 영혼의 스승이 되지는 못했다. 하일너와 어울리느라 학업을 소홀히 하는 한스에게 징계를 내릴 뿐 한스의 상처 입은 마음을 따스하게 보살펴주지는 못했다. 한스에게는 그런 존재가 필요했다. 자기 내면의 황금을 받아주고 그 황금을 고이 맡아주며 보살펴줄 사람. 미래의 직업만이 아니라 내면의 트라우마를 보살피고 극복할 수 있는 용기를 주는 사람이 필요했다.

누군가에게 온전히 나를 내어주다

자기 안의 가장 소중한 무엇, 내면의 황금을 남에게 맡기는 것은 달콤한 축복이기도 하지만 위험한 투자이기도 하다. 상대방이 진정 나의 황금을 맡아줄 의지와 힘이 있는지 처음부터 다 알 수는 없기 때문이다. 대부나 대모, 즉 제3의 부모를 찾는 것이 현명한 이유는 나를 '어린아이'로 봐줄 따뜻한 시선이야말로 타인이 전해준 내면의 황금을 돌볼 수 있는 최고의 요건이기 때문이다.

어린 시절에 흔히 하는 실수는 내면의 황금을 친구에게 맡기는 것이다. 특히 사춘기 때 내 마음을 잘 알아주는 가까운 사람은 부모나 선생님이 아니라 주로 친구가 되기 마련이다. 나이가 똑같은 친구는 아직 타인이 지닌 내면의 황금을 보살필 만큼 성숙하지 못하지만 어린 시절에는 내 옆에 있는 친구가 가장 멋지고, 다정하고, 든든해 보인다. 내 꿈과 고민을 모두 털어놓을 수 있는 존재를 향한 무한한 호의, 그것이 우정이라고 굳게 믿어버린다.

주변 어른들에게 내면의 황금을 맡기는 데 실패한 한스는 외로움의 바다를 떠돌다가 하일너를 만난다. 하일너는 모든 권위를 비웃는다. 선생님들을 조롱하고, 그들의 가르침을 우습게 알며, 수업도 등한시하고, 제멋대로 시를 쓰면서 전통과 관습을 풍자한다. 한스는 그런 하일너를 두려워하면서도 그의 예술적 감수성에 매혹된다. 모두가 하일너를 따돌릴 때, 오로지 한스만이 그의 천재적 재능을 알아본다. 한스에게 장난스럽게 키스를 하며 먼저 다가온 것은 하일너였지만, 하일너가 왕따 취급을 받게 된 후 그에게 다가간 것은 한스였다. 천하의 모범생 한스와 골칫덩이 문제아 하일너가 가까워지자 선생님들은 기겁한다.

헤세는 말한다. 천재와 교사들 사이에는 예로부터 깊은 심연이 존재했다고. 교사들에게 천재란, 어른들을 전혀 존경하지 않고, 열네 살에 담배를 피우고, 열다섯 살에 사랑에 빠지며, 열여섯 살에 술집에 드나들고, 도발적인 글을 쓰고, 언제 정학 처분을 당할지 모르는 위험한 존재다. 한스가 내향적인 천재였다면, 하일너는 외향적인 천재였다. 교사들의 관점에서 보면, 한스를 모범생으로 길들일 수 있는 절호의 기회가 하일너 때문에 물거품이 되어버린 것이었다.

한스는 한 가지 일밖에 집중하지 못한다. 친구를 사귀면 학교 공부를 등한시하는 아이다. 욕망의 균형 감각을 찾지 못한다. 모든 열정을 친구 하일너에게 쏟아내는 것도 미성숙의 증거다. 그러나 이것저것 재지 않고 순간순간 용솟음쳐 흐르는 리비도를 아낌없이 쏟아버리는 것은 순수한 젊음의 증거이기도 하다. 한스가 기댈 만한 지혜로운 교사나 따뜻한 부모가 있었다면, 한스는 어른들에게 찾지 못한 것을 동년배에게 찾으려 하지 않았을 것이다.

하지만 어리숙한 한스는 하일너에게 내면의 황금을 모두 맡겨버린 채 하일너가 이끄는 대로 방탕한 생활에 몸을 맡겨버린다. 그가 저지른 최악의 실수다. 하일너와 함께하며 학교 공부를 등한시하는 동안, 한스는 신경쇠약에 빠진다. 내심 공부를 좋아하고 '모범생 자리'에서 밀려나는 것을 두려워하던 한스는 자신이 두고 온 또 하나의 자아에 대해서도 미련을 버리지 못했다. 갖은 비행을 일삼던 하일너가 급기야 퇴학을 당하자, 한스는 곧 무너져 내린다. 절박한 심정으로 하일너의 편지를 기다리지만, 끝내 하일너는 한스를 찾지 않는다. 마치 첫사랑처럼 강렬했던 첫 번째 우정이 산산조각이 나버리자, 한스는 어디서도 의지할 곳을 찾지 못한다.

한스는 하일너와의 우정이 지금까지 놓쳤던 모든 것을 보상해주는 보물이라 여겼다. 어른들이 싫어하는 하일너와 보란 듯이 어울리는 것은 일종의 영웅 심리였다. 하일너와 함께하는 동안 한스는 위대한 영웅적 활동은 할 수 있지만 일상의 지루하고 하찮은 일은 할 수 없다고 느낀다. 하지만 어른이 되면 우리는 깨닫는다. 바로 그 지루하고 하찮은 일상을 견뎌내는 힘이야말로 우리를 성숙하게 하는 최고의 스승임을.

『수레바퀴 아래서』가 남의 일처럼 느껴지지 않는 이유는 나 역시 한스처럼 누군가에게 내면의 황금을 완전히 맡겨버린 후 다시는 찾지 못한 적이 있기 때문이다. 나 또한 10대에서 20대까지 무려 10여 년 동안 한 친구에게 내면의 황금을 모조리 맡겨버린 적이 있다. 시간이 흘러 내가 그 친구를 아끼는 만큼 그는 나를 신경 쓰지 않는다는 것을 알게 되었을 때 나는 완전히 무너져 내렸다. 친구와 멀어지자 내가 그에게 맡긴 내면의 황금도 함께 분실되어버렸다. 솔직히 아직도 나는 그 트라우마를 제대로 극복하지 못하여 친구를 사귀는 데 어려움을 겪는다. 또다시 버림받을까 봐 마음을 다 주지 못하는 것이다.

어른이 되면 우리는 리비도libido를 한곳에 쏟아버리는 무모한 투자를 하지 않는다. 리비도의 경제를 추구하게 된다. 하지만 그렇게 안전한 투자에 길들여지면 위험한 관계만이 지닌 뜨거운 열정과 비장미를 경험할 수 없다. 아직도 그때를 생각하면 친구 한 명에게 모든 황금의 열쇠를 쥐여주었던 그때 그 시절의 턱없는 순수가 떠올라 가슴이 저려온다. 그렇게 절실하게 누군가에게 완전히 빠지는 일이 다시는 없으리라는 확신이 밀려오며 마음의 옷깃을 여미게 된다.

하지만 내 마음 깊은 곳의 무의식은 '이제 너는 진정한 친구를 사귈 수 있을 정도로 충분히 성숙했다'라고 조언한다. '내가 그를 좋아하는 만큼 그는 나를 좋아하지 않는다'는 식의 유아적인 감상은 때려치우라고 말한다. 친구에게 내면의 황금을 맡긴다고 해서, 그것이 사라져버리거나 망가지는 일은 일어나지 않는다고 타이른다. 역시 나의 무의식은 나보다 지혜롭다.

돌이켜보니 이미 나에게 내면의 황금을 맡긴 사람들도 있다. 나는 그들의 꿈을 들었고, 그들의 아픔을 들었고, 그들의 깊은 한숨 소리와 흐느낌을 들었다. 나는 이제 누군가가 내게 맡긴 내면의 황금을 잘 보살피는 '황금의 메신저'가 되어야 할 의무감을 느낀다. 타인의 고민을 완전히 해결해줄 수는 없지만, 그의 곁에서 온 힘을 집중하여 그의 이야기를 들어줌으로써 우리는 황금의 메신저가 될 수 있다.

누군가가 나에게 한스처럼 사랑스럽고 연약한 표정으로 내면의 황금을 맡기러 찾아온다면, 나는 기꺼이 맡아주어야 한다. 누군가의 황금을 떠맡을 정도의 용기와 힘이 생길 때, 우리는 진정한 어른이 될 수 있다. 나는 오늘도 내 귓가를 간질이는 타인의 구슬픈 넋두리, 깊은 한숨, 뼈아픈 흐느낌을 듣는다. 그렇게 우리는 어른이 된다. 그렇게 우리는 누군가의 진정한 친구가 된다. 진정한 친구는 천 명의 심리학자보다도 더 강력한 힘으로 우리를 지켜주는 내면의 스승이다.

자유로운 영혼, 크눌프에게서 나를 보다

내가 살아오면서 가장 많이 지적당한 감정은 변덕이다. 오래전 친구들에게 '넌 너무 감정 기복이 심해', '변덕이 심해'라는 말을 듣고 크게 상처받은 적이 있다. 20대 때는 심지어 '무디moody 여울'이라고 놀려먹는 친구가 있을 정도로, 나의 감정은 매일 롤러코스터를 타는 것처럼 널을 뛰었다. '무디'라는 단어가 '변덕스러운, 시무룩한, 서글픈'을 뜻하는 것이 못내 마음에 걸렸지만, 나는 내심 그 단어가 참 좋았다. 비록 나를 처벌하고 낙인찍어도 그 단어가 품고 있는 어쩔 수 없음과 쓸쓸함, 처연함이 좋았다.

사람들은 '무디 여울'이라고 놀려댔지만, 나는 그럴 수밖에 없는 나 자신의 우울을 사랑했다. 그 후로는 사람들 앞에서 표정 관리를 잘하기 위해 무던히도 노력했다. 하지만 감정의 널을 뛰는 자신을 매번 통제하기 어려우니 혼자 있는 시간이 많아졌다. 때때로 '나는 왜 이렇게 친구를 잘 사귀지 못할까' 하는 생각에 자신을 채찍질할 때도 있었지만, 나의 변덕과 침울함과 청승맞음을 잃으면 나 자신을 잃어버리는 것 같아 외로움의 대가를 기꺼이 치르기로 했다.

내가 헤세의 캐릭터 크눌프를 사랑하는 것은 바로 내 변덕스러움을 가장 잘 이해해줄 것 같은 소설 속 주인공이기 때문이다. 나는 절

생의 마지막 시간. 헤세가 아내 니논 돌빈과 함께 지내던 집인 몬타뇰라의 카사 카무치. 아직 헤세가 가꾸던 정원이 남아 있다.

대로 모방할 수 없는 방랑자의 몸, 나는 흉내조차 낼 수 없는 방랑자의 영혼을 지닌 크눌프는 나의 현실과 너무도 거리가 멀지만 나의 이상과는 너무도 가까운 존재였다.

그는 언제든 시도 때도 없이 바뀔 수 있는 자신의 마음을 통제하는 모든 권력을 싫어한다. 일정한 직업도 가족도 없이 평생 방랑자로 살아가는 그를 사람들은 이해하지 못한다. 크눌프의 친구인 무두장이 로트푸스는 실로 오랜만에 만난 크눌프를 향해 시작부터 잔소리다. 어서 결혼하라고, 어서 직업을 가지라고, 자신처럼 편안하게 정착하여 가정을 꾸리는 행복을 맛보라고. 살림 잘하고 성격 싹싹한 아내를 자랑하며, 크눌프의 정처 없는 방랑이 어서 끝나야만 한다고 못 박는다. 그는 하늘을 이불 삼아, 땅을 침대 삼아 살아가는 방랑자 크눌프의 거침없음과 자유로움을 못마땅해했다.

하지만 정작 무두장이의 아내는 크눌프에게 홀딱 반해버리고 만다. 틈만 나면 자기 자랑을 일삼고 자기중심적이며 가부장적인 남편과 달리, 크눌프는 지극히 예의 바르고 여성의 감정을 존중하며 그 무엇에도 욕심을 부리지 않았기 때문이다. 크눌프는 그녀의 요리를 천상의 예술로 극찬하고, 그녀의 친절을 위대한 축복으로 칭송한다. 하지만 크눌프는 머물고 싶은 만큼, 아니 그 이상 실컷 머물고 가라는 친구의 지나친 환대가 불편하다. 아주 잠깐, 지친 방랑자의 육신이 쉴 곳을 얻는 것만으로 충분했기 때문이다.

크눌프가 가장 두려워하는 것은 아침에 눈을 떴을 때 자기 마음대로 할 수 없는 상황이다. "내일도 여기 있게나, 계속 여기에 머물게나"라고 '정착민의 삶'을 향해 손짓하는 무두장이의 환대는 점점 더 크눌프에게 짐이 되어간다. 오늘은 여기 머물고 싶지만, 내일은 떠나고 싶을 수도 있지 않은가. 노골적으로 크눌프를 유혹하는 무두장이의 아내 또한 부담스럽다. 그녀는 크눌프에게 더 맛있는 음식, 더 따뜻한 잠자리, 그리고 '한 여자의 위험한 사랑'을 바치고 싶어 하지만, 크눌프는 자신이 언제든 떠나야 한다는 것을 알기에 그녀의 마음을 받아줄 수 없다. 크눌프는 지나친 환대와 여인의 사랑이 자신을 옭아매는 것을 참을 수가 없었다. 무두장이의 부인만이 아니다. 옆집의 외로운 하녀 베르벨레도 방랑자 크눌프의 자유로운 영혼에 흠뻑 빠진다. 크눌프에게는 이런 경험이 한두 번이 아니다. 그는 유혹의 귀재였고 떠남의 천재이기도 했으니.

여인들은 왜 방랑자에게 매혹될까. 왜 멀리서 온 낯선 남자에게 마음을 빼앗길까. 이방인에게, 그것도 머지않아 또 다른 곳으로 떠나버릴 것이 분명한 떠돌이에게 마음을 빼앗기는 여성의 심리를 가장 생생히 묘사한 작가가 바로 헤세다. 자신의 풍부한 경험에서 우러나온 것이 분명한 방랑자의 여성 편력을 묘사할 때 헤세는 유독 득의양양하다. 약속 없는 쾌락, 통제 불가능한 희열. 그것이 방랑자에게 여성들이 느끼는 매혹의 뿌리다. '그가 언제 다시 내게 돌아올지 예측할 수 없다'라는 바로 그 불안이 스릴과 서스펜스를 자극한다.

여성 문제에서는 헤세도 지극히 남성 중심적인 시각에서 벗어나지 못했다. 헤세는 여인들이 방랑자 크눌프에게 느낀 매혹과 관능에만 집중하느라 크눌프가 여인들에게 준 상처는 미처 가늠하지 못한다. 크눌프는 '여자들이 자신에게 반했다'고 생각하지만, 사실 크눌프는 여성의 취약점, 즉 외로움이나 권태, 불안 등을 적재적소에서 공략하는 용의주도한 전략가다. 유혹의 전략을 있는 대로 휘둘러 여성을 무장 해제한 후 짧은 쾌락의 흔적만을 남기고 휑하니 떠나버리면 그만이었다.

그저 사람들의 인생살이를 물끄러미 구경하는 것 외에는 삶에 아무것도 바라지 않는 크눌프에게 남자들은 질투를 느끼고, 여자들은 매혹을 느낀다. 사람들은 크눌프를 바라보며 '가족을 챙기고, 직업을 가지고, 매일의 일상을 걱정하는 정착민'의 비애를 곱씹는다. 무두장이는 크눌프의 흠 잡을 데 없이 아름다운 손가락을 바라보며 질투를 느낀다. 직업을 가지고 매일 험한 일을 하는 사람들은 그토록 매력적인 손과 날렵한 걸음걸이를 가질 수 없음을 알았기에. 무두장이는 크눌프에게 자신의 안정된 직업과 사랑스러운 부인을 자랑하면서도 크눌프의 눈부신 자유를 부러워한다. 누구도 따라 할 수 없을 것 같은 그 무한한 자유로움을. 천진난만한 아이처럼 모든 사람에게 말을 걸고 그들과 매 순간 다정한 친구가 되는 그 스스럼없음을.

크눌프는 모든 여인에게 재미있는 이야기를 들려주며 그들을 햇살처럼 웃게 만든다. 그는 매일매일을 일요일처럼 살아간다. 그리고 매일을 일요일로 만드는 것도 모자라 타인에게 그 마법 같은 일요일의 축복을 듬뿍듬뿍 선물한다.

자유의 대가, 방랑의 아픔

사람들은 내게 '여행 작가'가 되면 무척 자유롭고 행복할 것 같다고 말한다. 내가 방학을 이용해서 여행을 자주 가고, 그 경험으로 책을 쓰니까 '그것만으로' 충만한 삶을 살고 있다고 생각하는 것 같다. 내 본업이 여행 작가는 아니지만, '여행을 다니면서 글을 쓰는 것'은 그렇게 행복한 일만은 아니다. 여행 다니면서도 매일 글을 쓰는 나를 바라보는 동행은 나보다 더 고통스러워한다. 그렇게 매일 글을 쓰면 피곤하지 않냐고. 자다가도 벌떡 일어나 글을 쓰는 나를 보며 사람들은 '글쟁이도 결코 편한 팔자가 아니구나' 하고 혀를 찬다. 단 하나의 경험도 무심코 지나치는 일 없이, 끝없이 메모하며 글쓰기의 재료로 삼는 것이 나 또한 피로하게 느껴진다.

이것 역시 집착이 아닐까 고민해보지만, 어느새 무언가를 열심히 필기하고 휴대전화 메모장에 즉석 초고를 쓰는 나를 발견한다. 아무도 나를 감시하지 않는데도 그렇게 하지 않으면 이상한 죄책감이 느껴진다. 글을 써야만, 힘겨운 노동을 해야만 내 방황이 조금이나마 용서될 것만 같다. 치유 불가능한 마조히즘이다. 방랑의 자유는 가끔 눈부시지만 그 대가는 지속적으로 혹독하다.

『크눌프』를 읽으며 나는 그 혹독한 방랑의 대가를 나보다 수천 배로 험난하게 치르는 주인공의 아픔에 깊이 공감했다. 사람들은 속도 모르고 자유롭게 살아가는 크눌프를 부러워한다. 가족도 없고 자식도 없으니 마음에 거리낄 것이 없으리라고 생각한다. 하지만 정작 크눌프는 마음 깊숙이 무엇으로도 대신할 수 없는 외로움과 고통을 앓고 있다.

우선 경관들이 그가 지나가는 길목마다 신분 검증을 요구한다. 다행히도 그는 범죄를 저지르거나 타인을 괴롭히는 일이 없었기에 그리고 오랫동안 갈고닦아온 멋진 화술과 예의 바른 태도 덕분에 무사히 넘어갈 때가 대부분이다. 하지만 크눌프도 알고 있다. 수많은 경관이 그에게 관용을 베풀지 않았더라면, 평생 이토록 멋진 '허구의 삶'을 지속할 수는 없었을 거라고. 그는 가는 곳마다 '나는 당신들의 적이 아닙니다'라는 사실을 증명해야 했다.

그는 여행 수첩에 자신이 지나온 모든 곳의 아름다운 풍경과 사람살이의 정겨움을 고스란히 기록해놓았다. 하지만 그것은 오직 '아름다운 허구'로만 지속 가능한 것이었다. 그는 아무에게도 자신의 뼈아픈 고독을 설명할 수 없었다.

크눌프는 사람들이 자신에게 보여주는 관용이 '정상적인 생활인의 영역'을 침범하지 않는 한에서만 유지된다는 것을 알고 있다. 헤세는 크눌프의 제한적인 자유를 이렇게 묘사한다. 사람들이 크눌프를 내버려두는 것은 마치 가정집에서 모두의 사랑을 받는 귀여운 고양이가 다른 이들이 부지런히 자기 밥값을 할 때 자신은 아무 걱정 없이 우아하게, 호사스러울 정도로 당당하게 살아가고 있는 것이나 마찬가지라고. 사람들은 그를 사랑스러운 고양이처럼 관조적으로 바라볼 뿐, 결코 자신들과 똑같은 주체로 대접해주지는 않는다. 특정한 직업도 주소도 없는 그는 결코 '시민'이 될 수 없었다. 그것이 방랑자의 자유가 치러야 할 처절한 대가 중 하나다.

하지만 그보다 더 혹독한 대가는 '오래오래 한 사람을 사랑할 수 있는 권리'를 가질 수 없다는 것이었다. 재단사 슐로터베크는 크눌프의 자유를 부러워하며 자기는 다섯 명의 자녀를 먹여 살리느라 여행은커녕 하루하루 먹고살 일이 걱정이라고 푸념한다.

그런 그에게 크눌프는 아무에게도 털어놓지 못한 비밀을 고백한다. 자네가 볼 때 나는 자식도 없고 근심도 없어 보이겠지만 사실 나에게도 두 살짜리 아들이 하나 있다고 말한다. 그 아이의 어머니가 일찍 죽고 아기는 낯선 사람에게 입양되어버렸다고. 크눌프는 아기가 사는 고장에 가서 그 집 주위로 몰래 숨어들어 아기를 물끄러미 바라보기만 한다고. 하지만 그 아이의 손을 잡아보거나 키스를 해줄 수는 없다고. 그저 그 아이를 모르는 아저씨처럼 스쳐 지나가면서 휘파람을 불어줄 수 있을 뿐이라고. 그러니 자네는 부디 자네 아이들을 사랑하면서 즐겁게 살아야 한다고 위로한다.

크눌프에게는 '내 것'이 없었다. 내 가족, 내 집, 내 재산, 내가 가진 그 무엇이라고 부를 만한 것이 없었다. 오직 추억만이 그의 보이지 않는 소유물이었다. 그는 그마저도 집착하지 않으려 했다. 방수포에 소중히 싸인 여행 수첩만이 그가 어떤 사람인지, 그가 무엇을 꿈꾸는지 짐작할 수 있는 유일한 단서였다. 동가식서가숙하며 고난의 여정을 계속한 크눌프는 끝내 심각한 폐병을 얻고 만다. 의사가 된 옛 친구가 한사코 입원을 권하는데도 크눌프는 그저 죽기 전에 고향 땅을 한 번 밟아보는 것만이 소원이라고 말한다.

그가 이렇게 인간 세상에 아무런 욕심이 없어진 이유는 무엇일까. 크눌프는 친구에게 먼 옛날 고향에서의 아픈 기억을 털어놓는다. 오래전 청년 크눌프는 자신이 인생을 걸고 사랑했던 한 여인이

먹고살 길을 마련하면 함께하겠다는 약속을 저버리고 다른 남자와 키스하는 장면을 목격한다. 크눌프의 첫사랑은 잊을 수 없는 첫 키스의 기억으로 그에게 '사랑의 낙원'을 선물한 대신, 사랑의 뼈아픈 배반과 절망도 함께 가르쳐주었다. 그녀에게 크눌프는 결코 진지한 연애의 대상이 아니었던 것이다.

혜세는 실제로 한 여인에 대한 지독한 짝사랑 탓에 자살까지 기도한 일이 있었는데, 이때의 트라우마가 그에게 돌이킬 수 없는 상흔을 남긴다. 자전적 흔적이 짙게 드리운 『크눌프』에도 옛사랑의 아픈 그림자가 드리워져 있다. 크눌프는 그녀가 약속을 지키기만 했어도 사랑에 대해 근원적으로 절망하지 않았을 것이고 아버지와의 관계도 회복했을 것이며 일자리도 얻었을 것이라고 생각한다. 이제 와서 그녀를 원망하는 건 아니지만 그 일 이후에 사람들 간의 약속을 믿지 않게 되어버렸다. 그 누구도 '약속'이나 '계약'의 힘으로 그를 구속할 수 없었다. 바로 그 눈부신 자유로움이 크눌프의 삶을 아름답게 만들었다. 동시에 그 이유로 인해 그는 늘 철저히 혼자였다.

그가 선물한 영원한 일요일

크눌프가 지나가는 곳에는 아무리 바쁜 날이라도 일요일 같은 기분이 스쳐 간다. 아무것도 하지 않아도 좋을 것만 같은 기분. 무언가 영롱한 기운이 우리 삶을 스쳐 지나가는 듯한 상쾌한 느낌. 크눌프가 이웃집 하녀 베르벨레에게 들려주는 휘파람 소리는 그의 해맑은

가이엔호펜 거리의 안내판. '기차역으로' 가는 길, '호수로' 가는 길을
안내하는 목각인형의 모습이 사랑스럽다.

성품을 그대로 보여준다. 하녀 베르벨레가 힘겨운 하루 일을 마치고 떠나온 고향 생각에 서글퍼하는 것을 알고, 크눌프는 고향을 그리는 달콤한 곡조를 휘파람으로 불어준다. 이웃집 하녀가 무엇 때문에 슬퍼하는지는 알 수 없지만, 그는 말없이 휘파람 연주곡 하나로 그녀의 아픈 마음을 어루만진다. 그녀가 노동의 힘겨움과 고향을 향한 향수병에 지쳐 쓰러지지 않도록. 크눌프는 밤하늘을 수놓는 불꽃놀이처럼 사람들의 눈앞에서 아름답게 타올랐다가 흔적도 없이 사라지곤 한다.

그는 누구에게나 일요일을 선물했지만, 영원한 일요일을 살 수는 없었다. 오랜 방랑 생활 끝에 폐병을 얻은 크눌프는 마지막으로 고향 땅을 밟는다. 예전에 크눌프는 고향에 대한 악몽을 꾼 적이 있었다. 고향의 친근한 사람들을 멀리서 발견하고 그가 가까이 다가가면 모두가 '낯선 사람'으로 변해버리는 꿈이었다. 이모님인가 싶어 가까이 가보면, 그녀의 얼굴이 낯선 사람으로 변하고 전혀 알아들을 수 없는 사투리로 이야기를 했다. 고향의 모든 이들이 마치 크눌프가 투명인간이라도 되는 것처럼 그를 스쳐 지나가고 아무도 그에게 살갑게 말을 걸어주지 않는다. 그토록 친근했던 고향 도시가 너무도 낯설게 변해버린 것이다.

자신의 정체성이라 믿었던 모든 소중하고 익숙한 것들이 매몰차게 등을 돌리는 듯한 자기 소외 self-alienation의 감정. 그것은 '나는 누구인가', '나는 어디로 가야 하는가'라는 질문을 존재의 극한까지 밀고 가는 사람이 느낄 수밖에 없는 뼈아픈 인식의 통과의례다.

크눌프가 겪은 또 하나의 통과의례는 바로 그를 가장 아프게 했던 한 사람과의 만남이다. 크눌프는 꿈속에서 그토록 사랑했던 여인 헨리에테를 만난다. 하지만 그녀는 크눌프가 다가가려 하자 자기 집 문을 닫아걸고 만다. 크눌프가 내민 손을 거절한 그녀가 자물쇠를 찰칵 채우자, 크눌프는 어린아이처럼 눈물을 흘린다. "그녀는 나를 쳐다보았는데 마치 신이 인간을 바라볼 때처럼 그 눈길이 가슴까지 닿는 것 같았지. (…) 그녀가 너무도 영적이고 우월해 보여서 나는 내가 마치 한 마리 개라도 된 것 같은 느낌이 들었어." 이 고통스러운 꿈을 통해 크눌프는 깨닫는다. 아무리 사랑했던 존재라도, 그 추억마저도 완전한 자신의 것이 아님을.

한때 헨리에테를 사랑했고 그녀와 영원히 함께하고 싶었기에 꿈속에서나마 그녀를 만날 수 있었지만, 꿈속의 이미지조차 크눌프의 마음대로 통제할 수 없었다. 비로소 그는 깨닫는다. 헨리에테를 곁에 둘 수만 있었다면 자신의 인생이 완전히 달라졌을 것이라고 믿었던 오랜 회한마저도 과거에 대한 집착이었음을, 사랑에 대한 소유욕이었음을. 마치 부모님이 자식을 아무리 사랑해도 자식의 운명까지 좌지우지할 수는 없는 것처럼.

> 부모님은 내가 그분들의 자식이고 자신들과 비슷하다고 생각하셔. 하지만 내가 그분들을 사랑함에도 불구하고 그분들에게 난 이해할 수 없는 낯선 인간일 뿐이야. (…) 아버지는 그 자식에게 코와 두 눈과 심지어는 이성까지도 물려줄 수 있지만 영혼은 아니야. 영혼은 모든 사람들 속에 새롭게 존재하는 것이지.
> ─ 『크눌프』

고향도 추억도 사랑도 영원한 내 것이 아님을 깨달은 크눌프에게 옛 친구는 묻는다. 자네는 무척 뛰어난 재능이 있었는데, 왜 아무것도 되지 못했느냐고. 그토록 뛰어난 재능을 가진 사람이 아무것도 하지 않는 것은 죄악이 아니냐는 식으로 옛 친구는 크눌프의 방랑 생활을 책망한다. 하지만 크눌프는 후회하지 않는다.

삶의 마지막 순간이 가까이 다가왔을 때, 그는 비로소 하느님에게 말을 건다. 열네 살, 첫사랑에게 버림받았을 때 왜 자신을 죽게 내버려두지 않으셨냐고. 자신의 모든 행복 속에는 가시가 박혀 있었다고. 헨리에테와의 사랑이 끝나버린 후로 완전한 행복을 누려본 적이 없다고. 자신의 아이를 낳고 쓸쓸하게 죽어간 리자베트에게 자신은 정말 나쁜 놈이었다고.

하느님은 크눌프를 위로하며 이렇게 말씀하신다.

> 그 애는 너로부터 나쁜 것보다는 사랑스럽고 아름다운 것을 훨씬 더 많이 받았다. 그 애는 한순간도 너를 원망하지 않았다. (…) 네가 근심 걱정 모르는 방랑자가 되어 이곳저곳에서 어린아이 같은 행동과 어린아이의 웃음을 전달해주어야만 했다는 것을 깨닫지 못하겠니? (…) 난 오직 네 모습 그대로의 널 필요로 했다. 나를 대신하여 넌 방랑하였고, 안주하여 사는 자들에게 늘 자유에 대한 그리움을 조금씩 일깨워주어야만 했다.
> ― 『크눌프』

크눌프는 마지막 순간에 자신의 떠돌이 인생이 아무 의미도 없을까 봐, 자신이 겪은 그 모든 고통과 행복이 허무에 지나지 않을까 봐 두려워했지만 신과의 대화, 자기 안의 더 깊은 무의식과의 대화를 통해 비로소 깨닫는다. 그는 인생을 허비하거나 탕진한 것이 아니라 '지금 여기가 전부'라고 믿는 사람들에게 '다른 세상의 꿈'을, '자유라는 이름의 목마름'을 선물해주었다는 것을. '그녀만 내 곁에 있었다면 내 인생은 달라졌을 것'이 아니라, 실패했지만 사랑했다는 기억만으로 이미 그녀에게서 인생의 모든 축복을 선물 받은 것이었음을. 크눌프는 답답한 병원이 아니라 탁 트인 벌판 위에서 영원한 방랑자로서 마지막 숨을 들이마신다.

만약 당신이 알 수 없는 방향에서 이상하리만치 시원한 산들바람이 불어온다면, 머릿속에서 곡조를 들어본 적 없는 낯설지만 달콤한 휘파람 소리가 들려온다면, 그 산들바람을, 그 휘파람을 무시하지 말기를 바란다. 그때가 바로 당신 안의 크눌프가 당신에게 잠시 '쉬어 가라'고 속삭이는 순간이니. 재산을 축적하고, 명성을 관리하고, 인간관계를 조종하는 정착민의 욕심을 뛰어넘어 지금 우리가 지닌 것을 돌아보고, 사랑한 흔적들에 만족하며, 살아 있다는 것 자체를 축복하는 삶을 살라는 크눌프의 작은 소원이 당신의 심장에 가닿는 순간이니.

안내자

문득 길이 보이지 않을 때 간절해지는 것들

길의 안내자가 필요한 시간

　우리가 단지 사회적 동물이기만 하다면? 그저 먹고 입고 자는 단순한 존재이기만 하다면? 우리가 이 세상에 적응하는 일, 즉 사회화만으로도 충분한 동물이라면, 문학과 예술의 아름다움을 추구하지는 않을 것이다. 사회화만으로도 충분하다면, 굳이『데미안』의 싱클레어처럼 '참나'를 찾기 위해 영혼을 산산조각 내어 다시 처음부터 창조하는 듯한 참담한 고통을 겪지 않아도 될 것이다. 하지만 그 절절한 아픔을 딛고 싱클레어는 마침내 데미안을 닮은 존재, 나아가 데미안을 뛰어넘는 지혜로운 치유자가 된다.
　『데미안』이후 헤세의 작품 속 주인공들이 공통으로 추구한 삶의 목표는 '개성화'다. 더 나은 존재가 되기 위한 끝없는 탐구, 세상이 요구하는 존재가 아니라 오직 진정한 나 자신이 되기 위한 새로운 싸움, 그것이 개성화다.
　사회화만으로는 결코 만족할 수 없는 우리 인간이, 진정한 자기 자신의 발견과 성장을 향해 모든 것을 걸고 싸워나가는 과정이 바로 개성화다. 내가 누구인지 도무지 알 수 없었던 주인공들이 마침내 자신의 진정한 미션을 깨닫게 되는 과정이다.

심리학자 카를 구스타프 융Carl Gustav Jung의 언어로 말하자면, 진정한 개성화란 자기 안의 신화를 살아내는 과정이다. 누구나 단지 사회적 역할(페르소나)을 부여받는 데서 그치는 것이 아니라, 트라우마와 싸워내며 진정한 자신의 모습을 만들어나가는 과정을 제대로 겪어야만 자기 안의 신화를 연출하는 진정한 감독이 될 수 있다.

싱클레어에게 데미안이 하는 역할이 바로 그런 신화적 뿌리, 원형의 열망을 자극하는 일이다. 싯다르타에게 카밀라와 그 아들이 사랑의 진정한 의미를 깨닫게 하는 일, 자기 안의 꿈을 무시하고 사제의 길을 걸으려는 어린 골드문트에게 나르치스가 하는 일이 바로 그것이다. 자기 안의 진정한 미션을 깨닫게 하는 일, 그리하여 그 누구도 아닌 진정한 나 자신이 되는 위대한 신화의 여정을 걷게 하는 것, 이런 일을 해내는 사람들이 바로 '안내자'다.

우리가 완전히 길을 잃어버렸을 때, 혹은 길을 찾았다고 완전히 착각하고 있을 때, 나 자신을 찾는 진정한 통과의례의 길로 우리를 이끌어주는 사람. 처음이자 마지막 사랑인 에로스를 되찾기 위해 목숨을 거는 프시케를 도와주는 모든 신의 목소리처럼, 모두가 텔레마코스에게 "너의 아버지는 죽었어"라고 이야기하며 희망을 꺾을 때 "너의 아버지 오디세우스는 반드시 돌아올 거야"라고 용기를 주는 여신 아테네처럼 그가 바로 모든 신화에서 찾을 수 있는 '안내자'다.

조셉 캠벨Joseph Campbell의 『신화의 힘』을 비롯한 여러 책에서는 안내자를 대체로 무섭고, 징그럽고, 신비로운 모습으로 묘사한다. 우리 옛이야기의 산신령이나 정체불명의 노파, 『반지의 제왕』의 간달프처럼 지혜로운 현자의 모습으로 나타나 우리에게 '네가 가야 하지만 두려움 때문에 가지 않고 있는 길'을 알려주는 모든 존재가 바로 신화에서 이야기하는 '안내자'다.

내 삶에서 융과 헤세는 멀리서 늘 반짝이는 등대와 같은 안내자였다. 때로는 '내가 그의 안내자가 되어주지 못했구나' 하는 생각 때문에 괴로워질 때도 있고, '그때 그가 나의 안내자가 되어주었구나' 하는 고마움을 느낄 때도 있다. 안내자의 공통점은 친절함이 아니라, 뼈아픈 깨달음으로 우리에게 고통을 준다는 점이다. 그 고통 때문에 우리는 가야 할 길을 거부할 때가 많다. 하지만 그 길을 거부하면 개성화의 길이 그만큼 멀어진다. 우리가 진정한 나 자신으로 거듭날 기회를 잃을 때마다 또 다른 안내자가 나타나 길을 재촉한다. 헤세에게 융도 바로 그런 안내자였다.

제1차 세계대전, 아내의 우울증, 아들의 병, 아버지의 죽음 등으로 커다란 정신적 위기를 맞은 헤세는 융 학파의 심리학자 요제프 베른하르트 랑Josef Bernhard Lang 박사를 만나 60회의 상담 치료를 받는다. 헤세는 랑 박사의 주선으로 융을 직접 만나 심리 상담을 받기도 하고 융과 서신을 교환하기도 한다.

헤세는 심리 분석을 받으며 경험하는 자기 자신과의 직접적인 대면이 얼마나 고통스러운지 알고 있었다. 융 심리학에서는 이를 '그림자와의 대면'이라고 부른다. 그 대면은 쓰라리고 아픈 것이었지만 끝내 자신을 더 깊은 차원에서 살려내는 구원의 고통, 치유의 고통이기도 했다. 그 고통스러우면서도 환희에 찬 치유와 성장의 기록이 바로 『데미안』을 통해 아름다운 문학작품으로 탄생한다.

자기 자신의 진짜 모습과 만나는 순간에 느끼는 고통은 누군가가 자신을 공격했을 때보다 더 크고 깊을 때가 있다. 자기와의 대면이 너무도 고통스러웠기 때문에, 진정으로 다시 태어나고 싶었기 때문에 헤르만 헤세라는 본명을 숨기고 에밀 싱클레어라는 이름으로 출간했던 것은 아닐까. 그는 당시 융 학파의 치료를 받으면서 자기와 대면하는 일이 너무도 고통스러웠음을 여러 글에서 고백한다. 그러나 그 '대면'의 고통이 낳은 작품들은 너무도 아름답고 성공적이었다.

헤세의 작품세계는 크게 『데미안』 이전과 이후로 나뉜다. 『데미안』 이전의 헤세가 분명 아름답고 재능 있는 문장을 쓰지만 뚜렷한 세계관을 보이지 않았다면, 이후의 헤세는 분명히 '자기 안의 신화를 살아내는 주인공'을 내세우고 있다. 싱클레어와 데미안, 나르치스와 골드문트, 하리, 싯다르타, 요제프 크네히트가 모두 그런 인물들이다. 헤세는 융 심리학과의 만남 이후 내적으로 성장했으며, 그 성장의 기록이 바로 『데미안』 이후의 작품들이다.

그렇다면 헤세의 작품에서 '안내자' 역할을 한 인물들은 어떤 모습으로 나타나는가. 『나르치스와 골드문트』에서 골드문트에 비해 상대적으로 묘사의 비중이 약한 나르치스야말로 가장 모범적인 안내자다. 골드문트가 깨닫지 못하는 예술적 감수성을 일깨워주고, 골드문트가 집착하는 '수도사의 삶'이 그에게 맞지 않는 옷임을 깨닿게 해준다. 그 길이 고통스러울지라도, 그 길을 가야만 하는 사람들이 있다. 골드문트는 예술가가 될 수 있다는 꿈조차 꾸지 않았지만, 나르치스는 골드문트의 재능을 곧바로 알아보고 그가 그 길로 걸어갈 수 있도록 도와준다. 골드문트가 고통으로 몸부림칠 때마다 나르치스는 가만히 그의 아픔을 보듬어준다. 골드문트가 어떤 예술적 성취를 보여주지 않았을 때조차도, 나르치스는 골드문트의 예술가적 기질과 재능을 알아보았다.

안내자의 길은 결코 쉽지 않다. 때로는 나의 안락함을 버리고 그의 안위를 걱정해주어야 할 때도 있다. 때로는 설교의 욕구를 꾹 참고 말없이 그의 불평을 들어주기만 해야 할 때도 있다. 나르치스는 그 모든 어려움을 잘 견뎌낸다. 골드문트가 사고를 칠 때마다, 골드문트가 커다란 위험에 빠질 때마다 나르치스는 어떤 대가도 바라지 않고 그를 위험에서 구해낸다.

그렇다면 안내자는 아무것도 얻는 것이 없을까. 결코 그렇지 않다. 나르치스는 자기 삶의 어두운 그림자를 정확히 알고 있었다. 그 누구도 진심으로 사랑해본 적이 없다는 것, 그것이 나르치스의 치명적인 아킬레스건이었다. 나르치스는 골드문트를 향해 한없이 이끌리는 자신을 발견한다. 그는 길의 안내자를 자처했지만, 그의 마음 깊은 곳에서는 골드문트를 향한 조건 없는 사랑이 반짝였다.

골드문트를 영원히 머나먼 저세상으로 떠나보내며 나르치스는 마침내 깨닫는다. 끝없이 사고를 치고, 마지막 순간까지 이루어질 수 없는 사랑으로 몸부림치는 철없는 골드문트를, 나르치스는 사랑하고 있었다. 그 사람이 그를 구원한 또 하나의 안내자였던 것이다.

헤르만 헤세의 이니셜이 새겨진 반지. 칼프의 헤세 박물관에 전시되어 있다.

'그것이 사랑인가, 우정인가' 하는 구분 따위는 이미 중요치 않다. 나르치스는 골드문트를 통해 진정한 사랑의 의미를 배웠고, 그것만으로 충분했다. 그것만으로 나르치스는 자기 안의 모든 결핍을 극복했다. 그는 경전에서도 철학서에서도 그 모든 학문적 연구로도 깨달을 수 없는 진정한 사랑의 의미를, 살아 있는 골드문트를 사랑함으로써 깨달았다.

골드문트와 함께하는 시간보다 함께할 수 없는 시간이 훨씬 많았지만, 나르치스의 사랑은 멈춘 적이 없었다. "내가 사랑이 무엇인지 안다면, 그건 바로 너 때문이야." 나르치스의 이 고백은 두고두고 가슴을 울린다. 사랑이 무엇인지 안다고 말하지 않고, 내가 사랑이 무엇인지 조금이라도 안다면 그건 바로 당신 때문이라고 속삭이는 그 조심스러움과 신중함이 참으로 나르치스답다.

좋은 안내자는 때로는 위대한 영웅이 되기보다 어렵다. 영광도 박수도 명예도 훈장도 다 영웅의 것이기 때문이다. 안내자는 묵묵히 영웅의 갈 길을 비추어준다. 우리가 칠흑 같은 어둠의 동굴에 빠졌을 때, 말없이 제 몸을 태워 환한 빛을 만들어주는 반딧불처럼 안내자는 자신의 삶을 남김없이 불태워 영웅의 길을 환히 비추어준다.

무소의 뿔처럼 홀로 걷는 길이 문득 외롭다면

인생의 길을 밝혀줄 든든한 안내자가 없다는 것은 너무도 쓸쓸한 일이지만 동시에 세상 모든 것을 안내자로 삼을 기회이기도 하다.

헤세는 어떤 조직에도 당파에도 심지어 학벌이나 지연에도 속해본 적이 없었다. 그리하여 그는 어떤 공동체로부터도 보호받을 수 없었지만, 그로 인해 그 모든 것으로부터 자유로울 수 있었다.

그는 어떤 조직의 일원이라는 이유로 그 조직의 이해를 대표하거나, 자기 생각을 조직의 강령으로 대체하는 행태를 견딜 수 없었다. 그는 너무 어릴 때부터 당에 소속되면 동지들에게 둘러싸인 안도감을 느끼는 대신 자신만의 판단력을 잃어버릴 위험에 빠진다고 생각했다. 누군가가 곁에 있어준다는 것은 참으로 고마운 일이지만, 그것의 대가는 '선택의 권리, 판단의 권리'를 조직에 일임하는 것이기도 하다. 헤세는 바로 그 집단화의 위험성을 항상 경계하며 살아갔다.

헤세는 교회로, 정당으로, 가톨릭으로, 공산주의로 도피하는 것은 결코 자기 자신과의 진짜 대면이 될 수 없다고 믿었다. 공동체로 내달리려는 충동과 싸우는 것, 홀로 오롯한 개인으로 설 수 있는 것이 개성화의 시작이었다.

혼자 걸어가는 것이 너무도 힘겨워질 때, 무언가에 기대고 싶은 마음 때문에, 너무나 지치고 절망적인 상태가 되어 자신에 대해 스스로 책임을 지는 독행자獨行者로 살아가는 것을 포기하는 일이 바로 '조직화'와 '집단화'의 위험이다.

아무리 용맹스러운 사람이라도 용기를 잃을 때가 있는 법이다. 우리가 약해질 때, 우리가 '더 큰 힘의 비호'를 원할 때, 조직은 활짝 웃으며 우리에게 다가온다. 그러나 조직의 비호는 개인의 개성과 자유를 억압하는 대가로 주어지는 것이다. 우리가 일신의 안전을 추구할수록 조직은 활짝 웃으며 '여기에 이름을 걸라'고 유혹한다. 조직에 이름을 건다는 것은 진정한 이름을 지우는 일이기도 하다. 그렇게 '더 큰 조직의 일원'으로 구속당함으로써 우리는 자신의 자유를 저당 잡히기 때문이다.

그렇다면 우리 자신의 자유를 지키기 위해, 혼자서도 광야의 벌판에서 견딜 수 있는 용기를 지키기 위해 무엇을 해야 할까. 헤세는 이렇게 말한다. 용기는 이성을 필요로 하지만, 용기 자체가 이성의 산물은 아니라고. 용기는 이성보다 훨씬 깊은 곳에서 우러나오는 것이라고.

나는 그 '훨씬 깊은 곳'에서 우러나오는 용기를 기르는 일 가운데 하나가 바로 문학과 예술, 철학을 포기하지 않는 일이라고 믿는다. 문학, 예술, 철학에 관심을 두는 것은 타인의 삶에 항상 관심을 기울여야만 가능하다. 타인의 삶에 귀 기울임으로써 우리는 '마음의 주파수'를 항상 '나 자신'에게만 맞춰놓는 나르시시즘에서 벗어날 수 있다. 그렇게 끊임없는 타인과의 관계 맺음이 바로 '삶 속에서 나다움을 찾아가는 길'이다.

개성은 처음부터 주어지는 것이 아니라 평생 만들어가는 것이다. 우리가 개성의 향기를 만들어가는 것은 바로 삶의 사소한 순간들 하나하나이기 때문이다. 헤세는 평생 개인의 소중함과 자아의 개성을 옹호했다. 그는 모든 법칙이나 제도는 '개인'을 위한 것이 아니라 '집단'을 위한 것임을, 특히 거대한 집단의 권력을 위한 것임을 간파했다.

국민을 위한 제도, 시민을 위한 규범이라고 주장하는 많은 규칙은 사실 '권력'을 위해 복종하는 경우가 태반이다. 그리하여 참된 개

헤세가 평생 그리워했던 고향, 칼프의 모습.
아름다운 목조건물들이 가득한 평화로운 고장이다.

성을 가진다는 것은 곧 세상의 법칙에 자신의 고유성을 내주지 않는 것을 의미한다.

참된 개성을 지닌다는 것은 '모난 돌이 정 맞는 상황'을 무수히 견뎌야 하는 일이다. 하지만 마침내 승리하는 길이기도 하다. 참된 개성을 지닌 이들은, 군중의 비호는 받지 못하지만 자기 스스로 일구어가는 느리지만 눈부신 상상력의 기쁨을 맛보기 때문이다.

조직과 조직이 충돌할 때, 이익집단과 이익집단이 부딪칠 때, 남는 것은 서로를 향한 온갖 비방과 음해, 돌이킬 수 없는 증오와 원한 뿐인 경우가 많다. 대화와 타협이 얼마나 어려운지, 사실 그 모든 대화나 타협조차도 한쪽의 은근한 협박이나 한쪽의 어쩔 수 없는 패배로 귀결된다는 것을, 우리는 알고 있다.

혼자 있을 때 우리는 외롭고 힘들지만, 자신의 감정을 소중히 여기는 법을 배울 수 있다. 헤세는 『클링조어의 마지막 여름』에서 이렇게 말한다.

> 어떤 감정도 사소하다거나 가치가 없다고 하지는 마시오! 좋아요, 느낌이란 모두 좋은 것이라오. 증오도, 시기도, 질투도, 심지어는 끔찍함조차도. 우리는 가련하고, 아름답고, 멋진 감정 외의 다른 어떤 것으로도 살 수 없다오. 우리가 어떤 감정이든 그르다고 하는 것은 하나의 별을 지워버리는 것이나 마찬가지라오.
> —『클링조어의 마지막 여름』

헤세에게서 나는 내 감정을 소중히 다루고 보살피는 법을 배웠다. 나는 내 감정을 짓누르는 데 익숙한 사람이었다. 하지만 그 수많은 감정을 억누를 때마다 내 안의 무엇인가가 무너져내리고 있음을 깨닫지 못했다. 나의 수퍼에고superego는 지나치게 다른 사람의 기분을 맞추는 데 길들어버렸다. 집에 돌아오면 곧잘 후회하곤 하지만 다음에 가면 또 그 사람의 기분을 맞춰주느라 내 의견을, 내 감정을 제대로 표현하지 못했다.

나 또한 때로는 조직의 힘, 거대한 공동체의 힘에 귀의하고 싶을 때가 있었다. 하지만 더 커다란 조직의 유혹이 나에게 손을 뻗을 때마다 나는 스스로를 다독인다. '더 커다란 나'를 얻기 위해 '타인들의 집단'으로 귀의해서는 안 된다는 것을, '지금의 나'로 충분하다는 것을, '지금의 나'를 성장시키기 위해 노력할 시간도 부족하다는 것을.

헤세의 글을 읽으며 나는 '그 모든 타인의 요구나 집단의 유행'에도 불구하고, 아직 '나에게 더 어울리는 나만의 길'이 있다는 것을 깨닫는다.

첫 마음, 첫 느낌

부끄럽지만 나는 조금씩 시를 쓰기 시작했다. 몇 권의 노트가 차츰차츰 시와 초안과 짧은 이야기들로 가득 차게 되었다. 그것들은 지

'헤르만 헤세 광장'이라는 팻말 옆에서 식사를 하고 차를 마시는 칼프 주민들.

금은 이미 사라져버렸고 아마 거의 가치도 없었겠지만, 내 가슴을 두근거리게 하고 비밀스러운 기쁨을 가져다주기에 충분했다.

　　—『페터 카멘친트』

　부끄럽지만, 뭔가를 시작해야 할 때가 있다. 그때 시작하지 않으면 또 엄청난 시간이 걸릴 것이다. 내 안의 진정한 열망이 타오를 때까지. 또 다른 기회가 찾아올 때까지. 데뷔작은 항상 마음속에서 꿈틀거리지만, 첫 작품을 쓴다는 것은 얼마나 어렵고도 설레는 일인가. 헤세는 첫 장편소설인『페터 카멘친트』를 통해서 단번에 독자들의 주목을 받았다. 그는 사실 작가가 되기에 좋은 환경에서 자랐다고 할 수 없지만, 자신을 둘러싼 불리한 환경을 작품 속의 '드라마틱한 배경'으로 삼을 줄 알았다. '시인이 되지 않으면 아무것도 되지 않겠다'는 생각으로 학교를 뛰쳐나왔던 10대 소년 헤세는 아버지에게 말썽꾸러기 청소년이었지만, 바로 그런 저돌적이고 낭만적인 측면이 작품 속 인물들을 매력적으로 만들었다.

　『페터 카멘친트』는 헤세의 청소년기 체험을 다른 어떤 소설보다도 구체적으로 담고 있는 흥미진진한 성장소설이다. 게으르고 엉뚱하며 다소 나른하고 연약한 느낌을 주는 이 독특한 소년, 페터 카멘친트를 부지런한 농촌사회에서는 바람직한 청년으로 봐주지 않았다. 소년은 거의 집성촌이나 마찬가지였던 스위스의 작은 마을에서 그저 평범하고 성실한 청년으로 자라주기를 바라는 아버지의 기대를 보기 좋게 저버린다.

　항상 자연을 벗하며 순박하고 천진하게 자라난 페터는 학교에 입학한 후 문학의 아름다움에 눈뜨게 된다. 그때부터 소년의 꿈은 시인이 되는 것이었다. 많은 문학청년이 그렇듯이 그도 처음에는 자잘한 에세이와 서평으로 글쓰기를 시작한다. 소소한 잡문을 잡지에 기고하며 문학청년의 꿈을 키워오던 페터는 '언젠가는 꼭 제대로 된 글을 써야지', '언젠가는 잡문이 아닌 진짜 작품을 써야지' 하는 열망으로 힘겨운 시간을 이겨낸다.

그는 다른 일에는 무척 게으르지만 글을 쓰는 일에서만큼은 누구보다도 부지런하고 열정적이다. 하지만 그에게는 단지 데뷔만이 필요한 것이 아니다. 이 길이 정말 내 길이구나, 이 길을 간다면 그 어떤 아픔조차도 차라리 눈부시겠구나 하는 내면의 확신이 필요했다. 그러기 위해서는 엄청난 통과의례의 고통이 따라야 했다. 사랑하는 어머니가 젊은 나이에 돌아가셨고, 그를 문학의 길로 이끌어주었던 지음知音의 벗 리하르트마저 세상을 떠나자 페터는 아직 어린 나이였음에도 불구하고 도시 생활에 깊은 회의를 느낀다.

그는 사회화를 배격했으며 내면화, 개성화의 길을 옹호한 진정한 개인주의자였다. 이 사회와 비슷해지는 것, 이 사회가 요구하는 바람직한 시민이 되는 것은 그의 관심 밖이었다. 그는 오로지 '한 사람의 개인'으로서 홀로 설 수 있는 길, 사회 속에 존재하더라도 다른 사람의 시선에 길들여지기보다는 '스스로의 시선에 비친 자신'의 모습을 중시하는 사람이 되고 싶었다.

모든 것이 혼란스럽고, 어느 하나 불안하지 않은 구석이 없었지만, 그래도 페터는 글을 쓸 때 행복했다. 아직 제대로 완성되지 않은 느낌, 아무리 애를 써도 내가 생각하는 나의 이상적인 글쓰기에 도달하지 못할 것 같은 불안이 엄습할지라도, 글쓰기는 '내 안의 진짜 나'와 만나는 시간이기 때문이다. 아버지의 기대에 부응할 수 없는 자신을 때로는 원망하고, 소녀들의 마음에 들지 못하는 자신의 엉뚱하고 소심한 모습에 실망할 때도 있지만, 글을 쓸 때만큼은 순수한 행복을 느낀다. 누구도 이 행복을 빼앗아갈 수 없을 것이다. 그무엇도 이 행복을 방해할 수 없을 것이다.

그가 글을 쓰는 동안에는 마치 신성불가침의 장막이라도 드리운 듯, 누구도 범접할 수 없는 숭고한 아우라를 뿜어내고 있었을 것이다. 문학을 사랑하는 청년이 온 마음을 다해 글을 쓴다는 것, 그것은 한 세계가 창조되는 순간의 눈부신 희열과 경이로움 그 자체이니까.

게으름의 천재, 몽상의 천재

게으름은 꼭 나쁜 것일까. 게으른 사람에 대해 유독 적대적인 자본주의 사회에서는 '바쁨'이 최고의 가치로 추앙받지만, 게으름의 창조성에 대해 예찬하는 사람들은 게으름 속에서 인간의 또 다른 가능성을 본다. 우리는 게으름을 무조건 비난할 것이 아니라 '무엇에 대한 게으름'인가를 물어야 한다. 세상 사람들이 가치 있다고 생각하는 일에 대한 게으름. 예컨대 노동이나 공부에 대한 게으름을 어른들은 주로 문제 삼는다. 하지만 인생은 노동과 공부만으로는 해결되지 않는다. 쉼도 놀이도 필요하며 그 쉼과 놀이 속에서, 즉 '게으름'의 적절한 배분 속에서 창의성이 태어나기도 한다. '학교 다닐 때 너무 게으르고, 수업 시간에 늘 딴전 피우던 애였는데, 나중에 커보니 뛰어난 예술가나 과학자가 되어 있더라'는 평가를 받는 사람들이 의외로 많은 이유도 여기에 있다. 그들은 사회가 요구하는 특정 분야에만 게으를 뿐, 그들의 마음속에서 꿈틀대는 수많은 상상의 나래들은 아무도 눈치채지 못하는 경우가 많다.

페터 카멘친트도 그런 아이였다. 수학 선생님은 페터에게 이렇게 말한다. "너는 빈둥거리는 데는 천재다. 0점 이하의 점수가 없는 게 유감이구나. 오늘 네 성적은 −2.5점을 주고 싶은데." 그리스어 선생님은 페터를 이렇게 힐난한다. "너는 고집이 세고 별난 녀석이야. 그렇게 고집을 부리다가는 언젠가 한번 혼쭐이 나게 될 거야." 학교 선생님들은 하나같이 그의 게으름을 비난하곤 했지만, 페터는 주눅 들지 않았다.

페터에게 부족한 것은 사회성이었다. 처세술이라 불리는 인간관계의 생존 비법을 그는 배운 적이 없었고, 배우려고 하지도 않았다. 그의 친구는 인간이 아니라 하늘과 땅, 식물과 동물이었다. 그는 원시적이고 동물적인 삶에 깊은 애착을 느꼈다. 그가 꾸는 가장 행복한 꿈은 물개가 되어 바닷가에 덩그러니 누워 나른한 몽상에 빠져 있는 것이다. 물개가 되어 바닷가에서 노니는 꿈을 꾸다가 깨어났을 때 기쁘기보다 오히려 잠에서 깨 유감스럽고 안타까운 느낌이 들 정도로, 그는 원시적인 쾌락과 야생적인 행복을 꿈꾼다.

페터가 꿈꾼 쾌락은 사회 속에서 의미 있는 역할을 완수하고 싶은 열망과는 완전히 동떨어진 것이었다. 그는 자연 속에서 끝없이 몽상에 잠기는 데 천재적인 집중력을 발휘했지만, 아무도 그의 머릿속에 헤르만 헤세의 길(Hermann-Hesse-Weg)이라는 표지판을 보니 가슴이 울렁거렸다.
내가 걸어온 모든 길이 헤세에게로 가는 길처럼 느껴졌다.
가이엔호펜 헤세하우스로 가는 길에는 이렇게 정겨운 이정표가 여행자들을 반긴다.

서 어떤 상상력이 날개를 퍼덕이는지는 알지 못했다. 페터의 게으름
은 아버지는 물론 학교 선생님 모두를 두 손 두 발 다 들게 했지만,
그 게으름의 대가로 페터는 스스로 '자기만의 세계'를 가꾸고 숙성
시킬 수 있는 자유를 얻었다. 그는 '게으름의 제스처'를 통해 '몽상의
자유'를 얻은 것이다. 통제 불능의 게으름뱅이 아들을 어떻게든 농
부로 만들려는 아버지를 벗어나, 페터는 결국 자유를 얻는다.

  페터 카멘친트의 가슴속에 퍼덕이던 몽상의 지도는 이런 것이었
다. 그는 학교 공부에는 소홀했지만 문학의 아름다움에 눈뜨고 있
었다. 김나지움에 입학하기 전까지만 해도 문학에 대해 아는 것이
없었지만 실러와 괴테 그리고 셰익스피어를 읽고 난 후, 그의 인생
은 바뀌어버린다.

  페터는 인간 본성의 지극히 숭고한 측면과 우스꽝스러운 측면 모
두를 이해하게 되었다. 가장 높은 곳으로도 올라갈 수 있고 가장 낮
은 곳으로도 추락할 수 있는 인간 존재의 양면성을 깨달았다. 분열
되고 통제할 수 없는 우리 마음의 수수께끼와 세계사를 이끌어가는
인간의 깊은 본질에 대해 그는 한꺼번에 눈을 떴다. 우리의 짧은 인
생을 빛나게 하며 왜소한 인간의 존재를 필연과 영원의 차원으로
끌어올리는 정신의 위대함과 경이로움을 깨달았다.

  괴테와 실러, 셰익스피어의 문학작품을 통해 인간과 역사, 철학
의 신비에 눈을 뜬 그는 처음으로 글쓰기의 희열을 깨닫는다. 글을
쓸 때마다 나 자신의 영혼이 남몰래 한 뼘씩 자라는 듯한 비밀스러
운 흥분. 내가 쓴 글을 통해 다른 사람에게도 그런 흥분과 감동을 전
해줄 수 있다는 가능성에 눈을 뜬 것이다.

그런데 막상 글을 쓰고 나니 자신이 쓴 글이 부끄러워지기 시작한다. 거대한 자기 환멸이 온몸을 감싸며 내가 쓴 글이 과연 얼마나 가치 있는 글인지 의심한다. 그는 고트프리트 켈러 Gottfried Keller의 작품을 읽으며 절망한다. 자신이 쓴 습작들과 훌륭한 작가의 완성된 작품을 비교해보니 자신이 얼마나 작아 보였겠는가. 페터는 절망감에 사로잡혀 정성 들여 쓴 글들을 모두 불태워버리고 만다.

작가를 꿈꾸는 사람들에게는 이런 시간이 필요하다. 나의 재능을 타인의 재능에 비춰보는 것. 설사 그 재능이 확실한 가능성으로 비치지 않더라도 끊임없이 타인의 작품을 읽어보고, 그런 후에 자신의 작품을 비평적인 관점에서 냉정하게 읽어보는 것. 그 힘겨운 자기 비평의 시간을 제대로 거쳐야만 '내 작품을 바라보는 객관적인 눈'이 생긴다.

'나에게 어쩌면 재능이 있을지 모른다'는 가능성과 '나의 재능은 어쩌면 이 세상이 원하지 않는 종류인지도 모른다'는 절망감은 대개 비슷한 시기에 함께 찾아온다. 이것은 창작자들의 통과의례다. 자신의 재능을 믿으며 누가 뭐래도 앞으로 앞으로 묵묵히 나아가는 신념 어린 열정은 이 통과의례의 시간을 얼마나 잘 이겨내느냐에 따라 단련될 수도 있고 아예 뿌리내리지 못할 수도 있다.

좁은 창문으로 머리를 내밀면 지붕이며 좁은 골목길에 비치는 햇볕이 보이고, 작업이나 일상생활의 사소한 소음들이 뒤죽박죽 섞여 올라와 이상하게 들리고, 위대한 인물들로 가득 찬 내 다락방 구석의 고독과 신비가 아름다운 동화처럼 묘하게 둘러싸는 듯했다.

책을 더 많이 읽을수록, 지붕들과 골목길과 일상생활을 바라볼 때
더 이상하고 낯선 느낌이 엄습할수록, 나도 어쩌면 예언자일지도
모른다는 생각이 들면서 자주 가슴이 죄어왔다.
―『페터 카멘친트』

내적 성장에 이르는 두 가지 길

'사회화'와 '개성화'는 정반대 방향으로 작동하는 성장의 힘이다.
사회화는 말 그대로 '이 사회가 요구하는 가치들'을 학습하는 과정
을 말한다. 학교에서, 군대에서, 회사에서, '조직'이라 부를 수 있는
모든 곳에서 인간은 집단의 가치를 학습한다. 사회화의 핵심은 개
성을 억누르고 조직이 원하는 가치와 규준에 자신을 맞추는 것이
다. 그러니 사회화는 '진정한 나 자신이 되는 길'과는 정반대의 길이
될 수밖에 없다. 부모님이 하라는 대로, 선생님이 하라는 대로, 나
자신을 맞추어가는 과정이다. 반면 개성화는 '사회가 뭐라 하든, 조
직이 뭐라 하든 내 길을 가는 것'이다. 때로는 나 자신도 몰랐던 나
의 본성과 개성을 깨닫는 과정이다. '내가 진짜로 원하는 것이 무엇
인지 나도 모르겠다'는 고민을 하는 사람이 많은 것도, 개성화가 그
만큼 어려운 과제이기 때문이다.

사회화는 집단의 질서를 유지하는 데 필요하고, 누구나 사회 속
에서 살아가는 한 쉽게 동화될 수 있는 성장의 과정이다. 하지만 개
성화는 아주 적극적인 개인의 의지와 노력이 필요하다. '진짜 나 자

신'을 찾아내는 과정은 단순히 잃어버린 무언가를 찾는 것과는 다르다. 개성화는 나를 만들어가는 작업이자 잃어버린 나를 발굴하는 작업이고, '사회화'를 통해 마모되고 억압되어버린 진정한 나 자신을 되찾는 과정이다.

오히려 사회화에 성공한 모범적인 사람일수록 개성화는 더 어려워질 수 있다. 사회화는 '나 자신이 아닌 또 다른 나'를 만듦으로써 집단의 규율이나 문화에 동화되는 과정이기 때문이다. 사회화를 통해 우리는 밖으로 드러나는 성격인 '페르소나'를 만들어가고, 개성화를 통해 안으로 숨는 내면의 상처인 '그림자'와 만나게 된다.

페터 카멘친트는 어린 시절부터 본능적으로 개성화의 중요성을 깨달은 사람이었다. 그는 지나친 사회화는 자신의 진면목을 사라지게 할 수 있다는 것을 직감한 듯 모든 사회화에 저항한다. 학교 공부에서도 진정한 자신을 만날 수 있는 문학이나 철학 과목에는 관심을 두지만, 그 외의 과목에 대해서는 아무리 낮은 점수를 받아도 개의치 않는다.

어머니에게서는 겸손한 처세술과 약간의 신앙심과 조용하고 말수가 적은 특성을, 반면에 아버지로부터는 확고한 결정을 내리지 못하는 소심함과 돈을 운용하는 능력의 부족과 생각에 잠겨 술을 한없이 퍼마시는 재주를 이어받았다. (…) 아버지와 우리 일족 전체로부터는 농사꾼다운 영리한 사고력과 더불어 우울한 천성, 이유 없이 우울로 빠져드는 성향도 함께 물려받았다.

—『페터 카멘친트』

그는 그렇게 물려받은 자신의 성향을 '개성화의 연료'로 쓸 줄 알았다. 개성화에는 뼈아픈 대가가 따르기도 한다. '사회화에 성공한 사람'에게는 여러 가지 칭찬과 보수, 승진 등이 뒤따르지만, 개성화에 뒤따르는 결과는 그만큼 확실하지 않기 때문이다. 하지만 창조적인 일을 꿈꾸는 사람에게는 사회화보다는 개성화가 훨씬 중요한 가치를 지닌다. 혼자 있을 때 더욱 빛을 발하는 사람, 혼자 있는 것을 두려워하지 않는 사람, 누군가와 함께할 때조차도 타인의 눈치를 보지 않고 자신의 신념과 의지대로 행동할 수 있는 사람이야말로 개성화에 한 발짝 더 다가간 사람이다. 고독할 수 있는 자유, 혼자 놀 줄 아는 것은 개성화의 기술이기도 하다.

페터 카멘친트는 학교라는 이름의 공동체 생활에서는 빛을 발하지 못하지만, 문학과 예술을 향한 감수성에는 탁월한 성취를 이루어가고 있었다. 아직 그가 '작가'라는 직업을 갖지 못했을 뿐, 이미 그에게는 작가의 싹이 보이기 시작했다. 그 눈부신 내면의 빛을 아직 아무도 알아주지 않았을 뿐이다. 하지만 그런 개성화가 사회 안에서도 빛을 발하기 위해서는 수많은 통과의례를 거쳐야만 했다. 페터 카멘친트에게 그 첫 번째 관문은 첫사랑이었다. 사랑조차도 그에게는 '상대의 마음을 얻기 위한 심리게임'이 아니라 '누군가를 사랑하는 자기 자신과의 만남'이었다. 사회화에 관심이 없었던 그는 '남들처럼' 사랑하는 법에 신경 쓰지 않는다. 그녀의 마음을 얻기 위해 직접 다가가 호감을 보이거나 매력적인 모습을 보이려고 노력하지 않았다.

대신 그는 매우 독창적인 방식으로 사랑을 표현한다. 뢰지 기르타너라는 소녀에게 어울리는 사람이 되기 위해, 그는 매일 온갖 힘든 일을 도맡아 하고, 험난한 산봉우리를 혼자 오르는가 하면, 아름다운 꽃 한 송이를 꺾어 그녀에게 바치기 위해 목숨 걸고 암벽을 타기도 한다. 다른 사람들의 눈에는 바보 같은 짓일 수도 있지만, 그는 누구의 눈치도 보지 않고 오직 자신의 방식으로 그녀를 사랑한 것이다. 그녀를 더 오래, 더 깊이 사랑하기 위해 그는 홀로 험난한 길을 걸어가기로 한다.

어찌 보면 그것은 '타인을 사랑하는 법'이 아니라 '자신을 사랑하는 길'이었다. 그녀를 사랑하는 마음 때문에 시작된 일이지만, 결국 바뀐 것은 자신이었기 때문이다. 그녀를 생각하며 매일 고된 육체노동과 체력 단련을 한 끝에, 그는 강인한 신체와 남다른 인내심을 갖게 되었다. 페터 카멘친트에게는 사랑조차 개성화의 한 과정이었던 셈이다. 그녀에 대한 열정을 되새기며 험난한 산봉우리를 오르내리는 동안 그의 어깨는 탄탄해지고, 얼굴은 갈색으로 그을렸으며, 온몸의 근육이 늘어나 눈부신 젊음의 기운이 넘쳐흐른다.

아무 말 없이 스러져가는 것들

헤세는 여러 작품에서 어머니를 이상형으로 그린다. 그런데 그 어머니들의 공통점은 '지금 여기에 없다'는 것이다. 『나르치스와 골드문트』에서는 자유분방한 보헤미안 기질을 지닌 아름다운 여성으로 그려지지만 아들 골드문트의 곁을 떠난 지 오래다. 아버지는 집을 나가버린 어머니에 대해 함구함으로써 어머니에 대한 신비감을 더욱 증폭시킨다.

『수레바퀴 아래서』의 주인공 한스는 어머니의 사랑을 받은 기억이 없다. 어머니가 일찍 돌아가셨기에 어머니를 그리워할 만한 추억조차 남아 있지 않다. 하지만 한스는 신학교에서 어머니를 그리워하며 눈물을 뚝뚝 흘리는 소년들, 어머니의 선물이나 편지를 받고 행복해하는 아이들을 바라보면서 부러움을 느낀다. 어머니는 헤세에게 '영원히 도달할 수 없는 이상형'임과 동시에 '잃어버린 낙원'의 표상이었다.

『페터 카멘친트』에서는 다른 작품에 비해 어머니의 모습이 비교적 상세히 묘사되어 있다. 페터의 어머니가 편찮으셔서 페터는 고향으로 다시 돌아온 뒤 깊은 고민에 빠진다. 그는 대학을 향한 청운의 꿈이 자신을 오히려 괴롭히고 있다는 것을 깨닫는다. 아버지는 그에게 학비를 대줄 여력이 없다고 못 박는다. 심지어 아버지가 아들이 이룬 성취와 아들의 공부를 못내 부러워하고 동경한다는 사실까지 알게 되자 그는 더욱 괴로운 마음이 된다.

페터는 자신이 시골뜨기라서 도저히 이 세상에 적응하지 못할 거라는 비관적인 생각에도 빠진다. 차라리 시골에 머물며 이 궁핍한 고향의 우울한 삶에 평화롭게 안주하는 것이 낫지 않을까. 끊임없이 도전하고, 끊임없이 배우고, 끊임없이 무언가를 이루려 하는 것은 너무도 고통스럽지 않은가. 하지만 라틴어 수업의 그 황홀한 떨림은 페터를 놓아주지 않는다. 대학에서 배운 모든 역사, 철학, 문학의 향기는 시골에 돌아온 뒤에도 페터를 끈질기게 쫓아다닌다.

『페터 카멘친트』에서는 헤세의 작품 중 어머니의 이야기가 가장 현실적인 모습으로 나타난다. 어머니의 모습을 자세히 묘사하지는 않지만, 어머니의 임종을 세세하게 그려낸다. 그런데 어머니의 죽음이 이제 얼마 남지 않았음을 발견한 후의 페터의 행동은 다소 충격적이다.

페터는 어머니 바로 옆에 잠들어 있는 아버지를 일부러 깨우지 않는다. 그는 어머니의 마지막 길을 오로지 홀로 지켜보고 싶어 한다. 그는 어머니의 죽음을 아무 말 없이 지켜보며 아버지를 끝내 깨우지 않는다. 페터는 어머니와 오직 '둘만의 시간'을 갖고 싶었던 것 같다. 생이 끝나는 그 순간까지, 어머니의 임종을 호들갑 떨지 않고 조용히 지켜드리고 싶었던 것이다.

페터는 어머니의 죽음을 홀로 지켜보면서 인생의 신비가 한 꺼풀 벗겨지는 것을 느낀다. 페터는 어머니의 죽음이 슬프기는 했지만 오히려 그동안의 고통에서 해방되는 기분을 느낀다. 오래 아프셨던 어머니의 죽음은 이미 예상된 일이었지만, 막상 그가 마주한 어머니의 죽음은 무섭거나 소름 끼치는 것이 아니라 '삶으로부터의 조용한 해방'처럼 다가왔다.

어머니는 고통에 몸부림치지도 않고 슬픔에 신음하지도 않으며 너무도 조용히 세상을 떠난다. 그녀가 이 세계에서 저 세계로 넘어가는 그 모든 세세한 과정 하나하나가 아들에게 경외감을 불러일으킨다. 아무런 불평 없이 아무런 원망도 없이 조용히 세상을 떠나는 어머니. 그런 어머니의 모습이 너무도 숭고해 아들은 할 말을 잃는다. 감히 아버지를 깨워 그 경이로운 평화를 깨뜨리고 싶어 하지 않는다. 하지만 그는 그 순간 철저히 이기적이었다. 평생의 반려자였던 아버지가 어머니에게 작별인사를 할 기회를 주지 않은 것은 잔인한 처사였다.

페터는 그 잔인함의 대가로 생명의 신비를 깨달았다. 어머니의 의연한 모습이 너무도 눈부신 나머지, 그는 아무것도 하지 못한다. 아무것도 모른 채 잠자던 아버지를 깨우지도 않았고, 신부님도 부르지 않았다. 그는 온몸으로 영원의 숨결을 느낀다. 어머니가 세상을 떠나심에도 불구하고, 어머니와 자신이 영원히 연결되어 있음을 느낀다.

어머니의 숨소리가 완전히 끊어진 순간, 차갑게 식어버린 입술에 아들은 마지막 입맞춤을 한다. 그제야 현실 감각이 돌아온다. 어머니의 입술이 이제 더는 따뜻하지 않다는 것을 느끼자 그제야 소름이 돋는다. 비로소 눈물이 흘러내리기 시작한다.

이윽고 아버지는 깨어나고 아들에게 욕설을 퍼부으며 분노를 표출한다. 왜 나를 깨우지 않은 거니. 신부님도 부르지 않다니. 아버지는 아들의 행동을 도저히 이해할 수가 없다. 어머니가 세상을 떠나자 세상의 반쪽을 잃어버린 아버지는 갑자기 나약해진 모습을 보인다. 가장으로서 아버지의 듬직한 모습은 온데간데없이 사라져버린다.

아버지는 갑자기 스스로를 가엾게 여기기 시작한다. '이제 아내도 없고 너도 대학으로 돌아갈 테니, 난 이제 아무에게도 의지할 수 없다'는 식으로 하소연한다. 아버지에게 연민을 느낀 페터는 잠시 마음이 약해져 하마터면 고향에 머물면서 농부가 되겠다고 말할 뻔

했다. 하지만 어머니의 죽음이 그에게 준 깨달음은 그것이 아니었다. 자신의 꿈을 따라 계속 나아가야 한다는 것이다. 무엇이 되든, 포기할 수 없다는 것이다. 아무리 무서운 미래가 펼쳐지더라도, 자신의 힘으로 자신의 삶을 일구어나가야 한다는 깨달음이었다.

페터가 그동안 그토록 갈망하던 아름다운 문학의 세계가 그의 머릿속에서 낙원의 환상처럼 펼쳐졌다. 그는 다시 도시로 가고 싶었다. 무한히 배우고 또 배우고 싶었다. 글을 쓰고 싶었다. 대대로 이어진 농부의 운명을 뛰어넘고 싶었다.

영혼의 독립선언

어머니의 고요한 임종을 한순간도 놓치지 않고 완벽하게 지켜드린 이후, 어머니의 마지막 길을 한 치의 소홀함 없이 완벽하게 배웅해드린 이후, 페터에게는 새로운 꿈의 지평선이 열렸다. 고향에서 어렵게 살아가는 애처로운 부모, 고향 사람들의 가난하지만 평화로운 모습에 가려 보이지 않았던 미래의 지평선이 비로소 보이기 시작한다.

그는 이제 운명과 싸울 준비가 되어 있었다. 농부의 삶에 결코 만족할 수 없는 자신의 깜냥을 깨닫는다. 그는 배우고 싶다. 그는 창작하고 싶다. 그는 방랑하고 싶었다. 아버지의 지원이 없어도, 어머니의 응원이 없어도, 그는 그 모든 것을 해낼 수 있을 것만 같았다. 시골뜨기 문학청년이 영혼의 독립을 선언하는 순간이었다. 어머니의 죽음은 오히려 그에게 새로운 시작을 알리는 창조의 희생제의sacrifice 가 되었던 것이다.

페터는 이제 길을 떠난다. 그의 인생 앞에는 수많은 모험이 기다리고 있다. 그는 세상 무엇과도 바꿀 수 없는 소중한 친구의 죽음을 경험하고, 끔찍한 시련을 겪고, 자살 충동에 시달리기도 한다. 고통의 무게가 더해질 때마다 그의 영혼은 한 뼘씩 자라난다. 그는 프란체스코 성자의 도시인 이탈리아의 아시시를 여행하면서 자신에게 주어진 모든 부귀영화를 버리고 타인의 고통을 치유하는 데 인생을 바친 한 아름다운 영혼의 깊이를 이해하게 된다.

그는 라틴어를 완벽하게 구사하거나 성경을 달달 외우는 것이 아니라 가난한 사람들, 아픈 사람들, 고통받는 사람들, 때로는 너무도 보잘것없어 보이는 사람들의 힘겨운 삶에 따스한 구원의 빛이 되는 것이 진정으로 경건한 삶임을 깨닫는다. 그는 교회를 중심으로 운영되는 기독교적 공동체를 떠났지만, 더욱 살아 있는 참사랑의 실천이 무엇인가를 고민한다. 그는 죽어가는 한 여인을 간호하면서, 육체적인 장애로 고통받는 사람과 진심 어린 우정을 나누어가면서, 자신의 이기심을 극복하고 '누군가와 함께하는 삶'의 숭고함을 깨닫는다.

페터는 선언한다. 사랑은 우리를 행복하게 하기 위해 존재하는 것이 아니라, 우리가 고통을 견디면서도 얼마나 강인하게 견뎌낼 수 있는지를 보여주기 위해 존재하는 거라고. 이루어지지 않는 사랑 때문에 무던히도 고통받은 페터 카멘친트는 달콤하고 안락한 것이 사랑의 본질이 아님을 깨닫는다. 사랑은 우리 영혼의 크기를 시험한다. 깨어지고, 부서지고, 무너지면서도 끝내 삶을 견디게 만드는 것. 매번 상처받고, 다시는 일어서지 못할 것 같은 아픔을 느끼면서도 끝내는 다시 삶을 향해 나아가게 만드는 것. 그것이 사랑의 힘이 아닐까. 사랑이 우리를 속이는 것이 아니라, 사랑을 통해 한꺼번에 모든 것을 얻으려는 인간의 이기심이 자신을 속이는 것이다.

그가 절대로 마음대로 할 수 없는 인간의 마음에 절망했을 때, 사랑도 우정도 아무리 노력해도 자신의 마음대로 되지 않는다는 것을 깨달았을 때, 그의 가장 친한 친구가 되어준 것은 다름 아닌 술이었다.

그는 술을 예찬한다. 정말 그의 말대로, 때로 술은 가엾은 인간의 마음을 찬란하고 경이로운 시적 영감으로 채운다. 은둔자이자 농부였던 페터 카멘친트를 왕으로도 만들고, 시인으로도 만들고, 현자로도 만드는 것이 바로 술이었다. 하지만 술의 마법은 술을 마셨을 때만으로 한정된다. 그는 술 마시는 순간에는 왕이기도 하고 시인이기도 하고 현자이기도 했지만 술의 마법이 끝나버리면 어김없이 비참한 현실로 돌아오곤 했다. 깨달음의 길에는 이렇게 공짜가 없었다. 아름다운 쾌락에는 항상 무시무시한 대가가 기다렸다.

그는 사람들 속에서 행복을 느끼기도 했지만, 사람들 속에서 더욱 끔찍한 고독을 느끼기도 했다. 그의 마음을 진정으로 털어놓을 상대는 지극히 드물었기 때문이다. 그는 그토록 사랑하는 문학이나 예술에 관해 떠드는 것이 점점 싫어진다. 사람들이 문학과 예술을 진심으로 사랑하거나 맹렬하게 탐구하지 않으면서 그저 겉핥기식으로 떠들어대는 잡담에 그는 진저리를 낸다. 진정으로 알지 못한다면 차라리 침묵하는 것이 나을 때조차도, 사람들은 끊임없이 떠들어댔고, 그것이 페터 카멘친트를 우울하게 만들었다. 그도 예의 상 대거리를 해주었지만 그럴 때마다 스스로에게 거짓말을 하는 느낌이 들어 더욱 괴로워진다.

무리의 수다라는 것이 그렇다. 외로워서 사람들 틈바구니로 들어가지만, 사람들 틈새에서 더 큰 외로움을 느끼게 된다. 그는 그 쓸모없는 수다가 너무도 권태롭게 느껴지고 그런 군중과의 잡담 속에서 점점 자신이 품격을 잃어간다고 생각한다. 차라리 보통 사람들의 소소한 이야기가 나았다. 평범한 아낙네가 자신의 아이들에 관해 이야기하는 모습이 더 좋았다.

하지만 이런 소소한 수다만으로는 삶의 기쁨을 찾을 수 없었던 그는 밤마다 술집을 찾았고, 그런 악순환은 오랫동안 반복된다. 사람들이 그리워서 그 속으로 들어갔다가, 그들에게 지쳐 다시 술의 나락으로 떨어지는 악순환. 그 속에서 페터 카멘친트는 눈부시도록 찬란한 젊음을 안타깝게 소진하고 있었다.

우정, 때로는 사랑보다 뜨거운

모든 것을 잊고 흠뻑 도취되는 것이 연인이지만,
모든 것을 알고도 함께 기뻐하는 것이 친구이다.
— 아벨 보나르, 『우정론』

'우정의 학교'라는 곳이 있다면, 나는 스무 살 즈음으로 되돌아가 그 학교에 입학하고 싶다. 우정을 얻는 것이 다른 어떤 일보다도 더 어려운 일이었기 때문이다. 일을 잘하는 것은 경험을 통해 배우면 된다. 사람들의 인정을 받는 것도 끝없는 노력을 통해 가능하다. 자신의 감정을 통제하는 것도 훈련을 통해 가능하다. 그런데 친구의 마음을 얻는 것만큼은 아무리 노력해도 잘되지 않았다. 혼자 있는 것을 지나치게 좋아하는 내 성격도 친구를 사귀는 데 걸림돌이 되었을 것이다.

하지만 혼자 있을 때조차도 나는 '이럴 때 내 울퉁불퉁하고 구름 낀 마음을 털어놓을 친구가 있다면 얼마나 좋을까' 하고 자주 상상한다. 내가 간절히 그리워하지만 이제는 연락이 끊어진 친구를 생각하며, '내가 무엇을 잘못했을까' 고민하며 자학하기도 한다.

진정한 우정을 얻는 것은 위대한 스승을 얻기보다도 더 어려운 일이다. 위대한 스승은 책을 통해서나마 만날 수 있지만, 진정한 친구는 내가 아무리 원해도 만날 수 없을 때가 더 많다. 이런 우정에 대한 갈급함 때문일까. 나는 페터 카멘친트가 새로운 친구 리하르트에게 이상하리만치 집착하는 것을, 절절하게 이해한다.

리하르트는 이것저것 물어보지도 않고, 오랫동안 함께하지도 않고, 곧바로 페터가 어떤 사람인지 알아맞힌다. 페터를 잠깐 살펴본 리하르트는 한눈에 페터가 어떤 사람인지 알아본다. 페터, 당신은 시인이라고.

페터는 화들짝 놀란다. 자신에 대해 아무런 정보가 없는 리하르트가 도대체 어떻게 알아냈을까. 페터가 매우 부끄러워하며 이제는 시를 쓰지 않는다고, 예전에 쓴 시도 모두 태워버렸다고 하자 리하르트는 넘겨짚듯이 이렇게 진단한다. "틀림없이 매우 현대적인 시였겠지요. 니체의 사상을 많이 담고 있었겠군요." 그러자 페터는 당황한다. 니체, 그게 뭐냐고 반문한다. 그는 아직 니체가 누구인지 몰랐다. 리하르트가 더욱 당황한다. 니체를 정말 모르냐고, 반문한다.

자신이 니체라는 유명한 철학자를 모른다는 데 수치심을 느낀 페터는 이렇게 윽박지르고 만다. 당신은 지금까지 몇 번이나 빙하를 건너봤냐고. 리하르트는 솔직하게 대답한다. 한 번도 빙하를 건너본 적이 없다고. 페터는 그제야 우쭐한 표정을 지으며 '내가 니체를 모르는 것'처럼, '너는 빙하를 모르는 것'이라는 식으로 리하르트를 몰아붙인다. 리하르트는 싱긋 웃는다. 궁지에 몰린 페터에게 오히려 매력을 느낀다.

당신은 예민하군요. 그렇지만 자신이 얼마나 부러울 정도로 때 묻지 않은 사람인지, 그리고 그런 사람이 얼마나 드문지 전혀 모르고 있어요. 들어보세요. 한두 해쯤 지나고 나면 당신은 니체뿐 아니라 다른 모든 잡다한 것들까지도 다 알게 될 겁니다. 당신은 나보다 더 철저하고 똑똑하니까 훨씬 더 잘 알게 될 거예요. 그렇지만 바로 지금 모습 그대로의 당신이 나는 참 좋아요.
─『페터 카멘친트』

페터는 니체도 모르고 바그너도 모르지만 눈 덮인 산에 수없이 올라갔고, 마치 고산지대 사람처럼 강인한 얼굴을 하고 있다는 것을, 리하르트는 한눈에 알아본 것이다. 그리고 그 강인함 속에는 숨길 수 없는 '시인의 얼굴'이 아로새겨져 있었다.

그때부터 페터는 오직 리하르트만 바라본다. 리하르트로부터 많은 사람을 소개받았지만 그는 거들떠보지도 않는다. 오직 리하르트만을 사랑하고, 리하르트 주변에 모이는 모든 사람을 경계하고 질투한다. 리하르트를 좋아하는 여인들까지도 페터는 물리치려 한다. 리하르트와 만나기로 한 약속이 아무리 사소할지라도 지나칠 만큼 정확하게 지켰고, 그가 페터를 조금이라도 기다리게 하면 온갖 신경질을 내며 그를 몰아세웠다.

어느 날 리하르트가 약속 장소에 나오지 않았을 때 페터는 경악한다. 솔직한 리하르트가 실은 약속을 까맣게 잊고 있었다고 고백하자 페터는 폭발해버린다. "난 약속은 정확하게 지키는 습관이 있어." 그는 격한 어조로 자신의 마음을 고백해버린다. "그렇지만 물론 어딘가에서 내가 너를 기다린다는 걸 알면서도 네가 아무렇지 않게 생각하는 데에도 익숙해. 너처럼 친구가 많다 보면 뭐 그럴 수도 있겠지!"

페터의 눈에는 리하르트처럼 인기가 많은 사람에게는 자신과의 약속이 중요하지 않은 것처럼 보였던 것이다. 리하르트는 기가 막혀 페터를 빤히 바라본다. "그래, 너는 사소한 일도 다 그렇게 진지하게 받아들이니?" 그러자 페터의 진심이 드러난다. "나한테 우정은 사소한 일이 아니야." 이 말은 묘한 감동으로 리하르트를 사로잡는다. 그렇다. 그에게도 우정은 결코 사소한 일이 아니었다. 그는 단지 약속을 잊은 것이었지만, 페터에게는 우정을 저버린 일로 각인

되었던 것이다. 리하르트는 페터와의 우정을 더욱 소중히 하겠다고, 다시는 약속을 소홀히 하지 않으리라 결심한다. 리하르트는 페터의 머리를 감싸고, 자신의 코끝을 페터의 코끝에 대고 장난스럽게 비비며 그를 다정하게 쓰다듬는다. 페터는 수줍은 듯 언짢은 듯 몸을 뒤로 뺀다. 그렇게 그들의 우정은 다시 회복된다.

페터는 유치하게 '내가 할 수 있는 것'과 '네가 할 수 없는 것'을 비교하며 리하르트에게 면박을 주려 했지만, 리하르트는 그런 페터의 상처 입은 자존심까지도 끌어안아준다. 리하르트는 페터의 가시 돋친 말 속에 숨어 있는 한없이 투명한 순수를 알아본다. 그렇게 그들은 친구가 된다. '서로 좋아 죽어서'가 아니라, 한 사람이 다른 한 사람의 결핍을 완전히 끌어안아줌으로써.

돌이켜보니 내게 부족한 점이 바로 그거였나 싶다. 나는 나의 결핍을 한사코 들키기 싫어 했고, 누군가가 자신의 결핍을 보여주면 어쩔 줄 몰라 쩔쩔맸다. 그의 결핍을 가만히 보듬어주면 된다는 것을 그때는 미처 알지 못했다.

또 다른 만남: 상실의 고통을 이기는 힘

가장 아름다운 추억을 남긴 채, 가장 슬프게 사라지는 것들이 있다. 이 사람이 없으면 정말 나는 안 되겠구나, 그렇게 옴짝달싹 못하게 나를 자신의 포로로 만들어놓고는, 흔적도 없이 사라지는 사람. 잊을 수 없는 추억만을 흉터처럼 남겨놓고 떠나는 사람들. 카멘친트에게는 친구 리하르트가 그랬다. 페터가 아무리 신경질적이고, 까다롭고, 제멋대로 굴어도, 리하르트는 페터의 모든 응석을 받아주었다. 아무도 알아보지 못하는 페터의 진짜 재능을 리하르트는 알고 있었기 때문이다.

리하르트는 페터의 뛰어난 글보다 페터의 사람됨 그 자체를 사랑했다.

> 이봐, 나는 항상 널 시인이라고 생각했고 지금도 그렇게 여기고 있어. 그렇지만 그 이유는 네가 신문 문예란에 쓴 글 때문이 아니야. 네 안에 어떤 아름다움과 깊이가 살아 있다고 느껴지는데, 그것이 빠르든 늦든 언젠가는 한번 터져 나올 거라고 생각하기 때문이야. 그것이야말로 진짜 문학이 될 거야.
>
> ─『페터 카멘친트』

이런 말을 남긴 친구를 어떻게 잊을 수 있겠는가. 내가 아직 꽃피우지 못한 꿈의 씨앗까지 알아보는 친구, 그가 나의 진정한 벗이다. 윌리엄 블레이크는 이렇게 말했다. 한 알의 모래알에서 하나의 세계를 보고, 한 송이 들꽃에서 천국을 본다고. 리하르트는 한 줄의 문장에서 한 사람의 인생 전체를 보고, 한마디 농담으로 한 사람의 운명 전체를 바꾸는 사람이었다.

아무에게도 제대로 된 칭찬을 받아보지 못한 페터는 리하르트를 통해 최고의 평가를 받고, 최고의 우정을 나누고, 최고의 추억을 함께 누린다. 두 사람은 함께 이탈리아를 여행하며 인생에서 가장 찬란하게 빛나는 한때를 보낸다. 그러나 얼마 되지 않아 고향으로 돌아간 리하르트는 강에서 수영을 하다가 익사하고 만다.

그 후 페터의 삶은 완전히 망가진다. 가족보다도, 스승보다도, 때로는 자기 자신보다도 더 자신을 사랑해주었던 친구가 죽자, 그는 인생행로를 완전히 이탈하고 만다. 술독에 빠져 살며 온갖 사람들과 괜스레 시비가 붙고, 스스로 알코올 중독에 빠져들고 있다는 사실을 알면서도 자신을 완전히 방치해버린다.

오랜 시간이 지난 뒤, 페터는 한 지방 도시에 정착하면서 그럭저럭 문필생활을 하며 살아간다. 간신히 리하르트의 죽음을 극복한 것처럼 보였지만, 진정한 극복이라기보다는 불행한 상황에 익숙해진 것이었다.

리하르트의 죽음 이후 페터는 자신을 그림자처럼 따라다니는 깊은 우울과 맞닥뜨린다. 페터는 자신이 아주 독특한 매력을 지녔지만 어딜 가나 푸대접을 받는다고 생각한다. 자신의 고통을 아무도 이해하지 못하고 누구도 자신을 동정하지 않는다고 믿는다. 오랫동안 우울증에 빠져 있던 페터는 동네 목수의 집에 들렀다가 끔찍한 장애를 앓고 있는 보피라는 사나이를 만난다. 보피는 하반신불구였고 병까지 걸렸으며 등에 커다란 혹까지 솟아 있는 상태였다. 페터는 항상 몸이 건강하고 외모도 훤칠했기에 자신의 신체에 대한 콤플렉스가 전혀 없었다. 그런 그의 눈에 비친 보피는 첫눈에 불편한 존재, 모자란 존재, 심지어 불쾌한 존재였다. 페터는 은근히 보피를 멸시하기까지 했다. 몸이 불편한 사람을 군식구로 데리고 사는 목수를 딱하게 여기기도 했다.

어느 날 목수 가족과 나들이를 가게 된 페터는 그들이 보피를 방 안에 가두고 자물쇠까지 채운 뒤 아무런 거리낌 없이 집을 나온 것을 알게 된다. 목수네 가족들과 즐거운 한때를 보내던 페터는 문득 심한 부끄러움을 느낀다. 그가 한때 인생의 롤모델로 생각했던 아시시의 성자 프란체스코의 가르침이 불현듯 떠올랐기 때문이다.

목수 가족은 장애인 보피를 방 안에 가두고 외출한 데 대해 전혀 죄책감을 느끼지 않았다. 심지어 해방감마저 느꼈다. 보피는 그들을 귀찮게 하지 않았지만 장애인이라는 이유만으로 보피를 업신여긴 것이다.

페터는 성자 프란체스코의 가르침을 떠올리며 괴로워한다. 자신의 모든 특권을 버리고 가난한 사람들과 함께하는 삶을 스스로 선택한 성자의 삶을 기리기 위해 아시시로 직접 여행까지 다녀온 자신이 장애인을 멸시하고 심지어 그를 방치하며 즐거워하는 무리에 합류한 것을 깨닫자 견딜 수 없는 자기혐오에 빠진다. 그리고 가슴 깊숙한 곳에서부터 깨달음의 목소리가 들려오기 시작한다. 지금 과연 너는 무엇을 하고 있는가. 네가 진정으로 돌봐야 할 이웃은 누구인가. 네가 그토록 사랑하리라고 맹세했던 타인은 지금 어디에 있는가. 그것은 프란체스코 성인의 목소리이기도 했고 예수 그리스도의 목소리이기도 했으며 오래전 잃어버린 줄로만 알았던 자기 자신의 목소리이기도 했다.

그때부터 페터는 보피와 절친한 벗이 된다. 보피의 생활비를 보태주기도 하고 보피에게 휠체어를 마련해주기도 하며 보피와 동물원에 가서 즐거운 한때를 보내기도 한다. 보피와의 우정, 그리고 보피가 겪은 온갖 파란만장한 삶의 이야기가 그에게는 커다란 깨달음을 주는 열쇠가 된다.

페터는 비로소 희망을 품는다. 그가 오래전에 시작했지만 지금은 손도 대고 있지 못한 작품을 완성하여 언젠가는 세상에 내놓을지도 모른다고. 그 미래의 결작 속에 들어 있을 온갖 미덕은 모두 보피를 통해 배운 것들이리라.

그는 이제야 깨닫는다. 꼽추 보피와 함께한 나날은 그가 평생 두고두고 곱씹게 될 행복의 보물창고가 되리라는 것을. 질병과 고통과 가난과 학대조차 마치 저 하늘의 깃털 구름처럼 가볍게 흘려보낼 줄 알았던, 한 위대한 영혼과의 만남이 그를 치유해주었던 것이다.

운명을 찾아 떠난 영원한 길 위의 방랑자

페터는 보피를 통해 지금까지 그 누구에게서도 배울 수 없었던 소중한 지혜를 배운다. 그것은 어떤 순간에도 삶을 포기하지 않는 의지, 최악의 상황에서도 자신이 누릴 수 있는 가장 빛나는 것을 표현하는 힘이었다.

페터는 문득 자신이 가장 사랑하는 두 사람을 한 자리에서 보고 싶은 충동을 느낀다. 이제 그가 가장 사랑하는 두 사람은 보피와 엘리자베트였다. 그는 엘리자베트가 다른 사람과 결혼을 하고 나서도 계속 친구처럼 만나지만 그의 가슴속에서 사랑의 불길은 여전히 꺼지지 않고 있었다.

페터는 누구에게도 고백할 수 없는 이 감정을 보피에게만은 털어
놓는다. 페터는 『젊은 베르테르의 슬픔』에서 베르테르가 로테를 바
라보는 눈빛으로, 영원히 이루어질 수 없으나 영원히 포기할 수 없
는 사랑의 눈빛으로 엘리자베트를 바라봐왔다.

페터는 엘리자베트에게 가서 "그 가련한 불구자를 기쁘게 해달
라"고 부탁한다. 누구에게나 상냥한 엘리자베트는 보피에게도 어
김없이 친절하고 거리낌 없이 대한다. 페터가 엘리자베트를 데리고
동물원에 갔을 때, 보피는 휠체어에 앉아 엘리자베트를 기다리고
있었다. 말쑥하게 차려입은 아름다운 여인이 휠체어를 탄 장애인과
인사하기 위해 그에게 몸을 구부렸을 때, 보피의 얼굴에는 터질 듯
한 환희의 미소가 번져 나온다.

보피는 세상에서 가장 아름다운 존재를 바라보는 듯한 황홀한 눈
빛으로 엘리자베트를 올려다본다.

> 가련한 보피가 기쁨에 넘쳐 빛나는 얼굴로 커다랗고 선량한 눈에
> 감사의 빛을 띤 채 부드럽게 부인을 올려다보았을 때, 나는 그 순간
> 둘 가운데 누가 더 아름답고 누가 더 내 마음에 가까이 있는 친구인
> 지 결론을 내릴 수 없을 정도였다.
> —『페터 카멘친트』

페터가 아니라면 단 한 번도 마주칠 일이 없었던 두 사람, 보피와
엘리자베트. 두 사람이 함께 있는 것을 보자, 페터는 도대체 엘리자
베트가 더 아름다운지, 보피가 더 아름다운지 구별이 되지 않을 정

도로 황홀한 감정을 느낀다. 그가 가장 사랑하는 두 사람이 한자리에 모이자, 바로 그곳이 그에게는 천국이 아니었을까. 그 순간 보피의 불편한 다리, 비정상적인 외모, 움직일 수 없는 몸은 전혀 문제가되지 않았다. 페터에게 보피는 '사랑하는 여인'만큼이나 아름답고소중한 존재가 되어 있었다.

목수네 집에서 천덕꾸러기로 지내던 보피를 안타깝게 여긴 페터는 마침내 보피를 자신의 집으로 데려오기로 한다. 그는 보피의 생활비를 모두 대주고, 자신의 거처에서 보피와 함께 생활한다. 몇 달전에는 이름도 얼굴도 모르던 사람을, 완전히 자기 힘으로 부양하기로 마음먹은 것이다.

이제 몸이 불편한 보피와 함께 살게 된 이상, 페터는 마음대로 긴여행을 떠날 수도 없었고, 하루도 마음 편하게 외출할 수도 없었다. 하지만 그에게는 이 불편함이 전혀 힘들게 느껴지지 않았다. 그만큼 보피를 사랑하게 되었으니까. 모든 것을 새로 시작하는 기분, 마치 신혼살림이라도 차린 기분이 들 정도로, 그는 보피와 함께 살게되어 그저 좋았다.

그는 보피와 함께 책을 읽으며 이야기를 나누고, 앨범과 일기장을 넘겨보며 수다를 떨고, 도미노 놀이를 하기도 했으며, 푸들을 함께 기르고, 창문 너머로 계절이 바뀌는 풍경을 함께 바라보기도 했다. 페터는 지극히 평범한 경험에서도 알록달록한 이야기보따리를풀어내는 보피의 입심에 감동하여 늘 그의 이야기를 경청했다.

페터는 보피를 '날카롭고 조용한 관찰자'라고 부른다. 몸이 불편한 보피는 사람들의 평범한 일상 속으로 좀처럼 끼어들 수 없었기에 그들을 조용히 관찰한다. 관찰과 분석을 통해 조금씩 마음속에 쌓인 이야기들은 자신의 말을 들어주는 사람을 만나면 드디어 봇물 터지듯 한꺼번에 튀어나온다. 페터는 보피의 이야기를 항상 재미있어 했기에 보피는 더욱 신명이 나서 들려주었다.

페터는 보피와 함께 살면서 많은 것을 배운다. 그토록 오랫동안 찾아 헤맸지만 결국 찾지 못했던 '인간을 이해하는 기술'을, 페터는 보피를 통해 배운다. 페터는 지극히 한정적인 인간관계를 경험했지만, 인생에 대해 누구보다도 깊은 통찰력을 지니고 있었다. 보피 또한 페터만큼 자신을 깊이 이해해주는 친구를 그동안 만나본 적이 없었을 것이다. 아주 사소한 것에서도 깨달음의 기쁨을 찾아낼 줄 알았던 보피는 숨은 철학자였고 은둔한 현자였다.

하지만 그런 '완전한 교감'의 축복은 오래가지 않았다. 보피의 고통스러운 기침 소리는 날이 갈수록 심각해졌고, 의사는 보피가 세상을 떠날 날이 머지않았음을 알려준다. 보피는 죽음을 두려워하지 않는다. 평생 고통 속에 시달렸기 때문에 오히려 죽음이 그에게는 고통의 종말이기도 했다. 보피는 페터에게 속삭인다. 나는 죽는 것이 오히려 낫다고. 죽으면 이 곱사등과 짧은 다리와 마비된 허리에서 벗어날 수 있다고.

페터는 보피를 입원시키고, 모든 병원비를 다 자신의 힘으로 지불하며, 끝까지 보피 곁에서 보피의 가족들보다 더 극진하게 그를 보살핀다. 페터는 깨닫는다. 보피와 함께한 나날들은 그에게 어떤 여행보다도 어떤 사귐보다도 값진 깨달음을 준 시간이었음을. 보피가 자기 안의 진정한 꿈의 씨앗을 태동케 한 창작의 뮤즈였음을.

리하르트는 페터 안에 숨 쉬는 '숨길 수 없는 시인'을 끌어내주었고, 페터가 처음으로 원고료를 받고 글을 쓸 수 있도록 도와주었다. 보피는 어느 순간 진정한 창작의 열망을 잃어버린 페터에게 다시금 '창작의 불씨'를 되찾도록 자기 안의 또 다른 자기를 일깨워주었다.

보피의 죽음 뒤에 페터는 깨닫는다. 서랍 속에 잠들어 있는 자신의 숨은 걸작도 소중하지만, 늘 처참한 짝사랑으로 끝난 세 번의 사랑과 리하르트와 보피와의 우정이 더욱 소중하다는 것을. 자신의 작품이 그 모든 '관계의 흔적들'만큼 소중하지는 않다는 것을. 그 모든 인연의 힘으로 그는 자신의 작품을 창조할 수 있는 길을 찾는다. 자신이 어떤 사람인가를, 자신에게 주어진 길이 무엇인가를 깨닫는다.

페터는 집단적인 이상, 조직사회의 목표를 동경하지 않았다. 오직 '나다움'을 찾기 위해, 자기 안에 길이 있음을 깨닫기 위해 고뇌한 사람이었다. 많은 사람이 함께 걸어가는 길이 아니라 나만의 고유한 길을 걸어가는 사람이 되기를 원했다.

헤세는 페터 카멘친트를 가리켜 '스스로 창조한 꿈의 왕국에 사는 고독한 왕'이라고 했다. 페터는 자연 속에서 진정한 자신의 힘을 깨달았으며, 고독한 은둔을 통해 창작의 열정을 피워 올리는 예술가였다. 그는 오직 자신의 경험을 통해 자신의 운명을 찾아 길을 떠나는 영원한 방랑자였다. 국가, 사회, 조직에 속한 집단적 개인이 아니라, 유일무이한 인격체로서 개인에 무한한 관심을 기울였던 헤세의 문학적 여정은 바로 페터 카멘친트로부터 시작되었다.

탐구자

『데미안』의 탄생

나답지 못하게 만드는 모든 것과의 전투

우리 마음속에는 에고의 단단한 껍데기에 싸여 있는 셀프의 목소리가 존재한다. 에고가 '나는 사업가로서 성공을 원한다'고 주장할 때, 셀프는 '나는 어린 시절의 잃어버린 화가의 꿈을 되찾고 싶다'라고 속삭인다. 에고와 셀프가 솔직하게 대화할 수 있을 때 비로소 개성화는 시작된다.

셀프는 에고의 다채로운 가면 속에 숨겨져 있어 찾기 어려울 때가 있다. 그러나 다행히도 셀프는 에고보다 훨씬 더 지혜롭고 강인하며 나에 대해 모든 것을 다 알고 있다. 모든 것을 알고, 모든 것을 해낼 수 있는 또 하나의 셀프. 그걸 믿고 가면 우리는 무너지지 않을 수 있다. 어떤 위기 속에서도, 아무리 힘든 순간에도, 셀프의 목소리를 믿고 따라가면 길을 잃지 않을 수 있다. 『데미안』은 바로 이 '이정표와 같은 셀프'를 찾는 에고의 험난한 투쟁을 그린 이야기다.

『수레바퀴 아래서』의 한스와 마찬가지로 『데미안』의 싱클레어는 에고와 셀프가 날카롭게 분리된 채 성장한다. 악당 크로머에게 돈을 뜯기고 영혼까지 휘둘리는 연약한 소년 싱클레어는 점점 자신감을 잃고 자신을 둘러싼 모든 것과 불화하게 된다.

그토록 따스하고 화목했던 가정마저도 한 아이의 영혼을 완전히 사로잡은 악당 크로머를 물리치지 못한다. 자존심 강한 싱클레어가 '한 아이에게 괴롭힘을 당하고 있다'고 고백하지 않기에, 가족들은 싱클레어를 사랑하면서도 싱클레어의 진짜 문제가 뭔지 알지 못한다.

그때 데미안이라는 전학생이 나타난다. 마치 사람 속을 꿰뚫어 보는 것 같은 통찰력을 지닌 데미안은 어른도 포착해내지 못하는 싱클레어 내면의 끔찍한 공포의 정체를 알아챈다. 모두가 싱클레어의 페르소나, 사회적 가면만을 바라볼 때, 데미안은 그의 내면에 있는 뼈아픈 그림자를 투시한다.

『데미안』은 그 어떤 순간에도 자기 내면의 그림자와 소통을 멈추지 말라고 주문한다. 그림자와의 대화를 멈출 때, 우리는 에고의 화려한 가면에 만족해버린다. 그림자는 내가 겪고 있는 이 아픔이 언젠가는 나 자신을 성장시킬 것이라고 속삭이지만 에고는 방해 공작을 펼친다. 아픔을 통한 성장 따위는 재미없다고, 어렵다고, 힘들다고. 이럴 때 필요한 것이 바로 셀프의 용기다. 셀프는 우리 앞을 가로막는 장애물을 반드시 이겨낼 수 있다고, 우리 안의 악당 크로머 같은 존재와 반드시 싸워 이겨낼 수 있다고 부추긴다.

페르소나의 복잡한 연기력을 간파하고 내면에 숨은 그림자를 일깨우는 존재야말로 우리의 진짜 스승이고 영혼의 자양분을 주는 멘토다. 대세나 유행을 좇으며 욕망에 충실한 것이 사회화라면, 삶을 오직 마음 깊은 곳의 내가 이끄는 대로 가꾸어나가고 싶은 열망을 실현하는 것이 개성화다.

나는 『데미안』 같은 문학작품을 통해 내 안에 꿈틀거리는 개성화의 불씨를 발견했다. 만약 내가 문학에 관심도 없고 책도 읽지 않으며 오직 사회생활에만 관심이 있었다면, 개성화는 훨씬 늦게 시작되었을 것이다.

나 또한 에고가 강한 사람이다. 에고를 비판하지만, 이렇게 비판할 수 있는 건 나 또한 에고가 강했기 때문이다. 오랫동안 모범생으로 살았고 부모님을 행복하게 하는 것이 나의 행복인 줄 알았다. 좋은 학교에 들어가고, 안정적인 사회인이 되면 행복의 가능성도 커지는 줄 알았다.

그런데 서른 즈음에, 내 인생에서 가장 혼란스러웠던 방황의 시기에, 내 마음 깊은 곳에서 불현듯 목소리가 들려왔다. '너는 한 번도 행복한 적이 없어. 행복이 무엇인지조차 알지 못해. 너는 지금 불행하고, 앞으로도 그럴 거야.'

엄청난 충격이었다. 그런데 오랜 시간이 지나 생각해보니 그 목소리가 바로 셀프의 목소리였다. 이제 그만 부모님을 위한 삶을 멈추라고, 주변의 칭찬을 듣기 위해 살지 말라고. 진짜 내가 원하는 삶을 살라고 외치는 셀프의 다급하고 절절한 목소리였다.

데미안이 싱클레어에게 그랬듯이 모든 것을 다 알고 모든 것을 원하고 우리 자신보다 모든 것을 더 잘 해내는 누군가를 찾아서 떠나라고 말했다. 이런 셀프의 목소리를 더욱 선명하게 들을 수 있도록 이끌어준 책이 바로 『데미안』이었다.

개구리나 도마뱀이 아닌, 나 자신이 되기 위하여

『데미안』도입부에 눈길을 끄는 문장이 있다.

> 그 누구도 온전히 자기 자신이 되어본 적이 없건만, 누구나 자기 자
> 신이 되려고 애쓴다. (…) 어떤 이들은 결코 인간이 되지 못하고 개
> 구리나 도마뱀이나 개미로 남아 있다. 어떤 이들은 상체는 인간인
> 데 하체는 물고기다. 하지만 누구나 인간이 되라고 던진 자연의 내
> 던짐이다.
> ─『데미안』

'누구도 온전히 자기 자신이 되어본 적이 없건만'이라는 대목은, 완전한 셀프가 되는 것은 불가능할지라도 누구나 자신도 모르게 셀프에 다가가려고 노력한다는 뜻이다. 어떤 이들은 '개구리나 도마뱀이나 개미'인 채로, 즉 완전한 자기 자신, 완전한 개성화가 되지 않은 상태로 끝난다는 것을 뜻한다. '어떤 이들은 상체는 인간인데 하체는 물고기다'라는 말은 진정한 셀프를 향해 나아가지만 그 여정을 미처 완수하지 못했다는 의미가 아닐까.

셀프와 대화하지도 발견하지도 못하고, 지나치게 에고가 팽창된 상태를 에고 인플레이션ego-inflation이라고 한다. 에고가 팽창하면 남들이 나를 어떻게 생각하는가에만 신경 쓰다가 결국 셀프의 간절한 목소리를 듣지 못한다. 개성화의 투쟁을 멈춰버리고, 안락한 사회화의 길에 만족해버린다. 개성화된다는 것은 모든 사람의 눈치를

헤세의 초상화.
가이엔호펜의 헤세 박물관에는 다양한 각도에서 그린 헤세의 초상화가 즐비하다.

보는 싱클레어에서 그 누구의 눈치도 보지 않는 데미안이 되어가는 과정이라고 할 수 있다. 데미안은 다른 사람들이 뭐라 하든 전혀 신경 쓰지 않는다.

사람들의 마음을 꿰뚫어 보는 데미안의 통찰력은 신비주의나 초능력이 아니다. 타인을 향한 끝없는 존중과 배려, 끊임없는 관찰에서 우러나오는 에너지다. 누군가를 향한 끝없는 관심, 누군가의 아픔을 향한 절절한 공감이 데미안이 지닌 강력한 통찰력을 만들어낸다. 미주알고주알 다 얘기하지 않아도 무슨 문제로 씨름하는지, 무엇 때문에 고통받는지 알아챈다.

타인을 향한 따스한 관심과 진심 어린 소통을 포기하지 않는다면 우리도 할 수 있다. 싱클레어의 오랜 아픔을 치유하는 데미안처럼 타인을 치유하는 존재가 될 수 있다.

고통은 참으로 이상하다. 고통으로 인해 우리는 자신을 포기할 뻔하지만, 바로 그 고통 때문에 예전에는 생각지도 못했던 일들이 일어나고, 그전에는 꿈꾸지도 않았던 성장을 한다.

데미안은 처음부터 싱클레어의 고통을 알아본다. 싱클레어는 크로머에게 괴롭힘을 당하면서도 어른들에게 비밀로 한다. 그런 싱클레어가 처음 본 전학생에게 어떻게 자신의 고충을 이야기하겠는가. 데미안은 크로머가 싱클레어를 괴롭히고 있다는 것을 첫눈에 알아보고 싱클레어를 도와주려고 노력한다.

학생이라기보다는 수도원의 구도자 같은 느낌을 주는 데미안은 싱클레어가 미처 바라보지 못한 자신의 수치스러운 내면을 응시하게 도와준다. 그 수치스러운 내면이 셀프 밑에 가라앉아 있는 그림자이다. 그림자는 트라우마나 콤플렉스의 집합체, 즉 우리가 숨기려고 하지만 잘 숨겨지지 않는 마음의 상처다. 싱클레어의 그림자는 바로 '크로머 따위에게 괴롭힘이나 당하는 바보 같은 나', '동네 악당에게 당하면서도 단 한 번도 저항하지 못하는 나'에 대한 우울한 콤플렉스와 끔찍한 트라우마가 아니었을까.

콤플렉스와 트라우마는 우리를 더 못나게 하는 걸까, 더 불행하게만 하는 걸까. 그렇지 않다는 것이 융 심리학의 핵심이다. 그림자를 제대로 인식했을 때 오히려 자기 인식의 진정한 관문이 열린다고 한다. 자신의 상처가 무엇인지 제대로 알고 그 핵심을 꿰뚫어 보는 사람이야말로 스스로 상처를 치유할 수 있는 회복탄력성이 높은 사람이다.

그림자를 안다는 것은, 상처나 콤플렉스를 들여다본다는 것은 결코 시간 낭비가 아니다. 자신의 어두운 그림자를 깨닫고 마침내 극복하는 과정을 통해 눈부신 나의 잠재력을 되찾는 것이 바로 전일성wholeness의 회복이자 개성화의 과정이다. 전일성이란 자기 안의 빛과 그림자를 통합한 상태, 즉 트라우마를 완전히 내 것으로 만들어 다시는 그것이 나를 공격하지 못하도록 나를 지켜낼 수 있는 상태를 말한다.

블리스, 내 안의 진정한 멘토

싱클레어는 데미안을 통해 인생의 진정한 기쁨, 블리스bliss를 깨닫는다. 나를 나답게 하는 것, 에고의 모든 욕심을 잊게 하고 오직 셀프의 기쁨에 집중하게 만드는 것이 바로 블리스다. 싱클레어는 데미안을 만나 배움과 토론을 통해 자기를 발견하는 기쁨을 알게 된다. 데미안과 이야기할 때마다 싱클레어는 당혹감과 함께 커다란 기쁨을 느낀다. 지금까지 알고 있었던 편협한 상식이 깨어지고, 그 자리엔 새로운 앎에 대한 간절한 목마름이 차지한다. 이렇듯 블리스는 시간을 잊게 하는 기쁨이다.

지하철에서 마음을 사로잡는 책을 읽을 때, 나는 자꾸만 내려야 할 역을 놓친다. 책에 너무 깊이 빠진 나머지 '세 정거장 뒤에 내려야겠다'는 강력한 에고의 의지를 놓쳐버린다. 하지만 그렇게 놓쳐버린 시간이 전혀 아깝지 않다. 진정한 블리스, 내면의 기쁨은 모든 계산을 멈춰버리게 하기 때문이다. 우리에게 모든 이해득실의 계산을 멈추게 하는 것, 타인의 인정을 받고자 하는 에고의 욕심조차 잊어버리게 하는 것이 바로 블리스다.

작가가 글쓰기에 흠뻑 빠진 순간, 가수가 노래에 오롯이 몰입하여 관중도 무대도 잊고 오직 노래를 향해 온몸을 던지는 순간, 화가가 그림값 따위 생각할 겨를도 없이 한 획 한 획 붓놀림에 집중하여 그리는 기쁨에 사로잡히는 것. 그런 순간이 블리스가 춤을 추는 시간이다. 데미안과 함께하는 모든 순간, 데미안을 통해서 자신은 결코 나약한 존재가 아님을 깨닫는 모든 순간이 싱클레어에게는 블리스의 시간이었다.

그렇다면 싱클레어가 느낀 그 기쁨의 정체는 무엇일까. 아마도 마음의 민낯을 통째로 들켜버린 것, 이제 그 무엇도 숨길 필요가 없어진 것이리라. 데미안은 크로머로 인해 고통받는 싱클레어의 두려움을 알아채고, 이렇게 속삭인다.

> 누군가를 두려워한다면, 그건 그 사람에게 자기를 지배할 힘을 내주었기 때문이야. 예를 들어 어떤 못된 짓을 했어. 그런데 다른 녀석이 그 사실을 안다. 그러면 그가 너를 지배할 힘을 갖게 되는 거지. 알아듣겠니? 아주 분명하지. 안 그래? (…) 소년 S는 잘 놀란다, 누군가를 두려워한다, 그는 분명 이 누군가와 퍽 불쾌한 비밀을 나누고 있다. 자, 대강 맞니?
> ─『데미안』

소년 S, 즉 싱클레어는 마치 불에 덴 듯 화들짝 놀란다. 어떻게 내 마음을 나보다 더 잘 알고 있지? 데미안은 어떻게 이토록 꿰뚫어 보는 걸까. 하지만 싱클레어는 그 들켜버림이 싫지 않다. 낯선 타인이 가족조차 알지 못하는 내 마음을 이해해주는 순간, 타인이 나를 완전히 이해해주는 순간의 기쁨, 블리스를 깨달은 것이다.

> 그 녀석을 두려워하는 게 옳지 않다는 건 너도 알지, 안 그래? 그런 두려움은 우리를 완전히 망가뜨려. 그런 건 없애버려야 해. 진짜 사나이가 되려면 그걸 없애버려야 해. 알아듣겠니?
> ─『데미안』

데미안은 그 누구도 두려워해서는 안 된다는 것을, 두려움이 우

헤세가 친구 막스 브로트에게 보낸 편지. 막스 브로트는 카프카의 절친한 벗이기도 했다.

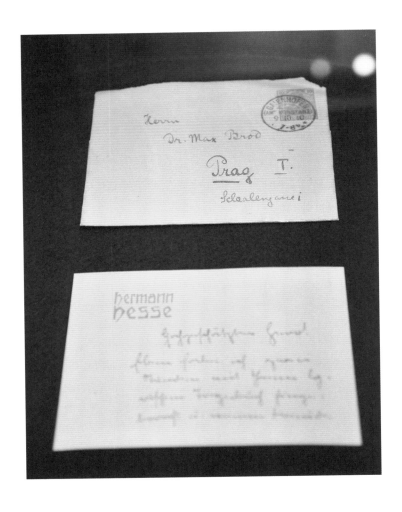

리 자신을 망가뜨린다는 것을 일깨운다. 오랫동안 한 사람에게 괴롭힘을 당해 완전히 망가져 있던 싱클레어의 예민한 감수성이 되살아나기 시작한다. 내가 나를 지켜야 한다는 것을, 나 자신을 아끼는 일을 멈춰서는 안 된다는 것을 깨닫는다.

> 넌 그 녀석을 떨쳐버려야 해! 다른 방법이 전혀 통하지 않으면 녀석을 때려죽여버려! 그렇게 한다면 내게 깊은 인상을 줄 거고 나도 좋아할 거야. 나도 널 돕겠어.
> ─『데미안』

급기야 데미안은 '너를 괴롭히는 존재는 때려죽여도 좋다'는 충격적 발언으로 싱클레어를 놀라게 한다. 연약한 소년 싱클레어는 놀라서 펑펑 울지만, 나는 이 대목에서 알 수 없는 쾌감을 느꼈다. 나에게는 책 속에서 이런 장면을 발견하는 순간이 블리스였던 것이다. 오래전 내가 나를 구하지 못했을 때의 비겁함과 맞서는 것. 그리하여 데미안의 주문은 정말 크로머를 때려죽이라는 것이 아니라, 그 정도로 용감해져야만 자기 자신을 지킬 수 있다는 메시지임을 우리는 안다.

두려움에 지지 않는 나를 발견하다

두려움은 셀프를 발견하는 개성화의 과정에서 가장 큰 장애물이다. 두려움을 불러일으키는 크로머 같은 악당보다 더 무서운 것은 그 악당들 때문에 자신을 사랑하는 일을 멈추고, 자신의 잠재력을 찾는 일을 멈추고, 모든 도전을 포기하는 것이다.

데미안은 누군가를 두려워하는 싱클레어에게 말한다. 두려움은 누군가에게 자기 자신을 지배할 힘을 내주었기 때문에 생긴다고. 그 약점을 상대방이 알고 있다고 이야기한다. 처음부터 싱클레어의 문제를 파악했던 것이다. 그 약점을 이용하는 상대방은 결코 자신을 지배할 자격이 없는 악당이므로 두려움을 먼저 떨쳐버려야만 한다고. 그게 안 된다면 녀석을 아예 때려죽여버리라고 데미안은 말한다.

물론 데미안은 결코 크로머를 때리거나 죽이지 않는다. 하지만 데미안의 말처럼 우리는 나를 괴롭히는 세상에 맞서서 이 정도는 각오해야 하지 않을까. 진정한 내면의 셀프를 가로막는 모든 장애물과 싸울 용기가 필요한 순간, 나를 가로막는 그 모든 것과 온몸으로 싸울 준비가 되어 있는 순간, 우리는 개성화의 머나먼 여정을 떠날 수 있다.

첫 번째 화살은 피할 수 없지만 두 번째 화살은 피할 수 있다. 첫 번째 화살은 어디서 날아올지 모르므로 피할 수 없을 때가 많다. 너무 어렸을 때 부모에게 학대를 받는다든지, 학교에서 차별이나 왕따를 당한다든지, 이런 첫 번째 화살을 어린이 혼자서 막아낼 수는 없다.

하지만 두 번째 화살, 즉 그 첫 번째 상처로 인한 두 번째 트라우마는 막을 수 있다. 첫 번째 화살로 인한 아픔이 바로 이정표가 된다. 그 아픔을 나눌 사람을 찾고, 그 아픔을 이해하는 사람을 찾는 순간, 우리는 두 번째 화살에 무너지지 않는 힘을 얻는 것이다.

헤세의 트레이드마크가 된 동그란 안경. 헤세는 젊은 시절부터 안경을 썼다.

나도 어린 시절 학교에서 왕따를 당했을 때 자존심 때문에 그 누구에게도 말하지 못했다. 싱클레어와 비슷했다. 누구도 나를 도와주지 않는다는 생각에 2차, 3차 트라우마를 겪었다. 부모님에게도 그 고통을 털어놓지 못했기에 상처는 더욱 깊어졌다. 내가 누군가에게 그 아픔을 털어놓을 수 있었더라면, 그렇게 마음을 열어놓을 대화상대를 찾을 수 있었더라면, 그토록 오랫동안 나 자신을 증오하고 학대하지 않았을 것이다.

이제 어른이 된 나에게는 책이라는 내적 자원, 배움과 깨달음이라는 회복탄력성이 생겼다. 우리가 고통에 지지 않고 무사히 살아 있는 한, 회복탄력성과 내적 자원은 끊임없이 늘어날 수 있다. 회복탄력성은 내가 나를 치유하는 힘이다.

스스로를 치유하는 힘이 있는 사람들은 어디에 좋은 메시지가 있는지 잘 알아낸다. 예컨대 좋은 강연을 부지런히 찾아 듣기도 하고 좋은 책을 항상 옆에 두기도 한다. 이것만으로도 우리는 치유될 수 있으며 개성화될 수 있다. 읽고 쓰기를 매일 멈추지 않는 사람이라면 매일 개성화가 이뤄지고 있는 것이다.

내 개성화의 비결은 끊임없는 읽고 쓰기였다. 읽음으로써 나와 비슷한 아픔을 가진 작품 속 주인공을 만나고, 글을 씀으로써 내가 결코 고통에 지지 않을 용기가 있다는 것을 깨닫는다. 읽고 쓰기를 멈추지 않았기에 나는 지금까지도 나를 괴롭히는 그 모든 문제를 껴안고도 살아남을 수 있었다.

우리는 생각보다 훨씬 더 강하고 지혜로운 존재다. 그걸 깨닫게 해준 것이 『데미안』이라는 작품의 힘이기도 하다. 나는 이 작품을 읽음으로써 알게 되었다. 내 안에도 데미안이 있다는 것을. 우리 모두에게는 싱클레어처럼 자존심으로 중무장해 강한 척하는 에고가 있는가 하면, 데미안처럼 그 누구의 시선에도 굴하지 않고 꿋꿋하게 오직 자신의 길을 걸어가는 셀프도 있다.

아무도 없다면 내가 나를 구해야 한다. 그게 안 된다면 도움을 청하는 것 또한 힘이다. 도움을 청하는 것도 일종의 재능이다. 그런데 도움도 청하지 못하고 내가 나를 구원하지도 못한다면 곤란하다. 그때 우리는 돌이킬 수 없는 우울의 늪에 빠진다.

우울증은 심리학에서 보면 '그 의미를 찾지 못하는 고통'이다. 의미를 찾지 못하는 고통이 차곡차곡 쌓이고 모여서 마침내 우울증이 된다. 이를 반대로 생각해보면, 고통의 의미를 찾을 수만 있다면 우울증도 치료할 수 있다는 뜻이 아닐까. 내 고통의 의미를 찾을 수 있는 용기, 즉 내 고통으로 인해 오히려 더 성장하고 더 나은 존재가 될 수 있다는 믿음이야말로 치유의 시작이다.

데미안은 싱클레어와 대화하며 절대 혼자가 아님을 가르쳐준다. 아무것도 털어놓지 않으려는 자존심 강한 소년 싱클레어로부터 데미안은 모든 것을 알아낸다. 너는 고통받고 있으며, 누군가가 필요하다는 것을. 싱클레어는 데미안과의 대화 이후에 자신을 둘러싼 모든 것이 변했음을 깨닫는다. 이제 미래나 희망 같은 것을 생각할 수 있게 되었다.

싱클레어는 더 이상 혼자가 아니었다. 자신이 혼자가 아님을 깨닫고 나서야, 그동안 혼자인 채로 견뎌왔던 지난날이 얼마나 고통스러웠는지 보이기 시작한다. 그리고 낯선 전학생 데미안을 통해

벨기에의 아름다운 도시 앤트워프의 거리를 걷다가
우연히 '데미안'이라는 이름의 서점을 발견했다.
『데미안』을 사랑하는 독자들의 발걸음을 사로잡는 서점이다.

싱클레어는 자신에게 가장 필요한 것이 일단 크로머에게 저항하기에 앞서, '나 자신에게 솔직해지기'라는 것을 알게 된다.

내가 고통의 한가운데 있다는 것, 나를 이해하고 공감해줄 누군가가 절실히 필요하다는 것을 인정하고 나자 그제야 싱클레어는 마음껏 울음을 터트린다. 데미안이라는 타인을 진정으로 사랑할 수 있게 되는 과정 자체가, 누군가를 다시 존중하고 배려하며 아끼는 감정을 느낄 수 있다는 것 자체가 자기 치유의 강력한 청신호였던 것이다.

학교 다닐 때 나를 괴롭히던 문제가 어른이 되어서도 나를 괴롭힌다. 예컨대 삶에서 '오답노트'를 만드는 일이 얼마나 중요한가 하는 문제의식 같은 것이다. 틀린 문제를 또다시 푸는 것은 왜 그토록 지겹고 재미가 없는지. 하지만 바로 그 틀린 문제를, 다시 쳐다보기도 싫은 그 문제를 붙들고 씨름하며 마침내 그 어떤 도움도 없이 홀로 풀어내야만 오답노트의 두께를 줄일 수 있다.

틀린 문제만 골라서 풀기를 싫어하고 잘 풀리는 문제만 계속 풀고 싶은 것이 인간의 마음이다. 그것이 에고의 본질이다. 어려운 일은 피하고, 쉽고 재미있는 일을 찾는 마음. 하지만 틀린 문제를 풀어야만 발전할 수 있다. 마음 챙김도 오답노트를 닮았다. 나를 진정으로 성장시키고, 한 걸음 더 나아가 더 높은 존재로 이끌어가는 힘은, 오직 내가 나의 그림자와 싸울 때만 나타난다. 나의 상처와 나의 콤플렉스와 나의 트라우마와 싸울 때만 우리는 좀 더 나은 존재가 될 수 있다.

글 쓰는 사람에게는 이런 '그림자와의 전투'가 매일매일의 글감이 되기도 하다. 예전에는 의미를 부여하지 못했던 그 모든 고통이 이제는 나의 소중한 내적 자원이 되었다. 농담을 조금 섞어 말하면, 내가 고통스러울수록 독자는 좋아하는 듯하다. 내가 고통스러운 체험을 고백할 때마다 독자들은 나에게 한 걸음 더 가까이 다가와 주었기 때문이다.

내 콤플렉스와 트라우마를 조금씩 고백하는 글쓰기를 할 때마다 나는 그 상처가 더는 나를 공격하지 못하리라는 것을 깨닫는다. 독자에게 내 아픔을 고백함으로써 나는 그 아픔의 주인이 되었고, 그 아픔이 나를 다시 공격하지 않게 방어할 수 있는 마음의 면역력이 생겼다.

내가 왕따를 당한 적이 있었다는 것, 내가 11년 동안 부모님의 빚을 갚으며 고군분투했다는 것, 박사학위가 있지만 교수가 되지 못했다는 것은 모두 내 뼈아픈 트라우마다. 하지만 그 일을 글로 고백할 때마다 나는 그 상처로부터 해방되었다. 이제는 그 모든 고통의 기억이 나를 고문하지 않는다. 마침내 나는 내 안의 데미안을 만났기 때문이다. 진정 나 자신이 되는 힘겨운 여정을 방해하는 존재가 있다면, 그 장애물과 온 힘을 다해 싸울 수 있는 내 안의 데미안이 항상 완벽한 전투태세로 나 자신을 지키고 있음을 알기 때문이다.

오늘도 나는 내 안의 두려움이라는 용·dragon과 싸워 내 안의 공주(내면의 잠재력)를 구해낼 전투를 꿈꾼다. 매일매일의 읽기와 쓰기가 나에게는 전사의 격투 장면 같다. '너는 잘 해낼 수 없을 거야'라고 끊임없이 사기를 떨어뜨리는 내 안의 용과 싸워 이기려면 더 맹렬하게 취재하고, 더 혹독하게 탐구해야 한다. 오직 더 끈덕지게 나의 과제에 매달리는 성실함과 강인함만이 내 안의 두려움, 내 안의 용과 싸워 이길 수 있는 내적 자원이다.

『데미안』은 데미안이 싱클레어의 강력한 에고의 껍데기를 깨고, 데미안의 셀프가 싱클레어의 셀프를 구하는 이야기이기도 하다. 그러나 마지막 구원은 오직 싱클레어 자신만이 해낼 수 있다. 데미안이 아무리 멋진 이야기를 해도 싱클레어가 스스로 깨닫지 못했다면, 구원은 끝없이 연기되었을 것이다. 자기 안에 이미 아프락사스가 있고, 자기 안에 언제나 데미안이 있다는 것을 깨달으려 스스로 노력하지 않았다면, 싱클레어의 구원은 불가능했을 것이다.

셀프와 에고의 풍요로운 대화를 위해 마침내 에고가 셀프를 세상 밖으로 끌어내어 개성화에 도달하기 위해, 우리는 더 많은 책을 읽고 더 많은 음악과 영화와 더 좋은 사람을 만나야 한다. 그리하여 끊임없이 우리 안의 공주, 내면의 잠재력을 더 풍요로운 가능성과 만날 수 있게 해야 한다.

글을 쓸 때마다 나는 크고 작은 용과 싸운다. 첫 번째 용은 '마감을 무사히 지킬 수 있을까'라는 의심의 눈초리로 쏘아보는 내 안의 용이다. 두 번째 용은 '예전의 책보다 지금 쓰는 책이 과연 더 나을까' 하는 자신을 향한 끝없는 물음과 질책이다. 세 번째 용은 '내가 과연 더 좋은 작가가 될 수 있을까', '사람들이 내 글을 아껴줄까' 하는 두려움이다. 그 무엇 하나도 만만한 용이 없다.

이미 등단한 지 15년이 지났는데도, 내 안의 용은 아직 사라지지 않았다. 하지만 달라진 점이 있다면 매일 그 용과 싸우면서 조금씩 튼튼해지고, 유연해지고, 더 나은 미래를 절대 포기하지 않는 나 자신을 발견한 것이다. 셀프를 에고의 차원으로 끌어올리는 것, 즉 셀프와 에고가 더는 싸우지 않고 궁극적으로 하나가 되는 것이 바로 개성화다. 진정한 개성화란 그저 매일매일 그 자리에 있는 것이다. 그 자리는 싸움의 자리, 도전의 자리, 공존의 자리다. 진정한 내가 되는 데 필요한 일이 무엇인지 아는 사람은 어느 곳이 자신이 서 있어야 할 개성화의 자리인지 마침내 깨닫는다.

개성화한다는 것은 자신의 블리스가 있는 자리에 자기 자신을 존재하게 하는 것이다. 포기하지 않고, 도전을 피하지 않고, 내 아픔을 바라보는 것이다. 아픔을 똑바로 바라보면 그렇게 아프지 않다. 아픔을 똑바로 보지 않기 때문에 더 아픈 것이다. 아픔을 주시하다 보면 내가 왜 아픈지 깨닫게 되고 '두 번째 화살'을 막을 용기도 생긴다.

우리 독자들은 부디 데미안의 깊은 우정의 메시지를 잊지 말기를. 우리 마음속에는 우리 자신보다 훨씬 더 지혜롭고 강인하고 모든 것을 다 알고 있는 또 하나의 '나'가 있다. 에고 속에는 항상 셀프가 숨겨져 있다. 우리의 에고 깊숙이 숨겨진 셀프의 무한한 잠재력을 찾아 떠나는 여정이 개성화이며 그것이 우리 안의 데미안을 발견하는 과정이다.

내 영혼의 반려자, 소울메이트를 찾을 수만 있다면

인간은 왜 끊임없이 소울메이트를 찾는 것일까. 소울메이트는

헤세의 고향 칼프에는 '헤세의 분수'가 있다. 헤세의 영혼에서 콸콸 솟아오르는
아름다운 문장의 샘물을, 우리는 아직도 받아 마시고 있다.

헤세가 어린 시절을 보낸 칼프를 찍은 사진들과 그 속에 놓여 있는 헤세의 회중시계.

천생연분과 다르다. 연인과 달리 소울메이트는 서로에게 열정과 집착이 아닌 우정에 가까운 형태로 다가간다. 굳이 만나지 않아도 항상 내 마음속에 은거하는 소울메이트. 비슷한 취향이나 관심사로 나를 끌어당기는 사람이 아니라 영혼의 동질성으로 말을 건네는 사람이다.

소울메이트는 '장단'이 잘 맞는 단짝 친구라기보다 내 영혼을 끝내 더 벼랑으로 몰아붙이는 존재, 자꾸만 더 무거운 화두를 던져주며 "너, 거기 계속 안주할 거니?"라고 질문하는 존재다. 부모의 보호 아래 모범적으로만 자라온 소년 싱클레어에게 데미안 또한 그런 존재였다. 가까이 다가가고 싶지만 왠지 두려운 존재. '나'를 알기 위해 반드시 넘어서야 할 존재이지만 그래서 더욱 가까이 가기 어려운 존재.

아직 알에서 깨어나지 못한 싱클레어에게 데미안은 이렇게 말한다. '우리 마음속에는 모든 것을 다 알고 모든 것을 원하고 우리 자신보다 모든 것을 더 잘 해내는 누군가가 살고 있어.'

심리학자 융이라면 바로 그 '누군가'가 무의식임을 간파했으리라. 무의식은 우리가 의식적으로 느끼는 자아보다 훨씬 똑똑하고 지혜로우며 감성이 풍부할 뿐만 아니라 남녀노소 모든 측면이 한 인격 안에 공존한다. 선악은 물론 젊음과 늙음, 미와 추, 과거와 현재와 미래를 모두 품고 있다.

싱클레어는 악동 크로머에게 돈을 뜯기고 협박당하면서 처음으로 어둡고 험한 세상에 눈을 뜬다. 크로머의 휘파람 소리만 들리면 그가 원하는 모든 것을 갖다 바쳐야 하는 노예 생활에 지친 나머지 싱클레어는 점점 삶의 의욕을 잃어간다. 데미안은 그런 싱클레어를 구해줌으로써 그의 인생에 노크한다. 데미안은 마치 내 귓가에 이렇게 속삭이는 것 같다. 안녕, 난 너의 무의식이야. 낯설고 무섭고 귀찮겠지만, 그래도 난 너의 가장 좋은 친구야. 이 세상 모든 사람이 널 떠나도 난 네 곁에 남을 거거든.

싱클레어는 데미안을 동경하지만, 데미안에게 '빚졌다'는 생각에 오히려 그를 멀리한다. 데미안이 자신의 성장을 이끌어줄 소울메이트라는 사실을 알면서도 그를 회피한다. 심리학에서는 이런 현상을 '저항resistance'이라고 부른다. 저항은 환자가 정신분석 중에 잠들어버린다든지 조목조목 의사에게 따진다든지, 그 양상이 다채롭게 나타난다. 진정한 자기 인식을 회피하려는 모든 방어적 노력이 '저항'으로 나타난다.

싱클레어는 데미안이 자신의 모든 잠재적 충동을 꿰뚫어 보고 있음을 느낀 후 의식적으로 데미안을 피한다. 저항은 환자와 의사가 모두 뛰어넘어야 할 자기 인식의 강력한 방어벽이다. 싱클레어가 그 저항이라는 장애물을 극복하는 방법은 바로 '그림 그리기'다. 그가 데미안을 멀리하고 기숙학교에서 홀로 생활하는 동안 만난 두 번째 멘토가 바로 오르간 연주자 피스토리우스다.

『데미안』의 유명한 문장을 다시 읽는다.

> 새는 힘겹게 투쟁하여 알에서 나온다. 알은 세계다. 태어나려는 자는 한 세계를 깨뜨려야 한다. 새는 신에게로 날아간다. 그 신의 이름은 아프락사스다.
> ―『데미안』

데미안과 떨어져 지내면서도 자신도 모르게 데미안이 제기한 수많은 화두에 매달리던 싱클레어가 어렵게 완성한 그림이 바로 저 찬란히 날아오르는 맹금류 아프락사스다. 싱클레어는 자신이 무엇을 그리는지 인식하지 못한 채 무의식의 흐름을 따라 알에서 깨어나 날개를 펼치는 새를 그렸다. 데미안은 그 새의 이름이 아프락사스임을 알려준다. 완전무결하고 지고지순한 신이 아니라 가장 어두운 악의 세계와 가장 아름다운 선의 세계를 모두 합일시킨 전체성의 신, 아프락사스.

피스토리우스는 아프락사스의 의미를 알려주고 해박한 지식과 통찰력으로 싱클레어가 훌쩍 성장하도록 돕지만, 드높은 이상을 꿈꾸면서도 안정된 삶의 유혹을 버리지 못하는 피스토리우스의 나약한 이중심리를 싱클레어는 꿰뚫어 본다. 그리고 피스토리우스의 그 나약함이 자신의 성장을 가로막는 장애물임을 깨닫는다. 피스토리우스에게 "이제 그 곰팡내 나는 잡소리는 집어치우고 진짜 당신의 내면에서 솟아 나오는 이야기를 해보라!"고 요구하며 싱클레어는 진정한 영혼의 독립을 선언한다.

무의식의 바다에서 제멋대로 유영하는 수많은 가능성의 물고기들을 의식의 낚싯대로 얼마나 강하게 끌어들일 수 있을까. 의식의 낚시 솜씨를 기준으로 영혼의 성숙도를 확인할 수 있다면, 싱클레어는 데미안과 가까워질수록, 데미안의 어머니 에바 부인을 더 깊이 사랑할수록 자신의 무의식과 가까워지고 내면이 한층 성숙해진다.

피스토리우스는 퇴화한 날개를 지닌 채 닭이나 칠면조처럼 야생의 몸짓을 박탈당한 삶을 살지만 진심으로 싱클레어가 창공을 박차며 날아오르기를 바란다. 피스토리우스는 화려한 날개를 지녔지만 끝내 자신의 힘으로 날아오르지 못하는 아름다운 공작새 같은 존재다. 데미안은 독수리의 날개와 매의 눈초리를 한 불사조다. 싱클레어는 아직 알에서 깨어나지 못한 어린 새였지만 피스토리우스와의 만남을 거쳐 데미안과 다시 가까워짐으로써 언젠가 진정한 아프락사스처럼 찬란하게 비상할 것이다.

영웅의 마지막 변신은 스승과 완전한 결별을 통해 완성된다. 제1차 세계대전이 일어난 후 전장의 용사로 변신한 싱클레어와 데미안은 차가운 병상 위에서 다시 만난다. 데미안은 마지막 길을 떠나며 싱클레어에게 속삭인다. 이제 자신이 곁에 없더라도 필요할 땐 부르지 말고 네 안에서 찾으라고.

항상 저 멀리서 반짝이는 별이었던 데미안이 세상을 떠남으로써 싱클레어는 완전히 자기 안에 데미안을 갖게, 아니 스스로 데미안으로 변신하게 된다. 이제 힘들 때마다 데미안을 부를 필요가 없다. 조용히 거울 속의 나를 들여다보면 된다. 싱클레어는 외적인 성공을 추구하는 대신 끝없이 자기 내면의 부름에 응답함으로써 피스토리우스에 저항하고, 아프락사스를 꿈꾸며, 순수하게 에바 부인을 사랑하여 마침내 데미안에 가 닿았다.

그의 내면에 데미안이 자리 잡는 과정은, 이제 더 이상 데미안을 소리쳐 부르지 않아도 그와 함께할 수 있기까지의 과정은, 멈출 수 없는 내면의 투쟁이자 의식이 무의식을 향해 자신의 완성을 부르짖는 초월의 몸짓이었다.

제1차 세계대전의 포화가 데미안의 육신을 삼켜버렸지만, 우리의 영혼도 세파에 시달리며 부침浮沈을 계속하겠지만, 각자가 자기 안의 데미안, 내 안의 에바 부인을 찾는 몸짓은 멈추지 않을 것이다. 저마다의 무의식과 진정으로 만나기 위해서는 피스토리우스의 해박함과 총명함을 넘어 데미안이 가진 불굴의 용기와 에바 부인의 거침없는 자유를 몸속에 지녀야 한다.

데미안은 목숨 걸고 전쟁의 소용돌이에 뛰어들었으며, 에바 부인은 싱클레어의 어린 나이와 미숙함에도 개의치 않고 그를 진정한 소울메이트로 인정해주었다. 데미안의 용기와 에바 부인의 자유, 그리고 싱클레어의 순수함이 환상의 트리오를 이룰 때 우리 안의 피스토리우스, 아집과 오만과 편견으로 가득 차 소시민적 안정을 버리지 못하는 연약한 에고가 마침내 자유를 향한 비상의 날갯짓을 시작할 수 있을 것이다.

인간은 두 번 태어난다. 첫 번째는 어머니의 자궁 안에서, 두 번째는 자신의 무의식이라는 내면의 자궁 안에서. 두 번째 탄생은 오직 '의식'의 끊임없는 투쟁을 통해서만 이루어낼 수 있다. 마침내 어머니가 아닌 바로 나 자신이 또 다른 나를 새로이 잉태하는 그날까지. 의식의 단단한 껍데기를 깨고 무의식의 희망인 아프락사스가 아름다운 날개를 펼치며 비상하는 그날까지. 내가 나의 가장 소중한 친구가 되어 결국 고통에 빠진 나 자신을 스스로 구원하는 이야기, 내가 나의 멘토가 되고, 내가 나의 스승이 되어 그 누구도 나를 다치게 할 수 없는 존재가 되는 것, 그것이 『데미안』이다.

예술가

그 끝이 비극인 줄 알면서도 달려가다

더 높이 날아오르기 위해 더 깊이 추락하다

'나'라는 주어를 자유롭게 쓸 수 있는 글을 쓰기까지, 꽤 오랜 시간 방황했다. 학술적인 글쓰기에서는 '나'라는 주어를 쓸 수 없으므로 나는 점점 '나'를 '필자'나 '논자' 같은 딱딱한 낱말에 가두지 않는 글쓰기를 꿈꾸었다. 소설이나 영화 같은 '대상'을 두는 글쓰기가 아니라 '그냥 나 자신의 이야기'를 쓰는 과정에서 나는 정말로 몸이 아팠던 적이 있다. 『그때 알았더라면 좋았을 것들』이라는 첫 번째 에세이를 쓸 때, 매일 병원을 들락날락하며 간신히 글을 썼다.

매일 아침 가장 먼저 일어나 찾아가는 곳이 병원이었고, 병원에 다녀오자마자 책상에 앉아 걸신들린 사람처럼 글을 썼다. 매주 한 편씩 장장 40주에 걸쳐 연재하는 글이었기 때문에 체력 소모가 엄청났다. 하지만 이상하게도 '몸이 아프다는 이유로 연재를 그만둬야 한다'는 생각은 들지 않았다. 이 아픔의 터널을 반드시 혼자 힘으로 빠져나갈 수 있다는 기이한 확신이 있었다. 내면의 깊숙한 곳, 이

전에는 밟아본 적 없는 마음 깊은 곳의 후미진 그림자까지 다다르고 싶었다. 아픈 데는 이유가 있을 거라는 생각이 들었다. 그 당시 '나의 20대'를 정리하면서 '당신의 20대'를 향해 간절히 말을 걸고 싶었던 시간이었다.

그때가 내 인생의 커다란 전환점이었다는 것을, 꽤 오랜 시간이 지난 후에야 깨달았다. 단지 '나'를 주어로 한 최초의 에세이집을 내서 기뻤던 것이 아니라, '이제는 그 어떤 매개도 거치지 않고, 책이나 영화나 드라마 같은 다른 텍스트를 거치지 않고, 그저 나 자신을 보여주는 글쓰기'를 할 수 있게 되어서 정말 기뻤다.

그 책이 있었기에 나는 더 큰 용기를 내어 여행기를 펴낼 수 있었다. '나'라는 주어가 더는 어색하지 않은, '그 책'이나 '그 영화'를 거치지 않고도 그저 나 자신만으로도 충분한 글쓰기가 얼마나 커다란 카타르시스를 느끼게 해주는지를 깨달았다.

나는 그 책을 통해 '평론가'를 넘어 '작가'가 될 수 있었다. 그런 직후에 바로 융의 이 문장을 만났다. "깊이 하강하는 것은 항상 상승에 선행한다. 밝은 위쪽으로 떠오르기 위해서는 우선 어둡고 깊숙한 곳으로 들어가야 할 필요가 있다." 융의 역작『원형과 무의식』에 등장하는 보석 같은 문장이었다.

나는 내가 그 글을 쓰는 동안 왜 그토록 힘겹고 아팠는지, 그러면서도 왜 그 고통에 비례하는 커다란 희열을 느꼈는지를 깨닫게 되었다. 나는 더 밝은 세상으로 비상하기 위해, 더 어둡고 깊은 내면의 심연으로 침잠해야 했던 것이다. 헤세의『게르트루트』는 바로 이 심연으로의 하강, 어둡고 아픈 내면으로의 하강을 통해 더 높은 창조의 세계로 비상한 한 영혼의 일대기를 그린다.

『게르트루트』의 주인공 쿤은 바이올리니스트이자 작곡가다. 그는 아름다운 교향곡이나 오페라를 작곡하여 음악이 인간에게 줄 수 있는 최고의 희열을 맛보고 싶었지만, 젊은 시절 음악학교에서 보낸 시간은 방황과 좌절의 연속이었다. 그는 '음악을 사랑하는 열정'에서는 둘째가라면 서러울 정도였지만, 스스로 재능이 심각하게 부족하다고 느꼈다.

쿤은 음악에 대한 열패감을 또래들과의 방탕한 술자리와 극적인 연애로 극복하려 한다. 리디라는 아름다운 여인에게 반한 그는 그녀의 수많은 추종자 가운데에서 압도적인 우위를 차지하기 위해 심한 객기를 부린다. 불빛도 거의 없는 깊은 산속에서 한밤중에 눈썰매를 타고 한달음에 산에서 내려오는 묘기를 보여주려고 한 것이다.

리디는 쿤의 담력을 시험해보고 싶었고, 동시에 '나를 사랑한다면 이 정도 위험은 감수해줄 것'이라는 달콤한 상상에 빠져 쿤의 등 뒤에 호기롭게 자리를 잡는다. 쿤은 '이 썰매 타기에 성공하면, 그녀가 나의 사랑을 받아주겠지' 하는 기대에 부풀어 눈 쌓인 가파른 산길을 엄청난 속도로 활강한다.

그녀는 전혀 다치지 않았지만, 쿤은 완전히 의식을 잃어버렸고 수술 후에도 왼쪽 다리를 완전히 쓰지 못하게 된다. 평생 다리를 절게 되었을 뿐만 아니라, 춤을 추거나 뛰는 것은 꿈도 꾸지 못하게 된 쿤은 깊은 절망에 빠진다. 하지만 다리를 못 쓰게 됨으로써, 그는 '또래 집단과의 방탕한 놀이'에서 완전히 자유로워진다. 이제 그는 친구들과 노닥거리며 술을 마실 수 없었고, 사랑놀음에 목매지 않아도 되었으며, 오직 음악의 길에 매진할 수 있는 '비극적인 자유'의 주인공이 되었다.

그는 무엇보다도 사랑의 열병에서 벗어날 수 있게 되었다. 사실 리디에 대한 감정은 심각하지 않았기에 '그 여자 때문에 내 다리가 불구가 되었다'는 원망조차 생기지 않았다. 그는 자신의 객기와 방종이 결국 대가를 치렀을 뿐임을 인식했고, 그 누구도 원망하지 않는다. 그가 자기 내면을 향한 깊은 침잠의 시간을 갖기 직전, 리디가 찾아온다. '비련의 여주인공' 같은 분위기를 연출하려 하지만 그는 이미 이 아름다운 여인에 대한 타오르는 열정을 극복한 상태였다.

쿤은 깨닫는다. 진정한 창조는 인간을 외롭게 만들며, 예술을 창조하기 위해서는 자신이 가진 소중한 무언가를 완전히 포기해야 할 필요가 있다는 것을. 그는 다리를 다침으로써 '젊은 혈기'의 귀중한 일부분을 잃어버린다. 누구에게도 동정받기 싫었던 쿤은 친구는 물론 가족과도 그 아픔을 공유할 수 없게 되자 비로소 '완전한 혼자'가 어떤 느낌인지를 깨닫는다.

아직 철부지였던 리디는 쿤이 변함없이 자신을 숭배하리라고 착각한다. 그녀는 자신 때문에 쿤이 사고를 당했다는 죄책감 때문에 혹시 법정에라도 불려갈까 봐 벌벌 떨었는데, 막상 쿤이 자신에게 어떤 미련도 느끼지 않는다는 사실을 눈치채자 몹시 당황한다. 그녀의 각본 속에서는 '내가 용서를 빌면 그가 나를 받아주면서 우리의 사랑이 뜨겁게 타오르겠지' 하는 낭만적인 스토리가 완성되어 있었던 것이다.

하지만 이제 쿤의 가슴속에는 풋사랑의 열기가 전혀 남아 있지 않았다. 그는 더 깊은 자신과의 만남을 위해 그 누구도 자신의 행동 반경 안에 들이지 않으려 한다. 자기 내면의 가능성과 만나기 위해 자신의 세계를 '봉인'할 필요가 있었던 것이다.

내 안의 숨은 빛을 알아주는 사람

젊은 음악학도 쿤은 여인을 향한 열정을 불태우다 불의의 사고로 다리를 다친 후 본의 아니게 오랜 휴식 시간을 갖게 된다. 더 이상 패거리와 어울려 술을 마시거나 노닥거릴 여유가 없어진 쿤은 완벽히 혼자가 되자 비로소 음악 공부에 흥미를 느낀다. 귀양살이를 시작하자 별안간 학문에 몰두하여 훌륭한 업적을 쌓는 학자처럼, 육체적 아픔을 겪게 된 젊은 음악학도는 공부에 진심으로 흥미를 느낀다. 어쩔 수 없는 휴식이 뜻밖의 영감을 불러일으킨 것이다.

예전에는 주렁주렁한 덤불처럼 난해하고 처치 곤란해 보였던 화성학, 음악 이론, 작곡 이론 등이 온갖 아름다운 꽃들이 자라나는 풍요로운 정원처럼 보이기 시작한다. 쿤은 아직 학생이었지만, 교사의 가르침을 엄격히 따르는 과정에서도 아주 제한적이나마 작은 자유를 누릴 방법을 찾아낸다. 이런 그의 열정과 노력을 알아본 음악교사는 쿤에게 처음으로 칭찬한다. "자네는 금년 수강생 중에서 음악에 관해 무언가 이해하고 있는 듯한 유일한 학생일세."

쿤은 처음으로 들어보는 칭찬에 한껏 고무된다. 지금 당장 걸작을 작곡할 수 없다고 해서 무턱대고 '난 재능이 없어' 하고 스스로를 폄하했던 지난날의 어리석음을 깨닫는다. 자기 안의 장벽을 넘어선 그에게는 또 하나의 과제가 남아 있다. 쿤의 부모님마저도 '불구가 된 아들이 제대로 음악가로 성장할 수 있을까' 의심하는 시선을 숨기지 못했던 것이다.

그는 오랫동안 신체적 장애를 괴로워하지 않고 체념과 유머로 견뎌내는 습관을 길러야 했다. 그는 사람들의 온갖 연민의 시선에서 벗어나기 위해 처음으로 혼자서 긴 여행을 떠난다. 그리고 알프스의 깊은 산속으로 떠난 그 고독한 여행에서 한 번도 꺼내 보지 않았던 내면의 깊숙한 진심을 읽는다. 그는 자신이 '괜찮은 척'하고 있었음을, 사실은 견딜 수 없이 절망하고 있었음을 깨닫는다.

부모님 앞에서, 한때 불꽃처럼 사랑했던 여인 앞에서, 친구들이나 스승 앞에서, 짐짓 아무렇지도 않은 척했던 자신을 발견한 것이다. 그는 아름다운 알프스를 눈앞에 두고도 올라갈 수 없는 몸, 여인의 진심 어린 사랑을 영원히 받을 수 없고 다시는 예전의 건강한 몸으로 돌아갈 수 없다는 절망감에 빠진다. 그리고 그 절망의 밑바닥에서 기이한 예술혼이 차오르는 것을 느낀다.

그는 낯선 여행지에서 생애 첫 소나타를 작곡하고 그 곡을 이름모를 노인 앞에서 홀로 연주한다. 이제야 애송이 음악학도 쿤이 진정한 작곡가로 탄생한 것이다. 고통의 밑바닥까지 내려가보고 나서야 비로소 쿤은 자신만이 지닌 영혼의 빛깔과 향기를 이해할 수 있게 되었다.

여행에서 돌아온 쿤은 궁정 오페라 가수 무오트와 친분을 쌓게 된다. 무오트는 쿤의 재능을 알아보고, 그가 작곡한 가곡을 자신이 직접 불러보고 싶다고 말한다. 쿤은 자신의 숨은 빛을 알아보는 사람에게 설렘을 느끼면서도 주눅이 들어버린다. "나는 아직은, 나보다 뛰어난 사내를 두려워하지 않을 만큼 자부심이 충분하지는 않았다." 그는 무오트의 우렁찬 목소리에 맞춰 피아노를 반주하며, 난생처음 누군가가 자신의 노래를 제대로 불러주는 느낌이 얼마나 벅찬 것인지를 깨닫는다.

쿤은 무오트의 무례함과 성마른 기질까지도 그의 멈출 수 없는 열정에서 기인한다는 것을 이해했지만, 무오트의 온갖 스캔들과 감당하기 어려운 변덕스러운 기질이 자신에게 끼칠 나쁜 영향을 두려워한다. 다른 사람과 운명적으로 연결된다는 체험은 설레지만 공포와 불안을 초래하기도 한다.

쿤은 두렵다. 간신히 우울의 밑바닥에서 기어 올라온 자신이 더 깊은 절망의 구렁텅이에 빠져들까 봐. 그는 지나치게 특별해지는 것을 두려워하고, 누구에게도 이해받지 못하는 상황이 올까 봐 두려워한다. 쿤은 무오트의 소개로 처음으로 실내악 연주회에서 신곡을 발표할 기회를 얻는다. 당대를 주름잡던 뛰어난 바이올리니스트 크란츨이 쿤의 작품을 연주하도록 무대를 만들어준 무오트는 수많은 청중 앞에서 쿤을 이렇게 소개한다. "우리의 젊은 친구가 더없이 굉장한 소나타를 들고 와준 데 대해 감사드립니다. 아마도 우리의 크란츨은 이 젊은이의 작품을 연주하게 된 것을 기뻐하게 될 날이 올 것입니다."

음악 애호가들 사이에서 신인 작곡가 쿤을 추천하는 무오트의 모습을 보며 쿤은 감동과 질투심을 동시에 느낀다. 무오트로 인해 인생의 커다란 기회를 얻었지만, 그의 주변을 둘러싼 사람들의 환호와 그의 곁을 그림자처럼 따라다니는 아름다운 여인을 바라보며 '자신은 결코 가질 수 없는 세계'에 대한 동경이 생겨난 것이다.

게다가 쿤의 가장 아픈 트라우마를 아무렇지도 않게 희화화하는 무오트의 태도는 쿤을 분노하게 만든다. 무오트는 여자 친구 마리온에게 쿤을 이런 식으로 소개했다. "이 젊은 친구는 썰매를 타다가 뼈가 부러졌어. 예쁜 소녀를 사랑한 까닭에." "멋진 일입니다. 사랑이 가장 아름답고 때 묻지 않았을 순간에 산 아래로 곤두박질치는 것은. 건강한 다리 하나를 잃을 만한 가치가 있는 일입니다." 타인의 아픔을 이런 식으로 우스꽝스럽게 묘사하는 무오트의 태도는 쿤의 상처받기 쉬운 감수성을 건드리고 만다.

게다가 쿤의 음악 세계에 대해서까지 왈가왈부하는 무오트의 언변은 쿤의 마음에 깊은 상처를 남긴다. "고통을 악보에 옮긴다고 해서 거기서 벗어날 수 있는 건 아닐 텐데요." "당신은 다리를 잃었어요! 음악에 몰두하면 그 사실을 잊을 수 있단 말입니까?"

이런 심한 말을 듣고도 쿤은 당당하게 대답한다. 자신의 음악을 고통으로부터의 도피라고 해석해버리는 무오트의 일방적 태도를 참을 수 없었던 것이다. "고통에서 벗어나려고 이러는 게 아닙니다. (…) 제가 떨쳐내어 벗어나고 싶은 것은 연약함이나 부자유일 뿐입니다. 저는 고통과 기쁨은 같은 뿌리에서 나온 것으로, 한 힘의 작용이자 한 음악의 박자라는 것을 느끼고 싶습니다."

무오트를 통해 찬란한 희열과 쓰디쓴 절망을 동시에 느낀 후, 쿤에게서 아름다운 곡들이 쏟아져 나오기 시작한다. 가곡은 물론 바

헤세의 초상. 30대 초반의 사진을 참고하여 그린 초상이다.

이올린 환상곡, 현악 4중주를 완성하고, 교향곡과 오페라까지 구상한다. 자신의 재능을 알아봐준 뛰어난 음악가 무오트의 시선을 통해 그는 '나도 이제 작곡가가 될 수 있다'는 용기를 얻는다.

내 그림자를 건드리는 사람들

어떤 친구를 만나면 자꾸만 내 부끄러운 모습을 보이게 된다. 워낙 친하다 보니 솔직하게 이것저것 고백하게 되고, 그러다 보니 어느새 숨기고 싶었던 비밀을 말하게 된다. 총명한 내 친구는 내 그림자의 정체를 눈치채고, 내 그림자의 치유 방법에 대해 지혜롭게 훈수를 둔다. 그런데 집에 돌아오면 나 자신에게 화가 난다. 왜 그런 말까지 했을까. 입술이 간질간질해도 끝까지 말하지 말걸. 그 친구가 나를 어떻게 생각할까. 아무리 친구라도 숨기고 싶은 비밀이 있는데. 나는 왜 이토록 입이 가볍단 말인가.

나에 대한 분노가 처리되지 않을 때 분노의 화살은 친구에게 튄다. 직접 말할 수는 없지만 혼자 친구를 원망하기 시작한다. 그 친구가 먼저 시작한 거야. 나에게 이것저것 질문해서 내 비밀을 끌어내는 재능이 있다니까. 그렇게 눈을 반짝이면서 물어보는데 어떻게 대답하지 않을 수 있냐고. 나는 혼자서 투덜거리며 친구를 탓한다. 이미 누설된 비밀, 드러나버린 그림자를 눈앞에 마주하기가 싫어서.

그림자를 마음속에만 가지고 있는 것과 타인과 공유할 수 있는 눈에 보이는 대상이 되는 것은 이렇게 다르다. 내면의 그림자가 누설되는 순간, 그것은 나만의 그림자이기를 멈추고 공동의 문제, 소통할 수 있는 이야깃거리가 된다. 후련함과 동시에 깊은 상실감이 몰려온다. 내 그림자는 이런 게 아니었어. 말로 표현할 수 있는 게 아니야. 타인이 내 그림자에 대해 이러쿵저러쿵 참견하고 분석하는 것이 싫어진다. 하지만 그것은 핑계일 뿐이라는 것을 안다.

중요한 것은 남이 내 그림자를 어떻게 생각하느냐가 아니라, 내가 내 그림자와 어떻게 마주하느냐 하는 문제이니까. 나는 내 그림자를 직접 마주하기가 두려웠기에 엉뚱하게도 그림자를 목격한 친구에게 화를 낸 것이다.

『게르트루트』의 쿤도 친구 때문에 자신의 그림자를 노출당하는 순간을 맞는다. 오페라 가수 무오트는 쿤에게 바이올리니스트로서 일할 수 있는 자리를 추천해준다. 쿤은 마침 일자리가 필요하던 차에 선뜻 친구의 제안을 수락한다. 그런데 막상 가보니 악단장 뢰슬러는 쿤의 다리를 보고 난감해한다. 그의 바이올린 연주를 들어보지도 않은 채, '절름발이를 채용할 수는 없다'는 식으로 버틴다. 무오트는 천연덕스럽게 반응한다. "이 사람이 무용가입니까, (…) 이 사람은 바이올리니스트라는 겁니다. 바이올린을 연주할 줄 모르면 다시 내보내야겠지요. 하지만 먼저 테스트해보시지요."

모욕감을 느낀 쿤은 얼굴이 벌겋게 달아오른다. 악단장의 반응은 '낯선 사람의 불친절'쯤으로 치부할 수 있지만, 무오트는 자신의 친구였기에 더욱 야속하고 서운하게 느껴졌다. 무오트는 천연덕스럽게 말한다. "나는 당신이 잘해낼 거라고, 틀림없이 그럴 거라고 생각했어요. 당신은 얌전한 집토끼 같아서 때때로 누가 떠밀지 않으면 아무 일도 이루지 못할 겁니다. 이렇게 떠밀었으니, 비트적거리면서라도 앞으로 나가세요!"

무오트는 정말 얄밉다. 하지만 그의 말이 맞다. 아직 세상과 싸울 준비가 되지 않은 쿤을 무조건 세상 속으로 밀어 넣으려는 무오트가 얄밉긴 하지만, 그의 말은 구구절절 옳다. 쿤은 자신의 신체적 장애를 '이미 충분히 받아들였다'고 생각했지만, 아직도 결정적인 순간에는 망설였던 것이다. 이렇게 다리를 절룩이는 나를 사람들이 받아줄까. 사회생활을 제대로 할 수 있을까. 누군가를 사랑할 수 있을까. 그는 모든 것이 두렵고 무서웠다. 쿤은 단지 일자리가 필요한 것이 아니라 '세상으로 들어갈 준비가 되어 있다'는 사실을 확인할 필요가 있었다.

무오트 덕분에 훌륭한 오케스트라에 취직한 쿤은 그때부터 더욱 열심히 작곡에 매진한다. 이제 쿤은 안다. 누구에게나 당당하고, 모든 사람을 자기 마음대로 쥐락펴락하는 것처럼 보이는 무오트가 자신의 소중한 친구가 되었다는 사실을. 그가 미울 때도 많지만 이제는 그가 없는 인생을 상상할 수 없게 되었다는 사실을.

쿤의 그림자만 일방적으로 노출된 것은 아니다. 쿤이 무오트와 가깝게 지내다 보니 쿤 역시 무오트의 그림자를 느낀다. 그는 무오트의 주변에 항상 아름다운 여인들이 즐비한 것을 내심 질투했지만, 무오트가 그 여인들로 인해 행복하지만은 않다는 사실을 알게 된다. 여인들도 무오트가 자신들에게 완전히 마음을 주지 않다는 것을 알기에 고통스러워한다. 무오트는 여인의 사랑마저 무참하게 소모하고 낭비하는 남자였다.

어느 날 로테라는 여인이 쿤을 찾아와 무오트에게 혹시 다른 여자가 있냐고 물어보자 쿤은 난처해한다. 로테는 쿤을 통해 무오트의 정보를 알아내려 하지만, 쿤은 그런 일을 할 수 없었다. 게다가 로테는 무오트가 자신을 심하게 때렸다고 고백한다. 하지만 로테가 원하는 것은 '무오트가 자신을 때리지 않는 것'이 아니라 그저 '무오트가 자신의 곁에 있는 것'이었다. 무오트에 관해 물어볼 수 있는 사람이 쿤밖에 없기에 로테는 그에게 온갖 걱정을 털어놓으며 하소연했다.

쿤은 로테의 충격적인 고백에 할 말을 잃는다. 나의 친구 무오트가 여자를 때리다니. 무오트가 이 여자를 때렸다니. 쿤은 마치 여자를 때리는 무오트의 주먹을 눈앞에서 본 것 같은 착시를 느끼며 괴로워한다. 무오트의 짙은 그림자를 목격해버리고 만 것이다. "나는 이 여인을 가엾게 여겼지만, 그 이상으로 업신여겼다. 이런 게 사랑이라면, 누구는 잔혹하게 괴롭히고 누구는 굴욕을 당해야 한다면, 차라리 사랑하지 않고 사는 게 나을 것이었다."

쿤은 이렇게 비참한 감정이 사랑이라면 사랑 따위는 하지 않겠다고 결심하지만, 바로 그 순간 운명적인 사랑이 다가오고 있었다. 무오트의 그림자를 알아갈수록, 쿤은 그에게 깊은 연민을 느끼며 점점 더 그를 이해하게 된다. 친구란 이렇듯 서로의 그림자를 건드리고, 그림자를 주고받고, 마침내 그 그림자의 무게를 견디는 존재이니까.

운명적인 사랑을 꿈꾸다

우리는 가장 얻기 힘든 것을 가장 사랑하는 법이지요.
—『게르트루트』

다 포기한 줄 알았는데, 마음속에 미련이 남아 있을 때가 있다. 어떤 사람에 대한 나쁜 기억을 다 잊은 줄 알았는데, 그 사람과 관련된 사물을 봤을 때 당시 기억들이 모조리 떠올라 며칠 동안 마음이 괴로울 때가 있다. 그 기억과 관련된 모든 것을 지워버렸다고 생각했는데, 어떤 사소한 자극으로 인해 기억의 봉인이 풀려버려 수많은 기억이 해일처럼 밀려온 것이다. 인간의 열망은 어떤 통제로도 완전히 사그라지지 않는다.

『게르트루트』의 쿤은 자신이 다리를 전다는 이유로 포기해야 했던 '정상적인 삶'에 대한 그 많은 열망이 다 사라진 줄로만 알았다. 아름답고 지혜로우며 열정적인 여인, 게르트루트를 만나기 전까지는.

쿤이 작곡한 음악을 연주하는 자리에서 만난 게르트루트는 모두가 쿤의 음악을 칭찬할 때 홀로 '입바른 소리'를 한다. "제2악장은 굉장하고 원대했지만 제3악장에 너무 많은 부담을 줬어요. 연주를 하면서 당신이 어느 부분에서는 정말 몰두하고 어느 부분에서는 몰두하지 않았는지 알아챌 수 있었어요." 쿤은 다른 사람이 말했다면 분명히 상처받았을 그 비판을 게르트루트를 통해 듣자, 상처는커녕 자신에 대한 관심으로 여기고 뿌듯하게 느끼는 자신을 발견한다.

"그녀도 내가 그녀의 본성에 흠뻑 반하여 상냥하고 순수하게 대하는 것을 금세 알아챘다. 그래서 처음 만난 그 시간부터 내게 속을 털어놓고 아무것도 감추지 않아도 되며, 그러더라도 오해받거나 배신당할 염려가 없다는 믿음을 조용히 품었다."

두 사람은 처음 만나자마자 음악을 통해 가까워진다. 게르트루트는 쿤의 음악이 지닌 눈부신 가능성을 알아봤고, 쿤은 처음으로 '여자'가 아닌 '사랑'에 빠져버렸다. 어떤 여자를 순간적으로 소유하기 위해서가 아니라 진심으로 사랑 그 자체에 빠져드는 감정을 처음으로 느꼈다.

쿤은 처음에 게르트루트를 알게 된 사실만으로도 행복했다. "그녀를 붙잡아서 나 혼자 차지한다는 것 따위는 생각할 수조차 없었다. 그녀의 아름다운 청춘에 조금이나마 함께할 수 있고 처음부터 그녀의 좋은 친구가 될 수 있다는 것만으로 기뻤다." 그러나 쿤은 점점 더 고통을 느낀다. 그녀와 함께할 수 없을 때는 그리움에 시달리고, 그녀를 만났을 때는 '음악을 넘어서' 남자와 여자로서 만날 수 없다는 사실에 깊은 절망감을 느낀다.

그는 다리 때문에 여자와 정상적인 사랑이 불가능하다고 생각해 어떤 여자를 만나든 데면데면하게 대했지만, 막상 사랑하는 사람이 생기자 자신이 아무것도 포기하지 않았다는 것을 깨닫는다. 그는 게르트루트와 '친구'가 된 것만으로도 세상을 다 얻은 듯했지만, 그녀의 친절과 진심, 우정과 관용을 느낄 때마다 더 커다란 열정에 빠져드는 자신을 발견한다. 게르트루트와 함께할 수 없다면, 게르트루트를 사랑할 수 없다면, 이제 인생은 아무런 의미가 없다.

사랑에 빠지자마자 쿤은 불안해지기 시작한다. 자신의 불편한 다리를 사랑의 장애물로 인식했기 때문이다. 성치 않은 몸 때문에 그녀가 자신을 '남자'로 느끼지 않을까 두려워한다. 그렇다면 원하는 사람은 언제든 만날 수 있는 연애의 달인, 무오트는 행복할까? 알고 보면 무오트는 여인을 통해 행복한 적이 없었다. 무오트는 디오니소스적인 열정으로 가득 찬 예술가이지만 디오니소스의 광기 또한 그의 일부였다.

한때 무오트의 연인이었던 마리온은 무오트의 공격적이고 무례한 언사로 마음이 잔뜩 상해 눈물까지 흘렸던 쿤을 위로한다. "그 사람은 (…) 난폭하고 잔혹해요. 하지만 자기 자신에게 가장 그러하죠. 그는 가엾고, 힘만 넘쳐 목표 없이 돌진하는 인간이에요. 매 순간 전 세계를 다 들이마시려 하지만, 그가 가진 것이라고는, 그가 마신 것이라고는 늘 단 한 방울에 지나지 않아요. 그는 아무리 마셔도 취하지 않고, 여자들을 만나도 행복하지 않고, 그렇게 훌륭하게 노래하면서도 예술가가 아니라고 말해요. 그는 누군가를 사랑해도 그를 괴롭히며, 만족이라는 만족은 다 업신여기는 척하지만, 이는 자기 자신에 대한 증오예요."

무오트는 오히려 여자들을 하찮게 여긴다. 자신을 숭배하는 여자들, 자신을 유혹하는 여자들에 질려버렸기 때문이다. 무오트는 쿤에게 이렇게 고백한다. "당신은 현재 유일한 친구라 할 수 있습니다. 그리고 흔히 그렇듯, 우리는 가장 얻기 힘든 것을 가장 사랑하는 법이지요. 당신도 그렇지 않습니까? 내게는 항상 친구가 소중한데 여자들만 몰려드는군요." 무오트는 자신의 허무를 이해해줄 친구를 원하지만 주변에는 그를 이용하는 사람들, 그를 찬양하는 사람들만 득시글거린다. 누구보다도 일찍 성공의 길을 걸어갔지만, 누구보다도 일찍 인생의 허무를 알아버린 무오트는 사실 쿤만큼이나 외롭다.

쿤은 신체적 장애 때문에 욕망을 통제하고 그로 인해 외로움을 느끼지만, 무오트는 육체가 원하는 거의 모든 열망을 다 충족했음에도 외롭다. 무오트가 느끼는 외로움은 자신의 '재능'이 아닌 자신의 존재 자체를 받아들여줄 단 한 사람에 대한 갈망에서 나오는 것이다. 쿤은 모든 것을 다 가진 것처럼 보였던 무오트가 결코 행복하지 않다는 것을 알고 탄식한다.

> 아, 나는 왜 내가 가지게 된 것을 통해, 내 음악을 통해 행복해지지 못했을까? 무오트는 왜 그가 가지고 있는 것을 통해, 그의 사나운 활력과 여인들을 통해 행복해지지 못했을까?
>
> —『게르트루트』

우리가 가진 것은 우리를 행복하게 하지 못한다. 우리가 가지지 못한 것에 대한 기대와 설렘이 우리를 행복하게 만든다. 그 말을 뒤집어보면 사실 '욕망의 진상'이란 이렇다. 우리가 가지지 못한 것에 대한 미련과 불안이 우리를 불행하게 만든다. 우리는 가진 것을 통해 그 불안과 미련을 보상받지 못한다. 도달하지 못한 것에 대한 멈출 수 없는 욕망, 그것이 우리 삶을 밀어나간다.

최고의 우정, 최악의 사랑

부와 명성을 거머쥐고 있으면서도 항상 아집과 독선에 차 있는 사람들이 있다. 이런 사람들은 좀처럼 타인을 믿지 못하기 때문에 '따르는 자들'은 많아도 진심으로 교감하는 사람은 극히 드물다. 타인에게 어처구니없는 무례를 저지르고도 좀처럼 사과하지 않는다. 사과하는 것을 곧 굴욕이라고 생각하기 때문이다.

잘못했을 때 진심으로 사과하는 것이야말로 진정한 지성의 증명이라는 것을 그들은 알지 못한다. 사과할 수 있는 예의와 진심을 갖추는 대신 '남들에게 사과할 필요가 없는 높은 자리에 있다'는 해괴망측한 자부심이 그들의 머릿속을 꽉 채우고 있다. 사과할 필요가 없는 높은 자리란 세상에 존재하지 않는다. 존재의 품격은 항상 그때그때의 '행동'에 따라 좌우되는 것이지, '지위'에 따라 미리 결정된 것이 아니기 때문이다.

무오트는 그렇게까지 '사과의 품격'을 알지 못하는 후안무치의 성품은 아니다. 하지만 사과할 기회를 자꾸 놓침으로써 쿤의 우정을 배반한다. 무오트는 제멋대로 행동하고, 상처 주는 말들을 거침없이 내뱉어 쿤에게 끝없이 무례를 범한다. 하지만 단 한 번도 사과하지 않는다. 그렇게 늘 '센 척'하는 그의 내면에도 두려움과 연약함이 자리하고 있다.

무오트는 항상 진심 어린 우정을 갈구하지만 그의 주변에는 두 종류의 사람들만이 있다. 하나는 그의 명성과 재산을 동경하며 그에게 아부하는 사람, 다른 하나는 그의 사랑을 받기 위해 온갖 굴욕도 감수하는 여인들. 그들 모두는 무오트 앞에서 솔직하지 않다. 무오트는 자기 앞에서 얼굴을 붉히며 화를 내고, 자존심에 상처를 받아 짜증을 부리기도 하는 쿤에게 깊은 호감을 느낀다. 무엇보다도 쿤의 빛나는 재능이 무오트를 매혹한다.

무오트는 항상 불안하다. 음악계에서는 그를 모르는 사람이 없을 정도로 유명하지만 그는 깊은 공허감에 시달린다. 자신이 아직 젊고 혈기왕성하기 때문에 유지되는 이 인기와 명성이 언젠가는 추락해버리리라 생각하기 때문이다. 무오트는 유명하지는 않지만 무궁무진한 잠재력을 가진 쿤을 오히려 부러워한다. 작곡가는 창조자이며, 창조자는 신이나 마찬가지라고. 그는 명성과 돈과 여자와 샴페인을 얻기 위해서는 무조건 서둘러 재능을 발휘해야 한다고 주장한다.

온갖 편견과 속물근성으로 가득 찬 무오트의 말을 듣고 있자면 도저히 그와 친구가 되기 어려울 것 같지만, 쿤은 무오트의 얼토당토않은 투정과 협박을 곧잘 받아준다. 두 사람은 그 모든 오해와 갈등에도 불구하고 분명히 서로 통하는 바가 있었다. 그것은 예술에 대한 최고의 감식안과 순수한 열정이었다.

무오트는 인기로 먹고사는 오페라 가수였지만 쿤의 음악성을 누구보다도 빨리 포착했고, 그의 재능이 음지에서 썩지 않도록 최대한 배려해주었다. 무오트가 쿤이 작곡한 음악을 음악회에서 직접 연주할 수 있게 해주고, 음악계의 주요 인사들에게 소개해주지 않았다면 쿤은 은둔형 외톨이가 되었거나 세상 밖으로 나오는 데 훨씬 오랜 시간이 걸렸을 것이다. 쿤은 겉으로 공격적이고 무례하기 짝이 없는 무오트의 내면에 아주 여리고 순수한 또 하나의 자아가 있다는 사실을 이해하기 시작한다.

그렇게 두 사람 사이의 '최고의 우정'이 무르익어갈 때쯤, 이 아름다운 우정을 위협하는 불행의 씨앗이 탄생한다. 쿤이 게르트루트에 대한 짝사랑 때문에 남몰래 괴로워하고 있을 때, 정작 게르트루트는 무오트를 향한 설렘을 키워가고 있었다. 최고의 우정이 시작되는 순간, 최악의 사랑도 함께 싹트고 있었던 것이다.

쿤과 게르트루트는 예술과 감성과 지성의 측면에서 너무도 잘 어울리는 한 쌍이었다. 하지만 두 사람 사이에는 로맨틱한 감정의 불꽃이 일어나지 않았다. 반대로 게르트루트와 무오트는 예술과 감성과 지성은 물론 성격 면에서도 전혀 어울리지 않았다. 심지어 게르트루트는 처음에 무오트를 싫어하기까지 했다. 하지만 두 사람 사이에는 불꽃이 튀었다.

사랑이란 이런 것이다. 누구도 예측할 수 없고, 누구도 통제할 수가 없다. 무오트의 입장에서는 지금까지 자신을 추종했던 그 모든 여인에게서 찾아볼 수 없었던 그 무엇, 즉 게르트루트의 온화한 기품이 더없이 매혹적이었다. 사랑과 교양이 넘치는 집안에서 부족함 없이 자라온 게르트루트는 물가에 내놓은 어린아이처럼 철없는 무오트가 '신선한 매력'으로 다가왔을 것이다.

전혀 어울리지 않을 것만 같은 두 사람이 서로 사랑에 빠지자 쿤은 절망하고 만다. 연인은 물론 친구조차도 없었던 그에게 처음으로 우정과 사랑의 대상이 생겼는데, 그 모두를 한꺼번에 잃을 위험에 처한다.

해세가 수채화를 그릴 때 썼던 팔레트.

하지만 이 끔찍한 감정의 딜레마 속에서 쿤은 깨닫는다. 굳이 사랑과 우정 중 하나를 택해야 한다면 자신은 사랑을 택하리라는 것을. 그는 하나밖에 없는 친구 무오트를 증오하기 시작한다. 자신을 '존경스러운 친구'로만 생각하는 게르트루트를 원망하기 시작한다. 그는 사랑이라는 감정을 잘 알고 있다고 믿었다. '그녀 곁에 잠시 머물 수만 있어도 행복하다'는 겸허한 감정을 사랑이라 믿었지만 지금은 아니었다.

그는 이제 깨닫는다. 당신이 이 세상에 존재하는 것만으로도 행복하다는 식의 지고지순한 사랑은 자기기만이었음을. 모든 사랑에는 질투와 소유욕이 따라다닐 수밖에 없음을. 그는 이제 우정도 음악도 원망스러워진다. 그녀의 사랑을 얻을 수만 있다면, 멀쩡한 두 다리를 얻을 수만 있다면, 우정도 음악도 부차적이라고 생각하고 싶어진다. 이루어질 수 없는 사랑은 그렇게 한 젊은 예술가의 순수한 영혼을 돌이킬 수 없는 위험에 빠뜨린다.

그 끝이 비극인 줄 알면서도, 우리는 달려간다

누군가를 사랑한다는 것이 그 사람과 나 사이의 '넘을 수 없는 벽'을 끊임없이 상기시킬 때가 있다. 저 사람은 가진 것이 너무 많으니까, 저 사람은 나와 어울리지 않으니까, 저 사람 주위에는 나 같은 사람은 없으니까……. 사람들은 '나에게는 없고 상대방에게는 있는 것'을 상기하며 끊임없이 자신을 고문한다. 왜 아니겠는가. 사랑은

'타자와 자아 사이의 거리'를 측정하는 최고의 시험장이기 때문이다. 그 혹독한 시험장에서 어떻게 나의 사랑을 쟁취할 것인가가 인생을 바라보는 태도를 결정한다.

'절름발이 작곡가'라는 자괴감에 빠진 쿤에게는 게르트루트의 모든 친절이 '자선'처럼 느껴진다. 게르트루트가 그에게 상냥할수록, 그에게는 그녀가 더욱 다가갈 수 없는 대상으로 느껴진다. 쿤의 사랑이 좌절로 치달을수록, 신기하게도 쿤의 음악은 성숙해간다.

그녀가 무오트와 사랑에 빠진 것을 알게 되면서 쿤은 더욱 깊은 절망 속으로 빠져든다. 이루어질 수 없는 사랑은 그를 더없이 솔직하게 만든다. 이제 그는 '괜찮다'고 할 수가 없다. 신에게 애원하고 절규하고 분노한다. 왜 나를 이렇게 형편없는 몸으로 만들어놓았냐고. 왜 나를 불구로 만들었냐고. 도달할 수 없는 이상의 세계를 '음악'으로 표현하는 능력마저 그에게는 저주처럼 느껴진다. 언제나 만날 수 있지만 결코 다가갈 수 없는 그녀처럼, 음악은 그에게 보고 들을 수는 있지만 '만질 수 없는 대상'이다.

그는 자기 인생에서 가장 커다란 용기를 내어 그녀에게 사랑을 고백한다. 게르트루트는 쿤을 '음악의 동반자'로 생각하지만 '인생의 동반자'로 생각하지는 않는다. 게르트루트의 친절은 자선이 아니라 우정의 표현이었고, 결코 '사랑'으로는 화학 변화할 수 없는 감정이었다. 게르트루트가 사랑하는 것은 쿤이 아니라 무오트였다.

쿤은 이루어질 수 없는 사랑의 아픔 속에서 '오페라의 속살'을 채워나간다. 쿤의 작품은 절절한 체험에서 비롯되었기에 음표 하나하나가 화살이 되어 듣는 이의 심장을 찌른다. 그는 알고 있었다. 그는 좌절된 사랑과 망가진 몸 때문에 더없이 큰 고통을 겪었지만, 고통을 희생 제물로 한 그의 음악은 끝내 그 아픔으로 인해 아름다워질 수 있었음을. 그는 자신의 작품이 사람들에게 뜨거운 감동을 주는 까닭은 자신의 고통이 작품 속에 고스란히 반영되어 있기 때문임을 알았다.

쿤이 오페라를 완성하자 무오트는 누구보다도 기뻐한다. "두고 보세요. 당신은 가장 아름다운 작품을 만들었습니다. (…) 오페라가 공연되자마자, 온 세상에 당신의 이름을 날리게 될 것입니다." 쿤은 결코 무오트를 미워할 수가 없다. 무오트는 그의 음악을 가장 잘 이해해주는 사람이자 그의 음악을 세상 밖으로 이끌어준 사람이기 때문이다. 무오트는 쿤에게 최고의 비평가이자 최고의 공연기획자이기도 했다.

예술에서는 누가 뭐래도 최고이지만, 삶에서는 최악의 길을 걷고 있었던 무오트를 게르트루트는 두려워한다. "그는 내가 두려워하는 무언가를 품고 있어요."

그녀의 예상은 맞아떨어진다. 그토록 싫어했던 무오트를, 게르트루트는 사랑하게 되어버렸고, 그 사실을 안 쿤은 충격과 절망에 휩싸여 자살을 기도한다. 쿤은 게르트루트를 떠나며 혹시나 무오트가 그녀를 함부로 대하거나 다른 여자들처럼 때릴까 봐 걱정한다. "그가 당신을 제멋대로 다루게 하지 마세요! 그는 사랑하는 것을 모조리 부서뜨립니다." 그는 자살을 결심하고 실제로 실행하려 하지만, 때마침 아버지가 위독하다는 전보를 받고 급히 고향으로 돌아가게 된다.

쿤은 아버지의 죽음으로 슬퍼하는 어머니를 보살펴드리며 자신이 이 고통스러운 삶을 견뎌야 한다는 것을 깨닫는다. "아, 고통을 겪으며 상처에 가시를 깊이 박아 넣는 것이, 고통을 마다하고 내 참된 인생을 멀리하며 유령처럼 세월을 보내는 것보다 더 나았다."

마침내 무오트와 게르트루트의 결혼 소식을 들은 쿤은 자신의 사랑을 마음 깊숙이 간직한다. 아무리 많은 사람이 곁에 있어도 늘 외로움을 타고, 누구에게도 이해받지 못하리라 생각하는 병. 무오트는 이 병을 누구보다도 심하게 앓고 있었다. 아무리 서로를 사랑해도 결코 서로의 '소울메이트'가 될 수 없는 이 기이한 커플의 결혼생활은 파국으로 치닫는다.

쿤은 점점 음악가로서 커다란 명성을 얻어 승승장구하지만, 무오트와 게르트루트의 관계는 점점 나빠진다. 무오트는 전처럼 이기적이고 파괴적인 열정에 탐닉했고, 게르트루트는 자신의 평온한 삶을 송두리째 뒤흔드는 무오트의 격정을 견뎌내지 못했다. 결국 별거에 들어간 두 사람의 불행을 지켜보며 쿤은 깨닫는다.

유감스럽게도 확실한 사실은 아무리 아름다운 사람이라도 인생에서 보호받지 못하며, 더없이 훌륭한 인간이라도 하필 자신을 파멸시키는 자를 사랑하지 않으면 안 되는 일이 종종 발생한다는 것이다.
—『게르트루트』

무오트는 심각한 알코올 중독으로 술에 취한 채 무대에 오르기도 해 주변 사람들의 걱정을 산다. 무오트는 마치 유언처럼 쿤에게 속삭인다. "여보게, 내가 없어지거든 자네 오페라는 묻어버리게. 이 배역은 나 말고는 아무도 못 부르거든."

게르트루트의 사랑을 되찾을 수 없다는 사실을 깨달은 무오트는 자살하여 싸늘한 시신으로 발견되고, 이에 쿤은 절망한다. 게르트루트는 무오트의 싸늘한 입술에 키스한 뒤 다시는 그 누구에게도 입을 맞추지 않는다.

쿤은 사랑을 잃었지만, 예술과 우정, 그리고 인생에 대한 비극적인 성찰을 얻었다. 그 끝이 비극인 줄 알면서도, 인간은 달려간다. 그 끝에 기다리는 것이 허무와 절망뿐일지라도 지금 이 순간, 나를 사로잡는 것은 오직 그 사람뿐이기에. 가장 눈부신 것이 결국 가장 큰 아픔을 예비하고 있음을 알면서도, 비극의 향기에 도취한 사람들은 끝까지 달려간다. 비극인 줄 알면서도, 그 뼈아픈 운명을 우리는 기꺼이 사랑한다.

예술가의 열정, 죽음과의 전투

헤세는 우울증으로 가장 힘들었던 시기에 그림을 시작했다. 만약 그림의 구원이 없었더라면 그는 결코 살아남지 못했을 것이라고 고백하기도 했다. 결핍은 우울을 낳았지만, 우울에 멈추지 않은 사람은 무언가를 창조하기 위한 열정을 선택한다.

결핍이 없다면 인간은 아무것도 하지 않을까. 아무것도 부족한 것이 없다면, 굳이 힘들게 예술 작품을 창조하는 일 같은 것은 시도

하지 않을까. 욕망은 반드시 결핍을 채우기 위한 몸부림인 걸까. 헤세라면 '그렇지 않다'고 대답했을 것 같다.

인간은 욕망하는 동물이지만 욕망만으로 인간을 규정할 수 없다. 욕망의 그늘에 가려 잘 보이지 않는 인간성 중 하나가 바로 '정서'다. 때로는 아무런 실질적 이득이 없는 감정들, 예컨대 만날 수 없는 사람에 대한 그리움이라든지, 돌아갈 수 없는 과거에 대한 애착이라든지, 다시는 살릴 수 없는 사람에 대한 사랑 같은 감정에 빠지는 인간의 본성. 그것이 바로 '욕망'만으로는 해결되지 않는 '정서'의 마음 자리다.

자신에게 맞는 정서, 자기를 자기답게 만들어주는 정서를 간직하고 싶은 것은 단지 욕망의 충족만으로는 해결되지 않는다. 영원성을 향한 갈망, 불멸의 존재에 대한 열정 같은 것도 이런 정서적 차원의 문제에 속한다. 결핍은 인간을 움직이게 하지만, 결코 결핍 자체가 창조나 상상력의 완전한 동기가 되지는 못한다.

『클링조어의 마지막 여름』은 창작의 열정을 불태우게 만드는 마음의 정체는 무엇인가 하는 문제를 치열하게 다루고 있다. 헤세의 그림에 대한 열정과 고흐Vincent van Gogh의 그림에 대한 순정을 절묘하게 결합한 인물처럼 보이는 클링조어. 그는 예술가로서는 자신감이 넘치지만 남모르는 두려움을 앓고 있다. 바로 죽음에 대한 공포다.

겉으로는 죽음의 그림자가 시시각각 다가오는 것에 대해서조차 완전히 초연한 듯 보인다. 하지만 죽음에 관해 농담하고, 죽음 따윈 두렵지 않다고 이성적으로 생각하는 그의 가슴에 드리워진 그림자는 바로 '열정의 소멸'에 대한 공포다.

내가 죽으면 내가 창조한 예술 작품들은 어떻게 될까. 내가 죽으면 지금 이 가슴속에 담겨 있는 예술을 향한 열망은 어디로 가는 것일까. 매일 그림을 그리지 않으면 도저히 살 수가 없을 것 같은데, '예술가'로 살아간다는 것은 왜 이토록 어려운 일일까.

클링조어의 친구이자 화가인 루이스는 '그림이란 결코 채워질 수 없는 욕망의 표현'이라고 본다. 루이스는 인간에게 결핍이 없다면 그림 또한 그리지 않았을 거라고 믿는다. 그는 예술가의 사회적 역할에 대해 매우 냉소적인 시각을 가지고 있다. 자연은 수만 가지 빛깔을 지니고 있는데, 우리는 그 단계를 스무 개 정도의 색으로 축소해서 머릿속에 집어넣어버린다고.

하지만 클링조어는 우리의 예술 창작 행위가 반드시 어떤 결핍에 대한 보상은 아니라고 말한다. 예술은 단지 놓쳐버린 삶, 놓쳐버린 동물성, 놓쳐버린 사랑에 대한 보상이 아니라고. 감각적인 세계만큼이나 정신적인 세계도 소중하다고. 클링조어는 고갱을 연상시키는 루이스를 무척 사랑하지만, 루이스의 예술관에는 반대한다. 예술을 '감각적인 쾌락을 채우기 위한 도구'의 일종이라고 평가하는 루이스와 달리, 클링조어는 '감각적인 것'과 '정신적인 것'을 궁극적으로 통합할 수 있는 예술의 가능성을 보려 한다.

지금 클링조어를 괴롭히는 것은 우울한 감정이다. 내가 죽으면 내가 창조한 이 모든 예술 작품은 어떻게 될까. 아직 내 머릿속에 남아 있는 수많은 창작의 아이디어들은, 내 생명이 다하는 동시에 완전히 소멸하는 것일까. 클링조어는 겉으로는 명랑한 척하지만, 속으로는 자신의 평생을 이끌어온 '열정'이라는 운전사가 파업할까 봐 무척 걱정스러운 상태다.

그는 다가오는 죽음을 차분하게 예감하지만, '그동안 하지 못한 일들'을 굳이 찾아서 한다든지, 꼼꼼하게 버킷리스트를 만들어 '죽기 전에 꼭 해야 할 일들'을 챙기지는 않는다. 그는 평정심이 강한 사람이다. 클링조어는 평소처럼 열심히 그림을 그린다. 평소처럼 변함없이 여성들을 예찬하고, 그중 몇 명과는 깊은 관계를 맺기까지 한다.

하지만 그의 마음속에는 이전과 차원이 다른 '공허의 그림자'가 드리우기 시작한다. 해결되지 못한 정서적 열망이 그의 가슴을 짓누른다. 하지만 걸핏하면 다 버리고 여행을 떠나는 친구, 그 어떤 것에도 좀처럼 미련을 갖지 않는 친구 루이스를 보면, 어느새 우울은 사라지고 우정만 오롯이 힘을 발휘한다. 둘이 함께 있을 수만 있다면, 아직은 죽음의 공포를 견딜 만하다.

이 작품에는 예술가의 디오니소스적 쾌락에 대한 아름다운 묘사가 등장한다. 창조의 기쁨 속에서라면 그 무엇이든 해낼 수 있다는 느낌. 예술가의 열정이 남아 있는 한 그 어떤 두려움도 느낄 겨를이 없다는 절박함이 클링조어의 가슴을 꽉 채운다. 그는 예술을 창조하는 동안에는 그토록 접근하기 어렵게만 보이던 세상이 자기 앞으로 바싹 다가온 듯한 느낌을 받는다. 클링조어는 생각한다. 예술가는 기분 내키는 대로 밤하늘의 별에 불을 켜기도 하고 끄기도 하는 존재라고. 예술가들의 세상에서는 비누거품이든 오페라든 명랑한 난센스가 될 수도 있다고.

내면의 정열과 타인의 시선 사이에서 갈등하는 예술가

오래전 첫 책을 냈을 때의 설렘과 떨림은 아직도 기억에 생생하다. 끊임없이 쓰고, 다시 읽고, 고치고, 추가 원고를 쓰고, 다른 사람에게 보여주고, 또 몇 번을 고친 후, 마침내 책이 나왔을 때 나는 내 안에서 어떤 격렬한 반감이 솟구치는 것을 느꼈다. 책이 나오면 기쁘고 신날 줄 알았는데, 그게 아니었다. 이상하게도 '책을 만드는 과정'만큼의 열정이 급격하게 식어버렸다.

책을 만드는 동안에는 열정을 불태우던 내가, 책이 막상 만들어지고 나니 우울한 감정에 휩싸였다. 글을 쓰는 동안에는 아직 미숙하지만 '장인匠人'이 된 느낌이었는데, 막상 만들어진 책을 보니 내 책이 '작품'이 아니라 '상품'으로 진열된 느낌이 들었기 때문이다. 글을 쓰는 동안에는 내가 무언가를 '창조'한다는 희열에 들떠 있었는데, 소중한 원고가 '책'이라는 상품으로 만들어지고 나니 나는 그 책이 팔리기를 기다리는 쓸쓸한 노동자가 된 느낌이었다. '노동으로부터의 소외'가 어떤 것인지를 그때 깨달았다.

예술과 노동은 한 끗 차였다. 창작의 기쁨을 느낄 수 있는 동안 나는 예술가의 행복을 맛보았지만, 그것이 '상품'이 되는 순간 나는 끝없는 노동의 슬픔을 깨달아야 했다.

헤세의 고향 칼프에서 여행자들을 반겨주는 헤세의 동상.
그를 발견한 순간, 너무 반가워서 달려가 꼭 안아주고 싶었다.

이 불가피한 창작의 우울증은 내 책을 읽고 감동했다며 내게 진심 어린 편지를 써주는 독자들 덕분에 조금씩 치유되었다. 책은 서점에 진열되는 상품이기도 하지만 내 영혼과 내 인생과 내 열정이 담긴 것이기에 상품을 뛰어넘는 그 무엇이 되어주었다. 책이라는 사물이 아니었다면 나는 이토록 따뜻한 독자들의 눈빛과 그 무엇으로도 살 수 없는 '공감'이라는 축복을 얻을 수 없었을 것이다.

하지만 매번 책을 낼 때마다 '예술의 기쁨'과 '노동의 고통'을 시계추처럼 오가며 끊임없이 고뇌하는 것은 작가의 숙명이다. 특히 '내가 생각하는 내 작품'과 '나를 바라보는 타인의 시선'이 충돌할 때, 작가는 어쩔 수 없이 이질감을 느낀다.

칭찬도 그렇다. 칭찬이 항상 기분 좋은 것은 아니다. 해석이라는 것은 해석하는 사람의 주관이나 이해관계에서 우러나오기 때문에 창작자와 해석자의 작품 이해는 충돌할 수밖에 없다. 헤세는 예술가의 자기 소외를 「예술가」라는 시로 표현하기도 했다.

몇 년 동안이나 정열을 기울여 내가 만든 것이
소란한 시장에 진열되어 있다.
흥겨운 사람들은 그냥 스쳐 가면서
웃고, 칭찬하고, 좋다고 한다.
그들이 웃으며 머리에 씌워주는
이 흥겨운 월계관이
내 생명의 힘과 빛을 다 삼켜버린 것을
나의 희생이 헛되었음을, 아는 사람은 하나도 없다.

이렇듯 예술가는 끊임없이 마음을 어둡게 물들이는 우울과 싸워야 하는 존재이기도 하다. 창작의 기쁨은 극히 짧은 순간이지만 창작의 우울은 더 오랜 시간 예술가를 사로잡는다.

클링조어는 감정을 숨기지 못하는 사람이라 우울할 때마다 더 힘든 시간을 보낸다. 그는 자신의 비밀스러운 슬픔과 고통을 주변 사람에게 알렸지만 그 모든 감정을 타인에게 이해받을 수는 없었다. 지나간 시간에 대한 쓰라린 회한, 죽음에 대한 끝없는 두려움, 매번 새로운 작품을 창조해야 한다는 사명감으로 인한 무거운 책임감, 누군가를 아무리 사랑해도 채워지지 않는 존재의 공허감, 그 모든 것이 클링조어를 괴롭힌다. 그럴 때마다 클링조어는 절친한 벗 루이스를 찾아 모든 것을 털어놓는다.

루이스는 '무거움'과는 거리가 먼 사람이기 때문에 클링조어의 그 모든 걱정과 우울과 슬픔을 가볍게 날려버린다. 하지만 우정 또한 완전한 해결책은 아니다. 루이스는 클링조어의 말을 다 들어주긴 하지만, 때로 예고도 없이 훌쩍 떠나버려 클링조어의 마음을 아프게 한다. 루이스는 멋진 친구이긴 하지만 언제나 그의 곁에 있어주는 편안한 친구는 아니었다. 루이스는 무엇에도 얽매이지 않은 자유분방한 예술가였기 때문에 창작의 영감이 시키는 대로, 마음 깊은 곳의 충동이 시키는 대로 언제든 떠날 준비가 되어 있었다.

클링조어는 오랜 시간이 지나서야 깨닫는다. 그 어떤 우정도 완전한 공감에 도달할 수는 없다는 것을. 결국 마지막 한 걸음은 혼자서 걸어가야 한다는 것을. 내 아픔과 슬픔은 오직 나만이 짊어질 수 있는 삶의 무게인 것이다.

내 안의 무한한 가능성과 만나는 시간

정확한 이유는 알 수 없지만, '왠지 이건 할 수 있을 것 같다'는 자신감이 느껴질 때가 있다. 내 능력을 객관적으로 증명할 수는 없지만, 내면 깊숙한 곳에서 '넌 할 수 있어, 지금이 바로 그 일에 도전할 때야'라고 속삭이는 목소리가 들릴 때가 있다. 그럴 때는 아무리 힘든 일도 견딜 수 있고, 아무리 커다란 장애물을 만나도 두렵지 않다. 무의식은 '우리가 모르는 자신의 가능성이 숨어 있는 무한한 보물 창고'다.

무의식 속에는 트라우마와 콤플렉스 같은 아프고 어두운 것들만 있는 것이 아니라, 내가 한 번도 도전해보지 못한 일에 대한 나도 모르는 잠재적 능력이 숨어 있기도 하다. 이런 순간 가장 필요한 것은 '자기 자신을 믿는 마음'이다. 자만심이나 허영심이 아니라 자신을 존중하는 마음, 있는 그대로 자신을 긍정하는 마음이야말로 나를 더 넓은 세계로 인도하는 내 안의 멘토다.

클링조어는 죽음을 앞둔 짧은 기간, 비로소 그 무한한 가능성의 보물 창고와 만난다. 그는 훌륭한 예술가였지만 아직 스스로 인정할 만한 '최고의 걸작'을 그려내지는 못했다. 스스로도 그것을 알고 있기에 죽음이 두려울 수밖에 없다. 다른 사람들 앞에서는 여유롭게 언제든 죽음을 맞이할 준비가 된 것처럼 굴지만, 혼자 있는 시간엔 괴로워한다. 남은 시간은 '행복한 삶'에 집중하기도, '최고의 창조'를 향해 집중하기도 턱없이 모자란다고 느낀다.

죽음의 그림자가 그의 삶에 짙게 드리울수록, 그 또한 여느 사람들처럼 두려움과 외로움을 느낀다. 하지만 그는 천천히 자기 안의 목소리에 집중한다. 그는 자기 안의 더 커다란 자기를 느낀다. 그는 마음껏 사랑하고, 마음껏 행복하고, 마음껏 창조하고 싶다. 생물학적 죽음의 시기는 다가오지만 그에게 죽음은 곧 '더 커다란 자기와의 만남', '궁극적인 자기와의 만남'의 시간이 가까워지고 있다는 의미이기도 했다.

그는 낯선 타인에게 거침없이 말을 걸고, 낯선 사람을 그리고 싶어 하고, 그 사람과 친밀감을 느낄 수 있다고 믿는다. 이 '스스럼없음'이야말로 디오니소스적 예술가의 빛나는 재능이다. 클링조어는 귀여운 소녀가 자기 앞쪽으로 달려오자, 주머니에서 초콜릿을 꺼내 아이에게 말을 건다. 아이는 진기한 보물을 보듯 초콜릿을 만지작거리더니 재빨리 입속에 욱여넣고는 갑자기 수줍은 기색을 보이며 멀리 달아나버린다. 클링조어는 아이를 향해 햇살처럼 미소를 짓는다.

잠시 후에 햇볕에 잔뜩 그을린 아름다운 아낙네가 나타나자, 그는 그녀를 그리고 싶은 충동에 사로잡힌다. 그녀의 옷에는 여기저기 때가 묻었고, 얼굴과 목과 팔은 갈색으로 그을렸으며, 입술은 두툼하고 피부는 억세어 보였지만, 그녀에게는 위대한 모성의 아름다움이 있었다. 꾸미지 않은 여인 특유의 소박한 아름다움, 겉은 억세 보이지만 속은 다정할 것 같은 신비감마저 풍기는 이 여인을 클링조어는 그리고 싶다. 클링조어는 단 한 시간만이라도, 그녀의 연인이 되고 싶어 한다. 그는 이 여인에게서 어머니, 아이, 애인, 동물, 마돈나, 그 모든 것을 발견한다. 하지만 여인 또한 아까 그 소녀처럼 초콜릿만 잽싸게 얻어먹고 훌쩍 떠나버린다.

그렇게 하루 종일 산과 들을 헤매던 클링조어는 섬광 같은 깨달음을 얻는다. 그는 젊은 시절 애타게 무언가를 찾는 마음으로 수없이 많은 곳을 돌아다녔지만, 자신이 매일 보고 있는 이 작은 시골 마을이야말로 '세계의 축소판'이라는 것을 깨닫는다. 온갖 고생과 우여곡절 끝에 머나먼 아시아, 인도까지 여행해본 그였지만, 그 낯선 나라에서 보았던 아름다운 풍경이 자기 마을에서도 거의 그대로 재현되고 있다는 사실을 뒤늦게 깨닫는다. 그는 아시아에 갔을 때, 기나긴 시간 온갖 고난을 통해 간신히 볼 수 있었던 그 세상을 지금 이곳에서 똑같이 볼 수 있음을 깨닫는다.

예술가가 세상을 바라보는 눈이 깊어지면, 멀리까지 여행하지 않아도 자신이 보고 싶은 것을 바로 이곳, 자신의 일상 속에서 발견할 수 있다. 독일의 작은 마을에서도 인도와 아프리카와 일본의 아름다움을 깨달을 수 있는 혜안이 생기고, 이는 헤세가 꿈꾼 예술가의 통찰력이었다.

그는 인생의 진실을 깨닫기 위해 더 이상 많은 곳을 돌아다닐 필요가 없다는 것을 알게 된다. 우리의 감각과 마음을 활짝 열 수만 있다면, 그 모든 자연의 메시지를 스스로 해독할 수만 있다면, 그 모든 자연의 향기를 온몸으로 맡을 수만 있다면, 온 세계가 한 장소에 동시에 존재할 수도 있음을 알게 된 것이다.

그는 걸핏하면 여행을 떠나는 친구 루이스를 내심 부러워했지만, 이제는 그럴 필요가 없음을 느낀다. 최고의 예술 작품은 산골짜기 작은 마을에서도 태어날 수 있다는 것을, 그는 알고 있다. 물론 죽음은 변함없이 두렵고, 더는 사랑의 기쁨을 느낄 수 없을지도 모른다는 사실이 그를 괴롭히지만 불안과 고독마저 꼭 끌어안은 채 한 걸음 한 걸음 전진한다.

클링조어는 마지막 작품으로 자화상을 남기는데 그 자화상은 예술가로서의 '무한'을 향한 의지를 거침없이 표현한 걸작이었다. 사람들은 그가 죽고 나서야 그를 이해할 수 있을 것이다. 고흐처럼. 인정받지 못한 채 죽어간 수많은 예술가처럼.

마지막 순간을 준비하는 동안

아, 아직 작업을 할 수 있다. 결코 다시 오지 않을 완숙한 여름날의 매혹적인 마지막 십오 분! 온 누리 곳곳에 신이 계신 듯, 지금 모든 것이 얼마나 형언할 수 없으리만치 아름다운가. 이 얼마나 고요하며, 이 얼마나 멋지고 아낌없는 은총인가!

—『클링조어의 마지막 여름』

외적으로는 무척 안 좋은 상황이지만, 마음속은 이상하리만치 평온할 때가 있다. 기분 좋은 일도 없고, 누군가에게 칭찬을 받은 것도 아닌데, 심지어 일거리가 산더미처럼 쌓여 있거나 해결해야 할 온갖 문제가 쌓여 있을 때조차도, 마음속이 바람 한 점 없는 거대한 호수처럼 잔잔해질 때가 있다.

이런 것이 바로 철학자 에피쿠로스가 말한 아타락시아로구나 하는 생각이 드는 순간이 있다. 열렬한 행복이 아니라 이유조차 알 수 없는 평온이 내 마음을 감쌀 때 나는 희열을 느낀다. 며칠만 지나면 흔적도 없이 사라져버릴 너무 커다란 행복이 아니라, 어떤 일이 있어도 단단히 부여잡을 수 있는 내 마음의 조타수가 든든하게 나를 지켜주고 있다는 생각이 들 때. 그때야 비로소 우리의 사유는 무의식의 바다에 닻을 내린다.

죽음을 앞둔 클링조어가 바로 그런 상태다. 언제 죽을지 모르는 절박한 상태이지만, 그는 애써 의사를 찾지도 않고, 사람들에게 죽음의 공포를 고백하지도 않은 채, 묵묵히 그림을 그리고 또 그린다. 그는 괴로워하다가도 '아직 그림을 그릴 수 있다'는 생각에 마음이 바빠진다. 아직 그리고 싶은 그 무언가가 있다는 것. 아직 그릴 수 있는 시간이 조금이라도 남아 있다는 것. 언제 죽을지 모르지만, 그럼에도 불구하고 아직 살아 있다는 것. 그 소박한 자유가 그를 더없이 기쁘게 한다.

그는 비로소 어떤 의심도 없이 자신의 최선을 하나의 작품에 쏟아붓는다. 클링조어는 끊임없이 연애를 꿈꿨고, 밤새도록 술을 마시기도 했고, 친구들과 여행하는 것도 좋아했지만, 이제 그 모든 행복과 결별해야 할 때가 왔음을 안다. 너무 많은 행복을 끊임없이 추구하는 대신, 그는 이제 하나의 꿈을 향해 자신의 열정을 불태운다.

융은 대학에서 출세를 포기하고 자신만의 연구에 몰두하기 시작했을 때, 엄청난 희열과 함께 극도의 외로움을 느꼈다고 한다. 대학에서 교육자로서 높은 자리에 올라가는 것보다는 자신이 오랫동안 꿈꿔온 연구에 집중하기로 마음먹었을 때 그는 세속적인 출세를 포기함으로써 내면의 자유를 얻었지만, 그 뼈아픈 대가는 누구에게도 말할 수 없는 고독이었다. 그가 자신의 문제의식을 누군가에게 말해도, 사람들은 이해하지 못했다.

심리학이 결코 주목받는 학문이 아니었을 때, 융은 그런 어려운 결정을 함으로써 심리학의 선구자가 될 수 있었다. 당시 융은 내적으로는 만개했지만 외적으로는 극도로 고립된다. 그는 내적 세계와 외적 세계 사이의 날카로운 대립을 몸소 경험하지 않을 수 없었다.

내적 세계와 외적 세계의 날카로운 대립을 통해 인간은 최고의 성숙을 경험할 수 있다. 클링조어는 더 이상 예전처럼 유쾌하고 자유롭게 사람들과 사교 활동을 할 수 없었지만, 내면에서는 눈부신 자유의 멜로디가 흘러나오기 시작한다. 그는 더 이상 조바심치지 않고, 그림을 그릴 수 있는 자유 자체에 탐닉한다. 그는 아직도 '현실과 닮은' 그림, 실물과 가장 닮은 그림을 원하는 대중에게 '환상의 힘'을 보여주고 싶어 한다.

그는 루이스에게 이렇게 편지를 쓴다. "아무튼 나는 강렬한 로켓을 몇 발 쏘아서 이 세상에 복수해주고 싶다네." "정말이지 나는 올해에 들어서야 비로소 그림 그리기를 제대로 시작한 느낌이네. 그러나 내가 체험한 것은 봄이라기보다는 폭발이었네. 마치 내 몸속에 아직도 많은 다이너마이트가 꽂혀 있는 듯이 굉장한 것이었네."

클링조어는 자기 안에 무언가가 폭발하고 있음을 느낀다. 그는 행복해지는 데 많은 것이 필요치 않다는 것을 깨닫는다. 단 하나의 희열을 향한 순수한 집중. 그것을 통해 그는 영혼의 자유를 쟁취한다.

가이엔호펜에서 헤세가 살았던 집. '여기 헤세가 살았다'는 독일어 안내문이 정겹게 다가온다.

Hier wohnte
Hermann Hesse
von
1904 - 1907

Er bezog anschließend
sein eigenes
Wohnhaus im Gewann
„Erlenloh" in Gaienhofen
und lebte dort bis 1912.

광기를 넘어 예술혼으로

> 그가 죽은 다음에야 이 기이한 스케치가 발견되었다. 그는 안면신경통이 발작해 의자 등받이에 몸을 구부정하게 의지하고는, 고통스러워서 웃기도 하고 소리를 지르기도 했으며, 흉하게 일그러진 자기 얼굴을 거울 앞에 가져다가 경련을 일으키는 모습을 바라보았고 흘러내리는 눈물을 비웃었다. (⋯) 그는 자신의 고집대로 과도한, 억압된, 발작적인 붓질로 자신의 삶, 자신의 사랑, 자신의 신앙, 자신의 절망을 그렸다.
>
> ─『클링조어의 마지막 여름』

    헤세는 일찍이 고흐의 불꽃 같은 삶을 글로 묘사해보고 싶은 충동을 느꼈다. 헤세가 화가로서 삶을 시작한 이후 고흐는 그의 마음속에서 꿈틀거리는 하나의 뜨거운 화두였다. 클링조어의 얼굴에서 문득문득 고흐의 얼굴이 스치고, 클링조어의 친구인 루이스의 얼굴에서 언뜻언뜻 고갱Paul Gauguin의 얼굴이 스치는 것은 그 때문일 것이다.

    귀가 잘린 자화상을 그리며 광기와 예술혼 사이에서 길을 잃었던 고흐의 분노는 헤세의 클링조어가 자화상을 그리며 느끼는 고통과 닮았다. 그러나 클링조어가 곧 고흐의 완전한 분신은 아니다. 클링조어는 고흐보다 훨씬 행복했고, 비교적 안정된 삶을 살았다. 클링조어는 적어도 물감과 캔버스가 없어 동생에게 눈물겨운 편지를 써야 할 정도의 가난은 경험하지 않았다.

클링조어는 고흐보다는 헤세를 훨씬 많이 닮은 인물이었다. 헤세 또한 고흐처럼 심한 우울증을 겪곤 했지만 그림을 그릴 때만은 아이처럼 해맑고 즐거워했다. '내가 이 세상에서 가장 아름다운 수채화를 그린다'는 지극히 자기 충족적인 기쁨이 '화가 헤세'의 영혼을 채우곤 했다. 헤세는 그림을 그리는 동안은 우울과 불안에 시달리지 않았다.

하지만 고흐가 느꼈던 예술가로서 고통은 그대로 클링조어의 것이기도 했다. 살아 있는 동안 '그곳'에 이르지 못한다면 얼마나 고통스러울 것인가. 반드시 도달해야 할 그곳. 예술가에게 그곳은 '자기 완성'의 지점이기도 하고, 이룰 수 없는 예술의 유토피아이기도 하며, '그 누구도 침범할 수 없는 나만의 세계'를 창조하는 경지이기도 하다. 살아 있는 동안 필생의 작품 하나 남기지 못한다면, 그것은 얼마나 큰 원한의 칼끝이 되어 자신의 심장을 겨눌 것인가.

점점 자기에 대한 믿음을 잃어갔던 고흐의 절망은 죽음을 앞둔 클링조어의 내면이기도 했다. 클링조어는 두려웠다. 살아 있는 동안 자신이 그토록 꿈꾸던 걸작을 완성하지 못할까 봐. 하지만 자신의 자화상을 그리기 위해 온갖 간난신고를 겪은 클링조어는 비로소 어떤 고요한 평온에 도달한다.

기법의 완성에 대한 자신감이 아니라 '나는 나로서 충분하다'는 깨달음이었으리라. 누구와도 비교할 필요가 없고, 누구에게도 인정받을 필요 없이, 그저 내가 내 영혼을 그리기만 하면 된다는 깨달음이었으리라. 자신의 절망, 자신의 불안, 자신의 공포를 낱낱이 표현한 기이하면서도 아름다운 자화상을 그려낸 이후 클링조어는 세속적인 삶의 고통과 다가오는 죽음의 공포를 이겨낸다. 그는 이제 더는 불안하지 않다. 더는 '내가 해낼 수 있을까' 하는 답 없는 물음에 시달리지 않는다. 그는 비로소 영원을 향한 첫 발자국을 내딛기 시작한다. 누군가에게 인정받기 위한 예술 활동이 아니라 '진정한 자기'의 씨앗을 발굴하고, 발아하고, 키워내는 기쁨을 그는 이해하기 시작한다. 그는 지긋지긋한 창작의 고통을 넘어 순수한 창작의 기쁨을 속속들이 맛보기 시작한다.

나는 마지막 장면의 아름다움에 매혹되어 이 작품을 몇 번이나 읽고 또 읽었다. 『클링조어의 마지막 여름』을 읽는 동안 나도 모르게 마지막 순간까지 붓을 놓지 않는 광기 어린 예술가의 처절한 최후를 상상했다.

하지만 이 작품의 마지막 장면은 유쾌한 반전을 선사해주었다. 클링조어는 이 세상에서 그림 그리기라는 일을 가장 사랑했지만, 마지막 순간에는 전혀 그림을 그리지 않았다. 평화롭게 열린 결말로 처리된 이 작품의 마지막 장면에서 클링조어는 빈 부엌에 자신의 '마지막 걸작'을 들여놓은 뒤 자물쇠를 채운다. 그 누구에게도 그림을 공개하지 않은 채로 그는 자기 작품을 고이 자기만의 방에 보관한다. 클링조어는 마치 '이 세상 소풍 잘 끝냈다'는 듯 여유로운 몸짓으로 강력한 수면제인 베로날을 먹고 세상에서 가장 달콤한 잠에 빠져든다.

잠에서 깬 다음에는 말끔히 면도를 하고, 세수를 하고, 새 옷을 걸쳐 입고, 시내로 가서 사랑하는 여인 지나에게 선물할 과일과 담배를 산다. 이 얼마나 산뜻한 결말인가. 마지막까지 작품에 집착하는 것이 아니라, 이미 다 끝냈으니 여유롭게 한잠 자고, 생의 마지막 순간은 사랑하는 사람과 함께하기 위해 몸을 깨끗이 단장하는 모습이라니!

이런 평온함, 이런 여유로움, 이런 천의무봉의 경지에 다다를 수만 있다면. 때로는 광기에 사로잡히고, 때로는 분노로 자신을 불태우지만, 궁극적으로는 더 이상 더하고 뺄 것도 없이 그저 '담백한 자기 자신'에게 도달하는 예술가의 경지에 다다를 수만 있다면. 클링조어는 그렇게 해맑은 정신으로 이 세상 소풍을 끝낸다.

작품을 덮는 독자의 손끝은 가볍게 떨린다. '이렇게 끝나도 되나?' 하는 작은 조바심과 함께, 시간이 지날수록 점점 뿌듯해지는 가슴의 온도를 느낀다. 이것이 예술의 아름다움이구나. 이것이 예술가의 행복이구나. '더도 말고 덜도 말고 이 순간만 같아라' 하는 완벽한 충족감이 가슴을 채운다.

가이엔호펜, 헤세가 머물렀던 집의 정원.
보덴 호수가 신비로운 각도로 위용을 드러내는 정원에서 헤세는 매일 글을 썼다.

아웃사이더

소시민적 삶을 향한 저항

히피들이 열광한 헤르만 헤세

헤세는 자신의 이중성을 알고 있었다. 머물다 보면 떠나고 싶고, 방랑하다 보면 정착하고 싶어지는 공간에 대한 이중성뿐 아니라, 농담을 하고 싶으면서도 진지하고 싶고, 우울하면서도 명랑한 느낌을 주는 글을 쓰고 싶어 했다. 그는 인생의 양극단 사이를 불규칙하게 오가며 불안하게 흔들리는 삶의 묘미를 알았다. 어느 하나를 선택하는 것이 아니라 그 사이에서 부단히 휘청거리는 삶. 헤세는 방랑과 정착 사이에서, 농담과 진지함 사이에서 끊임없이 흔들리는 삶을 긍정했다.

헤세는 도시에서 정착하는 대신 시골에서 농사를 지으며 살아가는 농부의 삶을 동경했다. 농부들이야말로 진정한 고향을 가진 사람들처럼 보였기 때문이다. 하지만 헤세는 현대인들에게 '잃어버린 고향에 대해 슬퍼하지 말라'고 조언한다. 자기 안에 고향을 간직한다면, 군이 고향을 찾으려고 노력할 필요가 없다고 말한다.

헤세는 고향을 사랑하는 마음으로 농부들을 사랑했다. 자연과 늘 함께하는 삶, 오로지 성실하게 자연과 소통하는 옛 농부들의 삶을 사랑했다. 하지만 방랑자의 기질을 타고난 헤세가 농부의 삶을 흉내 내며 살 수는 없었다. 헤세는 농부이자 곧 보헤미안으로 살 수는 없음을, 자신은 방랑자의 길을 걸어가야 함을 뒤늦게 깨달았다.

　헤세가 정착할 때나 방랑할 때나 변함없이 집착하는 대상이 하나 있다. 그것은 바로 '자연'이다. 그는 도시 속에서 시민적인 온순함으로 살아가는 삶, 소시민으로서의 삶을 두려워했다. 소시민적 안락함 속에서는 창작의 열정이 굳어가는 것을 느꼈으며, 자연과 차단된 삶에서 오는 갑갑함을 견디지 못했다. 그는 방랑할 때나 정착할 때나 언제나 자연 속에 있었다. 작품 속에서 가장 많이 묘사하는 이미지도 숲과 강과 호수 같은 자연의 풍광이다.

　1970년대에 미국에서 일어났던 '헤세 르네상스'는 자연으로의 회귀와 관련이 있다. 베트남 전쟁에 반대하고, 기성세대의 보수적 사고방식에 반대했을 뿐만 아니라 소시민적 삶을 거부하고 자연으로 돌아가자는 메시지를 지지했던 히피 세대는 헤세에 열광했다.

　앤디 워홀Andy Warhol이 묘사한 헤세의 모습은 헤세의 실사 사진보다 훨씬 세련되면서도 염세적인 분위기를 풍긴다. 해맑은 미소를 지으며 정원의 고양이와 놀고 있는 헤세의 사진을 본 사람들은 앤디 워홀이 그린 헤세를 보고 뭔가 '다르다'는 느낌을 받는다. 앤디 워홀의 눈에 비친 헤세, 그것은 1970년대 미국의 히피 세대에게 비친 헤세이기도 했다. 헤세는 마치 마법사처럼 유혹적인 몸짓으로 담배 연기를 장난스럽게 뿜어 올린다. 여기에는 어떤 '무거움'도 느낄 수가 없다.

　사진에 찍힌 헤세는 훨씬 진지하고 심각한 표정을 짓고 있을 때가 많다. 글을 쓰고 있는 모습, 책을 읽는 모습, 생각에 잠겨 있는 모습의 헤세는 이렇게 냉소적이지 않다. 워홀이 그린 헤세, 그리고 미국의 히피들이 사랑한 헤세는 『황야의 이리』를 쓰던 시절의 헤세였다. 주인공이 약물을 통해 환각에 이르는 장면이 강렬하게 묘사된 『황야의 이리』는 그 염세적인 분위기 때문에 히피 세대에게 폭발적인 관심을 불러일으켰다. 워홀이 그려낸 헤세는 마치 입에서 불덩이를 뿜어내는 마술사처럼 느껴진다. 화려한 네온사인 조명을 받은 스타처럼 묘사된 헤세는 어쩐지 낯설지만 '미국의 히피들이 열광한 헤세'는 바로 이런 모습이 아니었을까.

　1962년에 사망한 헤세는 히피 문화가 미국을 휩쓸던 1970년대에 히피들의 우상이 되었다. 자본주의 사회의 온갖 경쟁과 속박에 치를 떨던 사람들은 '시민으로부터의 도피'를 선택한 『황야의 이리』의 하리 할러에게 열광했다. '이리의 영혼'을 가졌지만 '인간의 외모'를 한 탓에 시민사회의 규칙에 적응하지 못하는 하리 할러의 모습은 '자유로운 영혼'을 가졌지만 직업이나 가족을 둘러싼 여러 의무 때문에 마음대로 살 수 없는 사람들의 메마른 정신에 불을 지폈다.

　　소원을 이루지 못하면 곧바로 인생 전체를 내던지는 젊은이들도 있지. 이것이 청춘이다. (…) 가장 정열적이었던 젊은이가 가장 훌륭한 노인이 되는 법이다.
　　―『게르투르트』

시민적인 삶을 향한 불복종

그토록 많은 격정과 희생을 치르고 난 뒤 나는 목표에 도달했다. 그
토록 불가능하게 보였음에도 불구하고 나는 시인이 되었다. 그토
록 힘들고 어려운 싸움이었지만 나는 세상과의 대결에서 승리를
거둔 것 같았다. 거의 파멸하기 직전까지 갔던 학창 시절과 습작 시
절의 쓰라린 경험은 웃으면서 잊어버릴 수 있게 되었다. 그때까지
나에게 절망하기만 했던 친지와 친구들도 다정한 미소를 보여주었
다. 나는 승리했다. 내가 아무리 바보 같고 한심한 행동을 해도 사
람들은 그것을 매혹적인 것으로 받아들였으며, 나 자신이 스스로
에게 매혹되어 있는 것조차도 매혹적이라고 생각했다.

— 「짧게 쓴 자서전」, 『헤세가 사랑한 순간들』

히피들이 특히 많았던 버클리 대학 근처에는 '데미안'이라는 이
름의 술집, '싯다르타'라는 이름의 옷가게, '파블로'라는 나이트클
럽이 많았다고 한다. 모두 헤세 소설의 등장인물 이름이었다. 국가
와 제도 바깥에서 또 하나의 생활공동체뿐 아니라 문화공동체를 만
들고자 했던 히피들에게 헤세는 구원의 복음처럼 다가갔다. 세금을
내고, 법을 따르고, 가부장적 질서 속에 편입되는 '시민적 삶' 저 너
머에 그보다 훨씬 자유롭고, 일탈적이며, 해방적인 또 하나의 삶이
존재한다는 가능성을 헤세의 작품들이 몸소 보여주었던 것이다.
특히 『황야의 이리』는 '미친 사람만 입장하실 수 있습니다'라는
마술극장의 캐치프레이즈와 환각 체험을 구체적으로 묘사하여 히

피들의 일탈적인 감성에 불을 질렀다. 국가나 제도로부터 얻는 안정감을 포기하고 자연에 귀의하거나 자기만의 예술적·철학적 열정에 삶의 토대를 두는 헤세의 인물들은 히피들은 물론 영혼의 자유를 꿈꾸는 모든 사람에게 복음처럼 들렸을 것이다.

지금의 헤세는 1970년대 미국의 히피들처럼 사회 문명으로부터의 완전한 탈주의 아이콘은 아니지만, '진정한 자기'를 찾기 위한 심리적 모험에서 구루의 역할을 하고 있다. 헤세는 인위적인 제도와 문명의 이기를 통해 세상과 연결되기보다는 자신의 몸과 마음을 통해 직접적으로 이 세계와 하나 됨을 느끼고 싶어 했다. 헤세는 「고향」이라는 수필에서 이렇게 썼다.

> 그 느낌, 한때 고향을 가졌었다는, 그 느낌! 한때 나는 세상의 어느 작은 장소에 있는 모든 집들과 모든 창들과 그 안에 사는 모든 사람들을 알고 있었다! 한때 나는 이 세상의 어느 특정 장소와 연결되어 있었다. 뿌리와 생명으로 자신의 장소와 연결되어 있는 한 그루 나무처럼.
>
> ─「고향」, 『헤세가 사랑한 순간들』

그는 세상과 멀리 떨어져 있으면서도 세상과 하나 됨을 느끼고 싶었다. 시민적인 삶의 속박에서 벗어나기 위해 가장 필요한 두 가지는 바로 '물질적 탐욕으로부터의 자유'와 '스스로의 삶을 가꿀 수 있는 철학'이다. 시민적 삶은 사람들에게 규칙을 지키고 세금을 내게 하는 대신 '안정된 삶'을 제공한다. 그런데 그 안정된 삶의 유혹

이란 무척 강력한 것이어서, 금욕적인 생활에 익숙한 헤세 스스로
도 자신이 시민적 삶의 안정감으로부터 완전히 자유롭지 못한다는
것을 인정했다.

자전적 색채가 짙은『황야의 이리』에서 주인공 하리 할러가 가장
끊기 어려워하는 두 가지 중독이 바로 달콤한 와인과 타인의 칭찬
이었다. 그는 와인과 함께 하루를 마감하는 저녁의 도취를 포기하
지 못했으며, 작가로서 인기와 찬사를 한 몸에 받던 과거의 영광으
로 인해 지금의 고독을 더욱 견디기 힘들어했다.

하지만 헤세는「사랑의 제물」에서 이렇게 말한다. '약간의 철학'
만 있으면 이 모든 물질의 유혹에서 벗어날 수 있다고. 그 한 줌의
철학이란 바로 어떤 제도나 조직의 질서에도 자신을 완전히 내주지
않는 삶, 설사 시민적 삶의 테두리 안에 있을지라도 자기 존엄성의
근거를 자신이 속한 조직이나 제도 자체에서 찾지 않고 '자기 안의
철학'에서 찾는 것이었다. 그것이 헤세가 꿈꾼 소박하지만, 실천하
기는 어려운 '나 자신이 되는 길'이 아니었을까.

헤세는 무엇보다도 '보는 법'을 배우는 것이 영혼의 자유를 얻기
위한 첫걸음임을 알고 있었다. 바깥세상에서 들려오는 뉴스와 소문
에 일희일비하며 타인의 삶과 나의 삶을 끊임없이 비교하는 현대인
의 불안으로부터 탈출할 수 있는 최고의 무기는 바로 존재 자체의
모습에 만족하는 법을 배우는 것이다. 화려하고 낭만적인 환상의
이미지로 '현실'을 채색하는 것이 아니라, 세상을 있는 그대로 보려
고 노력한다면, 사물 자체의 모습에 만족하는 법을 배울 수 있다.

세계가 '한없이 모자라고, 허점투성이이고, 혼란투성이'처럼 보

이는 것이 아니라, 이 세계에 이미 존재하는 아름다움을 내가 아직 발견하지 못하고 있었음을 깨닫게 된다. 그렇게 있는 그대로 세상 보는 법을 훈련하면, 더 이상 외로움은 내 안의 적이 될 수 없다. 홀로 있는 가운데 세계와 완벽히 교신할 수 있는 최고의 무기가 바로 나 자신의 몸과 마음임을 비로소 깨닫게 되므로.

> 나는 혼자지만, 혼자라는 사실을 괴로워하지 않는다. 나는 더 이상 아무것도 소망하지 않는다. 가만히 누워, 햇빛에 온몸이 빨갛게 익도록 내버려둘 뿐이다. 익을 대로 익어서 성숙해지기를 열망할 뿐이다. 나는 죽음을 맞을 준비가 되어 있다. 그리고 다시 태어날 준비 또한 되어 있다.
>
> ─「산길」, 『헤세가 사랑한 순간들』

전쟁이라는 이름의 집단적 광기

언제부터 '개인은 무력하다'라는 생각이 사회 곳곳에 곰팡이처럼 스며든 것일까. 한 사람의 힘만으로는 아무것도 바꿀 수 없다는 인식 말이다. 개인이 노력해봤자 시스템에 저항하기에는 턱없이 부족하다는 생각. 그리하여 '나 하나'가 잘못해도 세상에 커다란 악영향을 끼치지는 않을 것이라는 안일한 감각. 궁극적으로 '한 사람의 힘'을 무시하고 집단의 힘을 강조하게 된 것은 '국가'라는 존재가 엄청난 힘을 발휘한 이후일 것이다.

근대국가의 확립과 자본주의의 태동을 통해 세계는 이전과 전혀 다른 모습을 갖추었다. '자본'과 '국가'라는 것이 '개인'이나 '공동체'보다 더 중요해져버린 이후 사람들은 '나다움'이나 '자연스러움' 같은 소박한 가치보다 '국가'나 '자본'의 거대한 위력에 복종하거나 그 힘을 모방하게 되었다. 아니, 그렇게 살아가는 것이 '대세'처럼 인식돼버렸다.

'국가'와 '자본'의 공모 속에서 일상적으로 가장 강력한 영향력을 갖는 것이 바로 대중문화다. 텔레비전과 라디오로 대변되는 매스미디어는 말 그대로 사람들을 '거대한 덩어리mass'로 인식하면서 한 사람, 한 사람의 특이성을 지워버린다. 매스미디어는 '일대일'로 전달되는 소통의 친밀감과 직접성을 짓밟고, 소통을 '쌍방향의 대화'가 아닌 '불특정 다수'를 향한 '송출'로 대체해버린다.

사람들은 '이게 아닌데', '나는 그렇게 생각하지 않는데' 하고 생각하면서도 대중문화에서 '대단하다', '옳다', '그르다'고 말하는 가치들을 '유행' 또는 '대세'라 믿으며 무력감을 느끼게 돼버렸다. '우리'라는 것은 본래 손에 닿는 가까운 사람들, 친밀감의 공동체였지만, 이제 '우리'는 너무 커져버렸거나 아니면 진정한 친밀감의 의미를 상실해버렸다. '우리나라'라고 할 때 가리키는 대상이 너무 비대해져버린 것이다.

1927년에 발표된 헤세의 『황야의 이리』는 바로 이런 상황, '국가'나 '대중문화'가 너무도 강력한 힘을 발휘하게 돼버린 사회 현실을 풍자한다. 제1차 세계대전이 끝난 후 독일에는 미국의 대중문화가 대량으로 수입되었고, 사람들은 베토벤과 모차르트 대신 재즈와 폭

가이엔호펜의 헤세 박물관 정원에서 만난 헤세의 시 「장미의 향기」.

Der Duft der Rose

nimmt dich in einen süßen Bann,
rührt dich liebkosend leise
wie eine Liederweise
mit Ahnung voller Schönheit an,
ist ohne Gleichnis rein und zart:
du kannst es nicht ermessen,
fühlst nur ein süß Vergessen
und eine süße Gegenwart.

Hermann Hesse

스트롯에 열광했다. 전통과 고전의 가치는 말살되고, 재빨리 생산되고 가뭇없이 사라지는 미국식 대중문화가 엄청난 속도로 확산되었다. 주인공 하리 할러는 옛 시대의 지식인이었고, 괴테와 모차르트에 열광하는 '옛날 사람'이다. 그는 순식간에 바뀌어버린 시대의 흐름에 적응하지 못한다.

이와 달리 하리 할러를 저녁 식사에 초대한 젊은 교수는 재빨리 시대의 대세를 흡수하는 사람이다. 『황야의 이리』에서 전쟁의 광기에 붙들려 있는 사회에 순응하는 무비판적인 지식인의 모습은 몹시 추악하고 한심하게 그려진다. 젊은 교수가 너무도 순진하고, 선량하고, 다정하게 보인다는 사실이 오히려 문제를 더욱 심각하게 만든다.

하리 할러를 초대한 교수는 언뜻 보기엔 지극히 정상적인 사람이다. 매우 다정하고 착해 보이는 사람, 지극히 평범한 사람이 전쟁의 광기에 동조하고 인간을 향한 인간의 폭력에 찬성한다는 것을, 할러는 믿을 수가 없다. 너무 쉽게 시대의 유행에 편승하는 지식인을 바라보면서 하리는 깊은 절망을 느낀다. 하지만 변해가는 사회에서 적응하지 못하는 자신을 바라보니 더 깊은 한숨이 나올 뿐이다.

하리 할러는 한때 천재로 소문난 작가였고, 누구나 그를 최고의 지식인으로 인정해주었다. 하지만 제1차 세계대전이 끝나고 나자 그의 재능은 한갓 지나간 시절의 낭만이 돼버린다. "천부의 재능을 지닌 작가, 모차르트와 괴테 전문가, 예술의 형이상학, 천재와 비극, 인간성에 대한 가치 있는 고찰을 담은 책을 쓴 저자, 책으로 가득 찬 유거幽居 속의 우울한 은둔자", 이 모두가 하리 할러 자신의 모습이다. 그는 '변해가는 세상'에 도저히 순응할 수 없었지만, 그 사회에 적극적으로 저항할 수 없었다.

> 그는 권력과 착취에 반대하면서도, 은행에 산업 회사의 유가증권을 약간 맡겨두었고, 한 점 양심의 가책도 없이 그 이자를 따먹고 살아왔던 것이다. (…) 하리 할러는 자신을 이상주의자요 세상사의 경멸자로, 비애에 싸인 은둔자로, 그리고 천둥처럼 울리는 경고를 하는 예언자로 멋지게 치장했지만, 근본적으로 보면 그는 일개 부르주아에 불과했다.
>
> ─『황야의 이리』

시대의 흐름에 역행한다는 것, 전쟁과 유행과 폭력의 광기에 이미 젖어 든 사회에 저항한다는 것은 얼마나 어려운 일인가. 그런 용기를 낼 수 없었던 하리는 밤마다 와인을 마시며 자괴감에 빠져든다. 그는 자신의 글쓰기와 말하기가 열광적인 반응을 얻었던 시대, 그의 지식과 예술적 재능만으로 삶이 충만했던 옛 시절을 그리워한다. 삶은 눈부시게 아름다웠고 명성과 인기는 달콤했던 그 시대. 하지만 결코 그런 황금시대로 돌아갈 수 없다는 사실을 알고 있다. 그는 술값으로 탕진한 재산, 술 마시느라 날려버린 시간을 안타까워하지만, 시대의 어둠을 타개할 실천적인 방안을 생각해내지는 못한다. 그는 '이 삶은 결코 아니다'라고 생각하지만, 다른 삶의 가능성 또한 생각해내지 못한다.

세상과 불화하는 천재

누가 봐도 뛰어난 재능을 가졌지만, 그 재능을 '자신과 세상의 조화'를 위해 쓰지 못하는 사람들이 있다. 그들은 마치 시대를 잘못 타고난 것처럼 불행하고 고통스러운 삶을 산다. 아무리 탁월한 지성과 재능을 가졌더라도, 세상 속에 녹아들지 못하면 그의 모든 능력은 물거품이 되어버린다. 이것은 개인의 불행만이 아니다. 이런 안타까운 천재들의 사례가 넘쳐난다는 것은 그 사회의 불행이자 비극이다. 사회가 그들의 재능을 받아들일 만큼 성숙하고 안정되지 못했다는 증거이기 때문이다.

이 작품의 주인공 하리 할러도 마찬가지다. 그는 특히 제1차 세계대전이 끝난 후 점점 세속화되어가는 독일 사회에 적응하지 못한다. 모차르트나 괴테는 물론 그가 사랑하는 모든 예술가나 지식인은 이 참혹한 전후戰後 사회에서 대접받지 못한다. 뛰어난 작가로 사랑받았던 하리 할러의 인생도 이제는 갈데없는 내리막길로 보인다. 하리는 마치 자기를 사랑하는 데 영원히 실패한 사람처럼, 파괴적인 행동으로 치닫는다. 그는 자신의 눈부신 재능을 오직 자신을 증오하는 데만 바쳐버리기로 한 사람처럼 보인다.

헤세는 전쟁이 끝난 후의 독일 사회에 적응하지 못했다. 전쟁을 비판하는 글을 열정적으로 써서 독일 국민의 이성과 감성에 '전쟁의 폭력성'을 부각하려 했던 그의 계획은 완전히 수포가 되었다. 뛰어난 작가로 대중에게 사랑받던 헤세는 어느새 '조국 수호의 전쟁을 피해 다니는 매국노'의 신세가 되고 말았다.

《쾰른 신문》에 익명으로 발표된 한 사설은 헤세를 '비겁자'로 묘사했다. "비겁자 헤르만 헤세는 조국을 팔아먹은 자로 오래전에 그의 구두창에서 고향 땅의 흙을 마음속에서 털어내버린 자"라는 식이었다. 하지만 익명의 힘을 빌려 신문 사설에 한 작가를 '비겁자'로 몰아가는 그 사람이야말로 진짜 비겁자가 아닌가.

'전쟁의 핵심 주체이자 전쟁의 패배자'가 되어버린 독일 국민은 급격히 보수화되어 평화와 자유를 꿈꾸는 낭만주의자 헤세의 목소리를 묵살했다. 하리 할러는 이렇듯 헤세가 가장 힘들었던 시기의 분신이다. 하리 할러는 그런 끔찍한 패배감을 숨긴 채 도시의 변두리에 은거하며 우울한 나날을 보냈다.

그는 수많은 날을 자신을 증오하며 보낸다. '밤의 여자'였지만 그의 둘도 없는 친구가 되어준 헤르미네와 술을 마시고 담소를 나누는 것이 그의 유일한 낙이었다. 하지만 그는 헤르미네처럼 웃음을 팔면서 사는 여인들, 술로 인생을 탕진하는 사람들의 삶에 염증을 느꼈다. 그것은 자기모순이었다. 그를 유일하게 받아준 것은 그런 사람들이었기 때문이다.

화려한 작가의 명성을 뒤로한 채 무위도식하면서 살아가는 하리 할러는 술집에서 보낸 수많은 밤, 거기서 탕진해버린 돈을 생각하면 화가 치밀어 올랐지만, 그런 삶에서 벗어날 수도 없었다. 그가 그토록 사랑했던 모든 일, 예컨대 글쓰기나 독서나 음악 감상 같은 모든 '지식과 예술의 탐구 행위'가 이제는 의미 없게 느껴졌기 때문이다.

무엇보다도 그가 진짜로 증오한 것은 주변 사람들이 아니라 자기 자신이었다. 자신의 재능을 인정받던 시절, 자신의 꿈이 세상의 꿈과 일치하는 것처럼 보였던 시절에 대한 그리움으로 몸부림치는 것은 하리 할러 자신이었던 것이다. 삶은 찬란했고, 세상은 장밋빛으로 빛나 보였던 시절 그는 수많은 사람에게 사랑받았다. 그가 꿈꾸는 세상과 사람들이 꿈꾸는 세상이 일치하는 것처럼 보였다.

그에게 '전쟁이 일어나기 전'의 시대는 이상적 시대로 낭만화되었으며 전쟁이 끝난 후의 현재는 권태와 우울의 나날이 되어버렸다. 그는 전쟁 전의 시대를 찬양하는 이상주의자들을 경멸했지만, 그 또한 '그때가 좋았지'로 요약되는 복고주의의 낭만에서 벗어나지 못했다.

하리 할러는 날카로운 악기 소리와 유혹적인 목소리로 귀를 자극하는 미국식 대중음악, 화려한 버라이어티쇼, 만국박람회, 경마장, 사람들로 꽉 찬 거리와 발 디딜 틈 없는 열차로 상징되는 전후의 분위기에 적응할 수 없었다. 전쟁의 상처를 극복하지 못한 독일인들은 더욱 소비지향적이고 더욱 쾌락주의적인 삶을 정당화했다.

사람들은 만국박람회의 화려한 상품 앞에서 환호했고, 버라이어티쇼에서 온갖 화려한 춤과 음악으로 감각을 마비시켰으며, 경마장에서 고함을 지르며 현실을 잊었고, 사람들로 꽉 찬 카페에서 고막을 찢을 듯 울려대는 커다란 음악 소리에 도취해 자기 자신조차 잊어버렸다.

하리 할러는 그러한 집단적인 자기 망각의 분위기를 참을 수 없었다. 그가 스스로를 '황야의 이리'라고 부르는 까닭은, 스스로가 '인간들의 세상'에 도저히 적응할 수 없는 한 마리 야수처럼 느껴질 만큼 깊은 소외감을 느꼈기 때문이다.

당신과 나 사이에 결코 평화란 없다

> 우리들의 문화의 세계는 하나의 공동묘지다.
> 거기서는 예수도 소크라테스도, 모차르트도 하이든도, 단테도 괴테
> 도, 녹슬어가는 양철 묘표 위에 쓰인 희미한 이름에 지나지 않는다.
> ─『황야의 이리』

    가끔 친하지 않은 사람과 어쩔 수 없이 자리를 함께해야 할 때가
있다. 친하지 않아도 금방 이야깃거리가 생기는 사람들도 있지만,
이야기할 때마다 세상을 바라보는 관점이 부딪혀 서로 얼굴을 붉히
는 사람들도 있다. 그럴 때는 정말 등에 식은땀이 흐른다.

    되도록 그런 어려운 자리는 피하고 싶지만, 세상일이 내 뜻대로
되지는 않으므로 얌전한 척 가만히 앉아 상대방의 말을 듣고만 있
는다. 하지만 나도 모르게 '자의식'이 발동해서 "그건 아니지 않나
요?"라고 말해버릴 때도 있다. 그러면 분위기가 싸해지면서 상대방
의 얼굴에 '이 사람 안 되겠군' 하는 표정이 스쳐 지나간다. 그럴 때
간담이 서늘해지지만 조금은 통쾌하다. 어차피 나는 그 사람에게
잘 보일 생각이 없기 때문이다.

    상대방의 심기를 굳이 거스르기 싫어 가만히 듣고 있다가도 '도
저히 참아줄 수 없는 대목'에 이르면 나는 어김없이 "그건 아니지
요"라고 말해버리고 만다. 이것이 처세술에 젬병인 나의 한계이기
도 하지만 '버릴 수 없는 나, 있는 그대로의 나'인 것 같아 소중히 간
직하고 싶다. '나다움'을 포기하면서 다른 사람의 마음에 들고 싶지

는 않은 것이다.

『황야의 이리』를 읽다가 주인공 하리 할러가 이와 비슷한 상황에 부닥친 것을 보자 손에 땀을 쥐었다. 하리는 어느 교수의 집에 초대되었는데, 겉으로는 모든 것이 완벽하고 평화로워 보이지만 하리에게는 그 집이 무척 불편하게 느껴진다. 그것은 바로 그 교수가 '이 세상이 돌아가는 상황'에 너무나 만족하고 있기 때문이었다.

"그는 전쟁을 겪어보지 않았고, 아인슈타인을 통한 기존 사유 토대의 동요도 겪어보지 못했"을 뿐만 아니라 "자기 주변에서 다음 전쟁이 어떻게 준비되고 있는지"에도 무관심한 사람이었으며 "유태인과 공산주의자를 증오할 만한 종자"라고 믿는 사람이었다. 그는 멀리서 보기에는 "선량하고, 천진난만하며, 자신을 대단하다고 여기는 만족한 어린애"였다.

하지만 가까이서 보기에 그는 자신을 둘러싼 세계의 '힘'에 복종하는 사람, 비판적 자의식이라고는 가져본 적이 없는 사람, 세상이 어떻게 되든 말든 일신의 안일에 만족하는 사람이었다.

하리는 그를 보며 경멸과 부러움을 한꺼번에 느낀다. 그가 세상의 힘에 복종하는 것은 경멸의 대상이었지만, 그의 무사안일과 평화는 하리가 한 번도 느껴본 적 없는 쾌락이었던 것이다.

하리는 제1차 세계대전과 제2차 세계대전 '사이'에 있는 지식인이었다. 그는 전쟁으로 힘을 얻어 유럽의 패권을 쥐려는 조국, 독일의 야심을 좌시할 수 없었다. 힘을 얻기 위해 살육을 정당화하는 것, 특히 유대인이나 공산주의자를 '제거해야 할 악'이라고 생각하는 야만적 사유를 용납할 수 없었다. 다가오는 전쟁은 이제 그 집단적 증오감을 부추기는, 끔찍한 폭력을 숨기고 있었다.

　그를 초대한 교수는 군국주의자와 전쟁광들이 즐겨 읽는 신문을 정기구독하고 있었는데, 바로 그 신문에 하리 할러를 맹렬히 비난하는 사설이 실려 있었다. 교수는 눈치 없이 '당신과 이름이 똑같은 사람'이라며 하리 할러를 향한 신문 사설의 비난을 친절하게 설명해준다. 교수는 하리 할러는 못된 놈팡이이며, 조국도 뭣도 모르는 무식한 녀석이라고 비난하는데, 사실 신문 속의 하리 할러는 지금 교수의 눈앞에 앉아 있는 하리 할러였던 것이다.

　자신을 '조국을 배반한 자 할러'라고 말하는 사람 앞에서 저녁을 먹는 것은 어떤 기분일까. 게다가 그 교수는 '조국을 배반한 그 자'가 바로 할러인지도 모르고 있다. 동명이인이라고 착각하고 있다. 설마 자신이 알고 있는 바로 그 하리 할러가 신문지상에 연일 오르내리며 조리돌림을 당하는 그 '매국노'일 것이라고는 생각지도 못한다. 자기가 아는 사람이 어떤 생각을 하는지도 모르는 이 교수는 그 무심함 때문에 영원히 자기 생각을 바꾸지 못할 것이다. 그런 사람이니 아무런 비판 없이 나치에 가담할 수도 있었을 것이다.

　하리는 괴로움을 느끼면서도 어떻게든 그 자리의 어색함과 불편함을 참아내려 애쓴다. 하지만 일은 꼭 엉뚱한 데서 터지곤 한다. 진지한 대목에서는 온갖 이성의 힘을 동원해 참아낼 수 있지만, '전혀 생각지도 못한 곳'에서 문제가 터지면 도저히 감정을 억제할 수 없게 되어버린다.

　그것은 바로 괴테의 초상이었다. 그 교수의 집에서 동판화로 만든 괴테의 초상을 발견한 뒤 하리 할러는 동요하기 시작한다. 하리 할러 자신이 그토록 소중하게 생각하는 괴테를 '귀족들의 허영덩어리 사치품' 같은 분위기로 만들어놓은 동판화를 보니 화가 치밀어 오른다. 불편한 마음에, 그리고 별다른 이야기를 할 수 없어서 자기도 모르게 과식을 해버린 하리는 말할 수 없이 불쾌한 심정이 되어 그 우스꽝스러운 동판화 초상에 대해 한마디 해버리고 만다. 허영이 넘치는 표정, 고상한 포즈, 추파를 던지는 듯한 거짓 품위, 남성적인 외모 뒤에 숨은 달콤한 감상주의라고. 그러자 집주인과 안주인의 얼굴이 흙빛으로 변한다. 허영과 기교로 가득한 초상화는 바로 그 집 안주인이 그린 그림, 그것도 아주 자랑스럽게 생각하는 그림이었던 것이다.

아내가 확 토라져서 나가버리자 교수는 점잖으면서도 분명하게 하리에게 불쾌감을 표시한다. 하리는 급히 사과를 하지만 이미 때는 너무 늦어버렸다. 평화롭게 같은 하늘을 이고 살아갈 수 없는 사람들도 있는 것이다. 보이지 않는 전쟁, 일상 속의 제2차 세계대전은 이미 시작되고 있었던 것이다.

"미친 사람만 들어오세요!"

하리 할러는 마치 『지킬 박사와 하이드 씨』의 주인공처럼 심리적 분열을 경험한다. 그가 문명의 울타리를 벗어나 야생의 광기를 보여줄 때, 사람들은 그에게 당황하면서도 매혹되었다. 그가 스스로를 '황야의 이리'라고 부르는 데는 '자기 안의 이리 같은 야수성'을 스스로 인정하기 때문이었다.

하지만 그 반대의 경우도 마찬가지였다. 그는 야생의 광기를 마음껏 표현하고 싶을 때 문득 '이성의 강한 통제력'을 느꼈다. 그는 훌륭한 시민으로서 살아가는 삶에 대한 미련을 완전히 끊어내지 못하고 있었다. 작가이자 지식인으로서 성공했던 그의 과거는 '문명인의 우아함'을 표현하는 길이었다면, 술과 약물 등에 취해 거리를 헤매며 그 무엇도 되지 않으려는 강렬한 열망은 '들판을 질주하는 이리의 감수성'을 표현하는 길이었다.

그런데 『지킬 박사와 하이드 씨』와 달리 하리 할러는 어느 하나를 택하지 못했다. 지킬 박사는 '지킬'로서의 우아한 페르소나를 지킬 때는 '하이드의 야수성'를 완전히 잊으려 하고, 하이드로서 광기 어린 범죄를 저지를 때는 자신이 지킬이라는 사실을 완전히 잊는다.

하지만 하리 할러는 다르다. 그는 지킬이면서도 하이드이며, 인간이면서도 이리다. 『지킬 박사와 하이드 씨』가 '정상인 아니면(or) 비정상인'이라는 식의 이분법에 갇혀 있다면, 즉 정상인일 때는 동시에 비정상인일 수가 없다는 사고방식에 갇혀 있다면, 『황야의 이리』는 '정상인이면서도(and) 비정상인'인, '정상인인 동시에 비정상인'인 주인공을 등장시킨다. 'A 아니면 B(A or B)'의 세계관에서는 양립 불가능하던 일들이, A이자 B(A and B)'의 세계관에서는 얼마든지 공존할 수 있게 된다.

하지만 A와 B가 공존한다고 해서 평화로운 것은 아니다. 지킬이 하이드를 완전히 '내가 아닌 존재'로 배제함으로써 잠깐의 불안한 평화를 얻었던 것처럼, 하리는 자기 안의 이리를 완전히 무시해버

가이엔호펜 헤세 박물관의 정원을 거니는 사람들.

릴 수 없었다. 하리는 얼마든지 정상인인 척 연기할 수는 있지만, 정상인인 양 행세하는 '문명인이자 시민이자 사회인'으로서의 자신에게 혐오감을 느낀다. 또한 완전한 야생의 세계, 완전한 광기의 세계에 오롯이 빠져들 수도 없는 자신의 '인간다움'을 혐오하기도 한다.

그는 완전히 이리일 수도 완전히 인간일 수도 없다. 오히려 그는 인간임과 동시에 이리이며, 정상인임과 동시에 비정상인이며, 지킬이자 동시에 하이드다. 그리하여 그의 인간관계는 점점 붕괴해 간다. '이리로서의 하리'를 사랑했던 이들은 '인간으로서의 하리'를 꺼렸고, '인간으로서의 하리'를 사랑했던 이들은 '이리로서의 하리'를 두려워했다. 사랑했던 아내와도 헤어진 채 점점 더 고립감에 빠져가는 하리는 어느 날 스산한 골목길에서 '마술극장'으로 들어가는 안내문을 발견한다. 마술극장의 입장권에는 이런 문구가 쓰여 있다.

오늘밤 네 시 마술극장으로 올 것.
— 미친 사람만 입장 가능
입장료로 이성을 지불할 것.
아무나 들어갈 수는 없음.
—『황야의 이리』

하리는 당황한다. 하지만 이 도발적인 문구에 깊은 매혹을 느낀다. 미친 사람만 입장할 수 있다니. 그것은 잠시 '문명인이자 지식인이자 작가'인 자신의 온갖 체면과 규칙을 내려놓아도 된다는 주문처럼 들린다. 그 마술극장 안으로는 오직 '황야의 이리'로서의 자신만을 데려가도 된다는 마법의 주문처럼 들렸다.

그는 '미친 사람만 입장하세요'라는 문구에 묘한 흥분을 느끼며, 알 수 없는 편안함을 느낀다. 이제야 진정으로 쉴 곳을 찾은 지친 나그네처럼, 이제야 제대로 춤출 수 있는 무대를 찾은 댄서처럼, 그는 설렘과 흥분에 가득 차 마술극장으로 입장한다.

아니나 다를까 이 무대는 가면무도회였다. 단지 얼굴 하나 가렸을 뿐인데, 하리는 완전히 딴사람이 되었다. 하리뿐 아니라 마술극장에 입장한 모든 사람이 그 얇은 가면 하나만으로 '다른 존재'가 되어 있었다. 내가 지켜야 할 '내 얼굴의 체면'이 없어지자 사람들은 고삐 풀린 망아지처럼 신명 나게 '나다움'을 망각하고 축제의 열기 속에 흠뻑 빠져든다.

사실 하리 할러는 한 번도 축제의 흥분을 제대로 느껴본 적이 없는 사람이었다. 그는 천진무구한 아이들의 놀이 같은 축제를 동경했지만, 화려한 축제 분위기 속에서는 왠지 쑥스러움과 부끄러움을 느끼는 사람이기도 했다. 하지만 이 신비로운 마술극장에서 그는 기꺼이 '이성'을 헌납해버린다. 조금 전까지만 해도 타인의 구둣발에 밟히고, 짙은 향수 냄새에 구역질을 느끼고, 더위 때문에 녹초가 되어 있던 하리는 이제 날개 달린 신발을 신은 헤르메스처럼 가뿐한 발걸음으로 스텝을 밟으며 댄스홀로 나아간다.

그는 자신처럼 이성을 헌납한 채 축제의 열기에 도취한 사람들 틈에서 처음으로 순수한 해방감을 느낀다. 폭포수처럼 쏟아져내리는 음악, 도취 상태에 빠져 흐느적흐느적 춤을 추는 사람들, 그 와중에도 느껴지는 신나는 춤의 리듬, 서로를 향해 깊이 각인되는 수많은 남녀의 눈빛. 그 열정과 도취의 도가니 속에서 그는 너무도 사랑스러운 여인 헤르미네를 발견한다.

> 남장을 한 그녀가 한편으론 아득하고 중성적인 느낌을 주었지만, 그녀의 시선과 말과 태도는 모든 여성스런 매력으로 나를 감쌌다. 그녀에게 손도 대지 않았는데도 나는 이미 그녀의 마술에 걸려 있었다. (…) 그것은 남녀 양성적인 매력이었다. (…) 헤르미네는 철두철미 청년 행세를 했다. 그녀는 담배를 피웠고, 가벼우면서도 생각이 깊고 그러면서도 어딘가 비웃는 듯한 농담조로 말했다. 그러나 그 모든 것에선 에로스의 빛이 비쳐나왔고, 모든 것이 내 감각으로 오는 길에 부드러운 유혹으로 변했다.
> ―『황야의 이리』

가면무도회, 나를 잊어 비로소 내가 되다

내가 나인 채로 견딜 수 없을 때가 있다. 견딜 수 없는 세상을 조금이라도 바꿀 힘이 내게 없다는 것을 깨달을 때, '남들도 이렇게 살잖아'라는 식의 자기합리화가 더는 효력을 발휘할 수 없을 때, 내게 주어진 운명적인 고통을 더 이상 견딜 수가 없을 때 사람들은 '자기 바깥'으로 벗어나는 수많은 일탈을 꿈꾼다.

하리 할러도 그랬다. 그는 자신이 그토록 소중히 생각하는 문학과 예술의 가치가 이제 별다른 힘을 발휘하지 못하는 세상에서 자신의 존재가 점점 작아지는 것을 느낀다. 쾌락주의와 세속주의가 지배하는 세상에서 그가 설 자리는 없었다. 그가 소중하게 여겼던 모든 가치가 무너지고 있었다. 전쟁의 광기와 허무 앞에서 문화는, 예술은, 자유는, 끝 간 데 없이 무너져 내렸다.

'밤의 여인' 헤르미네는 그에게 다가와 '미친 사람만 입장할 수 있는 가면무도회'를 향해 손짓한다. 웃음을 팔아 살아가는 헤르미네였지만, 그녀는 하리 할러 자신보다 그를 더 잘 알고 있었다. 그에게는 웃음이 필요하다는 것을, 허무와 광기의 웃음이 아니라 어린아이의 천진무구한 웃음이 필요하다는 것을, '나는 이러이러해야 한다'는 의무감이 아니라 '내가 누구인지 몰라도 좋다'는 해방감이 필요하다는 것을.

하리 할러는 생애 최초의 가면무도회에 참석하여 지금까지는 한 번도 경험해본 적이 없는 황홀경을 경험한다. 그는 한 번도 배운 적이 없는 춤을 몇 시간 동안 쉬지 않고 춘다. 그는 오십 평생에 처음으로 축제다운 축제를 경험한다. 잔치에 모인 사람들의 무조건적인 도취를 경험한다. '무리 속에 끼인 개체의 몰락의 비밀, 환희의 신비스런 통일의 비밀'을 느낀다.

가면은 해방감과 도취감을 선물해준다. 내가 누구인지 완전히 잊을 수 있다는 것이 오히려 본래의 나 자신과 더 가까워지는 해방감을 경험하게 한다. 과거의 하리 할러는 춤과 음악과 술과 미소에 빠져 황홀경에 빠진 사람들을 멸시했다. 그는 그런 사람들을 보며 우월감을 느꼈다. 하지만 이제 그는 황홀경의 구경꾼이 아니라 주체가 되었다. 자기 자신으로부터 해방된다는 것이 무엇인지를 처음으로 느껴본 순간, 그는 그것이 결코 비웃음의 대상이 될 수 없음을 알게 된다.

그는 예전에 그런 황홀경의 표정을 "술 취한 신병과 선원들에게서, 위대한 예술가에게서, 축제 공연의 열광 속에서 전쟁터로 나가는 젊은 군인들"에게서 본 경험이 있었다. 최근에는 친구 파블로에게서 그런 황홀경의 미소를 보았다. 사실 파블로의 황홀경은 약물에서 오는 것이었다. 약에 취해 황홀경에 빠진 파블로의 모습을 그는 비웃으면서도 부러워하고, 경멸하면서도 선망했다. 나는 결코 그런 황홀경에 빠지는 일은 없을 거라고 생각하며.

하지만 그는 처음으로 자신 또한 그런 황홀경의 미소를 짓기 시작한다. "동화 속의 어린애같이 이 깊은 행복 속을 헤엄쳐 다녔고, 공동체와 음악과 리듬과 술과 성적 쾌락의 이 달콤한 꿈과 도취를 호흡했다."

그는 이제 우울증에 빠진 하리 할러가 아니었다. 그의 정체성은 축제의 도취 속에서 마치 물속의 소금처럼, 뜨거운 물 속의 커피처럼 녹아버렸다. 그는 처음 보는 여자들과 아무런 거리낌 없이 춤을 추었고, 그녀들 하나하나에게서 도취와 몰락의 기운을 느낀다. 그러나 그것은 괴로움이나 불안을 야기하는 것이 아니라 순수한 황홀경이었다.

가면무도회가 열린 이곳, '미친 사람만 입장 가능한' 이곳에서는 남자와 여자의 경계조차 사라진다. 성별과 나이는 물론 '나'라는 관념 자체가 점점 희미해진다. 그는 비로소 수많은 인파 속에서 헤르미네를 알아본다. 그녀가 남장을 해서 그리고 그 남장이 너무도 잘 어울려서 한참 알아보지 못했다. 멋지게 남장을 한 그녀가, 게다가 수많은 여인에게 인기를 끌고 있는 그녀가 예전보다 훨씬 매혹적으로 보였다.

그 매혹은 여성성도 남성성도 아니었다. 남성성과 여성성이 묘하게 혼재된 느낌, 남자의 매력과 여자의 매력을 최고의 조합으로 섞어놓은 듯한 신비로운 양성성의 매력이 그녀에게서 흘러나왔다. 그는 지금껏 헤르미네를 정확하게 잘 알고 있다고 믿었지만, 그것은 착각이었음을 깨닫는다. 그날 밤 목격한 남장 청년 헤르미네의 모습은 그가 한 번도 상상한 적이 없었다.

두 사람은 서로 유혹하고 유혹당하는 관계가 아니라 한 여자를 사이에 둔 두 남자처럼 군다. 한 여자를 유혹하기 위해 서로 경쟁하는 남자들처럼, 그들은 서로를 노려보며 연적처럼 행동한다. 그러나 그 모든 경쟁조차 둘만의 놀이였다. 둘이서 한 여자를 쫓아가서 그녀와 번갈아 춤을 추었고 서로 그녀를 차지하려고 다툰다. 이 모든 것은 가면놀이에 불과했다. 그들은 가면놀이 자체를 즐겼다.

우리 두 사람을 위한 놀이일 뿐이었다. 그건 우리를 더 가깝게 엮어주었고, 서로에 대한 사랑에 불을 붙였다. 모든 것이 동화였고, 모든 것이 한 차원 더 풍성하고, 의미가 한 길 더 깊어졌다. 그것은 유희이면서 상징이었다.

—『황야의 이리』

춤과 땀과 음악과 웃음으로 후끈 달아오른 이 시끄러운 축제의 장 전체가 하리 할러에게는 처음 경험해보는 낙원으로 변해갔다. 그들은 누가 누구의 짝이라는 개념도 없이 모든 사람과 함께 춤을 추며 즐거운 한때를 보낸다. 거침없이 서로에게 구애하고 거침없이 받아들인다. 나 자신의 한계, 내가 어떤 사람이라는 자기 규정, 나는 이러이러해야 한다는 자기 인식이 점점 사라져가면서 그는 해방감을 느낀다.

하리는 이렇게 생각하기 시작한다. "아! 이제 나에게 무슨 일이 일어나도 좋다. 나도 한번 행복해보았다. 나 자신의 구속에서 벗어나 환희에 빛나면서, 파블로의 형제가 되어보았다. 어린이가 되어보았다." 시간 감각도 공감각도 사라졌다. '나'라는 존재가 축제의 열기 속에 완전히 용해되어, 만취한 사람들이 떠다니는 황홀경의 바다 속을 둥둥 떠다닌다.

그는 마치 헤엄치지 않아도 헤엄치는 것 같다. 춤을 추지 않아도 춤이 춰지는 듯하다. 이 행복이 오래가지 못할 것을 알고 있다. 하지만 태어나서 단 한 번만이라도 행복을 맛본 경험이 그를 감격하게 한다. 그는 이리저리 물결에 휩쓸리는 거품처럼 가벼운 영혼이 되어, '나'로부터 완전히 해방된다.

가이엔호펜에 있는 헤세 박물관. 헤세가 쓰던 벽난로가 굴뚝까지 함께 보존되어 있고, 헤세의 젊은 시절 사진이 전시되어 있다.

그 모든 악행의 욕망은 누구에게나 있다

주인공이 작품 속에서는 죽지만 우리 마음속에서는 더 오래오래 살아남는 경우가 있다. 주인공이 죽음으로써 오히려 다음 작품에서 다른 인물로 부활한 느낌을 줄 때도 있다. 헤세의 주인공들이 바로 그런 경우다.

『수레바퀴 아래서』의 주인공 천재 소년 한스는 작품 속에서는 죽었지만, 이후 『나르치스와 골드문트』에서 순수하고 열정적인 청년 골드문트로 다시 태어난 듯하다. 한스는 충격적인 퇴학과 잃어버린 첫사랑의 아픔에서 헤어나오지 못하고 방황하다가 죽음을 맞지만, 골드문트는 자발적으로 학교를 탈출하여 예술가의 길로 입문한다. 한스는 여성에게 말 한 번 붙이지 못할 정도로 숙맥이었지만, 골드문트는 스쳐 가는 모든 여인의 눈길을 사로잡으며 자신의 매력을 마음껏 뽐낸다.

『수레바퀴 아래서』의 한스를 죽게 함으로써 헤세는 자신의 힘겨운 어린 시절과 비로소 작별할 수 있었다. 이것은 일종의 희생제의다. 작품의 주인공을 죽음에 이르게 함으로써 '작가로서의 자신'은 부활과 재생의 경지에 오르는 것이다. 이것은 잃어버린 어린 시절에 대한 심리적 보상이기도 하며, 작가가 스스로의 작품을 통해 치유에 이르는 길이기도 하다. 한스는 죽었지만, 헤세는 살아난 것이다. 이렇듯 주인공은 작품 속에서 희생되고, 작가는 문학적으로 부활함으로써 독자는 치유의 에너지를 얻을 수도 있다. 과거의 그림자와 작별하고, 새로운 자아로 다시 태어난다.

『황야의 이리』에서는 주인공이 죽지는 않지만 주인공으로 하여금 거의 죽음에 가까운 고통과 환각을 겪게 함으로써, 헤세는 '주인공의 문학적 죽음'과 '작가의 현실적 부활'을 동시에 쟁취해낸다.

하리는 헤세의 작품 중에서 가장 우울하고 절망적인 인간이다. 전쟁의 광기 속에서 점점 예술의 열정을 잃어가는 하리는 당시의 헤세 분신이었다. 전쟁을 반대한다는 이유로 출판을 금지당하고, 이제는 더 이상 '유명작가'의 특권을 누릴 수 없게 된 헤세는 자신이 창조한 모든 세계에 대한 긍지를 잃고 유령처럼 배회하는 하리를 통해 자신의 슬픔을 대신 표현한다.

하리는 마술극장의 가면무도회에 참여했다가 약에 취하여 환각을 경험하는데, 그 환각 속에서 자신이 한때 열광했던 모차르트와 만난다. 모차르트는 이 소설에서 예술의 허무와 재능의 허망함을 일깨우는 비극적인 인물로 등장한다. 모차르트는 하리에게, 삶이란 끔찍한 것이라고, 우리는 그 끔찍한 삶에 대해 책임을 져야 한다고 조언한다. 그리고 자네의 진부한 글쓰기 때문에 악마가 자네를 데리고 가서 늘씬하게 패줄 거라고 경고하기도 한다.

하리는 깊은 절망을 느낀다. 하지만 모차르트의 독설로 인해 자기 자신을 되돌아보게 된다. 어쩌면 내가 평생 공들여 이뤄놓은 모든 성과나 업적이 헛수고일지도 모른다. 그것을 인정하기는 얼마나 어려운가. 하지만 하리는 그것을 해내고 있다. 그는 참담한 심정으로 자신을 되돌아보며 이미 녹초가 되어버린 채로 황야를 정처 없이 헤매는 길 잃은 순례자와 같은 모습임을 깨닫는다. "내가 쓴 쓸데없이 많은 책과 논문, 평론들에 짓눌려 있었다. 그것들을 만들어낸 수많은 식자공들, 그 모든 것을 받아 삼킨 수많은 독자들이 그 뒤를 따르고 있었다."

그는 하루만이라도 하리 할러라는 자기 자신의 정체성에서 벗어나고 싶었다. 하루만이라도 이 지겨운 '나'의 갑옷을 벗고, 내가 아닌 존재로 살 수 있기를 바랐다. 그 소원은 마술극장의 환각을 통해 이루어졌다. 가면무도회로 자기의 외적 이미지를 벗어던지고, 열광적인 축제 분위기에 도취되어 '나'라는 울타리로부터 해방되었다. 그런데 '나'를 벗어던지고 나니 갈 곳이 없다. 나인 채로 살기도 어렵고 내가 아닌 채로 살기도 어렵구나. 하리는 연극이 끝나고 난 후의 상실감과 허무감을 느끼면서, 하룻밤의 가장무도회를 다녀온 후 마치 백 년이 훌쩍 흘러가버린 듯한 느낌을 받는다.

헤세는 하리 할러의 방황을 통해 실은 이것을 말하고 싶었던 것이 아닐까. 이 세계는 옳지 않아. 전쟁에 참여하는 것을 애국심이라고 포장하는 것은 옳지 않다고. 하지만 왜 모두가 전쟁이 올바른 선택이라고 생각하는 것처럼 보일까. 전쟁에 반대하는 나 자신이 오히려 비정상처럼 보이는 이 세계의 진실은 무엇인가.

온 세상이 전쟁의 광기에 휩싸여 미쳐 돌아가는데, 오직 한 사람만 제정신을 차리고 있다면, 누가 더 미친 사람처럼 보일까. 모두가 전쟁에 동조하는 것처럼 보이는데, 한 사람만 전쟁에 반대한다면, 오히려 그 한 사람이 미친 사람처럼 보이지 않을까. 하리 할러가 느낀 외로움이 바로 그런 것이었다. 모두가 전쟁의 광기에 휩쓸려가는데, 자신만 '전쟁 이전의 평화로운 세계'를 그리워하는 것 같은 퇴행의 감정. 차라리 약에 취해서라도 이 고통스러운 시대와의 불화를 망각하고 싶은 마음. 마술극장은 너무 무겁고 진지한 자기 자신과의 순간적인 이별을 유도하는 영혼의 마취제였다.

하리 할러는 자기 시대와 화해할 수 없었다. 미국에서 수입된 떠들썩한 대중음악이나 순간적인 쾌락에 길들게 만드는 각종 상품이 판을 치는 당시 독일 사회의 속물적 경향을 견딜 수 없었다.

내 안의 또 다른 나를 만나다

『황야의 이리』는 미국과 유럽을 뒤흔든 68혁명 세대와 히피들에게 엄청난 사랑을 받았다. '히피들의 성경'이라 불릴 정도였다. 히피 운동의 지도자이자 하버드 대학 강사였던 티모시 리어리Timothy Leary 는 이렇게 전한다. 환각 모임을 갖기 전에 헤세의 『싯다르타』와 『황야의 이리』를 읽어야 했다고.

『황야의 이리』의 마지막 부분은 히피들에게 내면의 깨달음과 환각의 신비를 이해하는 훌륭한 교과서로 읽혔다고 한다. 당시 '황야의 이리'라는 록그룹이 생겼을 정도니, 이 작품의 인기가 어느 정도였는지 실감할 수 있다.

『황야의 이리』에서 '미친 사람만 입장할 수 있다'는 마술극장의 안내자 파블로는 바로 가상의 세계, 환각의 세계로 가는 안내자이기도 하다. "당신은 이 시대, 이 세계, 이 현실을 떠나, 당신 마음과 보다 더 잘 맞는 다른 현실로 가기를 동경했습니다. 그건 시간이 없는 세계지요. 당신이 동경한 것을 오늘 한번 해보세요."

마술극장이 약속하는 환각의 세계로 들어가기 위해 지불해야 할 입장료는 바로 '이성'이다. 분석하고 판단하고 저울질하는 이성을 바깥세상에 둔 채, '나는 누구다'라는 정체성조차도 바깥세상에 둔 채, 하리 할러는 기꺼이 마술극장으로 입장한다.

　마술극장은 진기명기에 가까운 사물의 마술이 아니라 자기 안에 있는 무의식의 비밀이 담긴 심리적 마술을 보여준다. 파블로는 약의 도움을 받은 환각의 효과가 어떤 것인지를 정확하게 묘사한다.

> 　당신이 동경하는 저 다른 현실은 오직 당신 자신의 내면에만 있습니다. 나는 당신 속에 이미 존재하지 않는 것은 아무것도 당신에게 줄 수 없습니다. 내가 당신에게 열어드릴 수 있는 건 오로지 당신 자신의 영혼의 화랑뿐입니다. 내가 당신에게 드릴 수 있는 건 기회와 자극의 열쇠일 뿐, 그밖엔 아무것도 없습니다.
>
> 　―『황야의 이리』

　이성을 입장료로 지불하고 맛볼 수 있는 환각은 '내 안의 또 다른 나'였던 것이다. 융이라면 이것을 무의식의 가능성이라고 부르지 않았을까.

　이성을 버리자고 마음먹기보다 더 어려운 일은 나의 '개성'을 버리는 것이다. 나다운 것, 나를 나답게 만들어준다고 믿어왔던 모든 특징을 버리는 것이다. 파블로는 아직 이성의 문턱에서 흔들리는 하리에게 이렇게 말한다. "당신의 개성은 당신이 들어앉아 있는 감옥입니다." 당신이 당신 자신인 채로 이 마술극장에 들어온다면 모든 것은 그저 의미 없는 환각에 지나지 않을 것이다.

그 개성의 외투를 벗어던지도록 유도하기 위해, 마술극장에서는 일종의 '가상의 자살' 의례가 진행된다. 손거울을 통해 자신의 모습을 뚫어지게 보게 한 후, 그 모습을 보며 껄껄 웃게 만드는 것이다. 이게 다다. '가상의 자살'을 유도하기 위해 무리한 폭력을 쓰지는 않는다.

파블로의 안내에 따라 거울 속 자신의 모습을 보며 껄껄 웃고 나니, 드디어 하리 할러에게도 마술극장의 환상이 시작되었다. 그 안에서 황야의 이리가 경련을 일으켰다. 아마 이때쯤 하리 할러에게는 '마술극장의 약물'이 투입되었을 것이다. "그건 기억처럼, 향수처럼, 회한처럼 잔잔하면서도 고통스러웠다." 살짝 가벼운 마비 상태가 지나고 나자 지금까지 경험해보지 못한 새로운 느낌이 물결치기 시작한다.

하리 할러는 가벼운 도취와 환각의 느낌을 이렇게 고백한다. "그건 턱을 코카인으로 마취시켜놓고 앓던 이를 뽑을 때의 느낌, 마음이 가벼워져 깊은 안도의 한숨을 내쉴 때의 느낌, 신기하게도 전혀 아프지 않았다는 놀라움의 느낌 같은 것"이었다고. 그는 이제 이성을 집어던지고, '내가 하리 할러다'라는 자각마저 집어던지고, 진정한 마술극장의 시민이 된다.

이제부터 펼쳐질 마술극장의 유람에서는 어떤 문을 통과할 때마다 거대한 환각이 펼쳐진다. 어떤 문 앞에는 "모든 소녀는 너의 것! 1마르크를 넣으시오"라는 팻말이 쓰여 있고, "즐거운 사냥을 위하여! 자동차 사냥"이라는 간판이 달린 문도 있었다.

하리 할러는 '자동차 사냥'이라는 문구에 매혹되어 그곳으로 들어간다. 그 문 안쪽에서는 미친 듯이 자동차를 몰아 도로를 질주하는 사람들, 그 자동차를 쫓아 총을 쏘면서 차에 탄 사람들을 말 그대로 '사냥'하는 끔찍한 풍경이 펼쳐졌다. 환각을 증폭시키는 약물의 특성을 감안하더라도, 이 장면은 충격적이다. 자동차에 탄 사람들을 무작위로 쏘아 죽이는 환상이라니! 죄 없는 사람들을 쏘아 죽이는 주인공은 놀랍게도 학창 시절 하리 할러의 친구였던 구스타프였다. 구스타프는 사람들을 마구잡이로 쏘아 죽이며 소름 끼치게 웃었다.

마술극장의 원리에 따라 생각해보면, 여기서 보는 환각도 하리 할러 자신의 무의식에서 솟아 나온 것이다. 마술극장에서는 '자기 밖의 환각'이 아닌 '자기 내부의 환각'만을 진정으로 경험할 수 있기 때문이다. 즉 의식적으로 전쟁을 반대하는 하리 할러의 무의식 속에서도 이렇게 무서운 폭력의 욕망이 꿈틀거리고 있었다.

작가는 구스타프라는 인물을 통해 전쟁통에 살인을 저지를 수밖에 없는 병사들의 고통스러운 내면을 보여주는 것이 아닐까. 그리고 전쟁에 반대하는 하리 할러의 마음 깊은 곳에서도 이런 무서운 폭력의 성향이 잠재되어 있음을 폭로함으로써, 인간 중 누구도 이 '폭력의 사슬'에서 쉽게 벗어날 수 없다는 점을 이야기하는 것인지도 모른다.

융은 '자기 안의 악한 본성'을 인정하는 것이 치유의 시작이 될 수 있다고 말했다. '악한 본성은 전쟁광들에게만 있고, 평화를 사랑하는 나는 그런 폭력과 무관하다'고 생각하는 태도는 치료에 도움이 되지 않는다. 심리 치료는 한 사람 한 사람만을 구제하는 것이 아니라 집단적 병리 현상에 시달리는 인류 전체의 구원을 목적으로 해야 하지 않을까.

악을 치유하기 위해서는 악의 본성 깊숙이 스스로 들어가 그 악을 경험해볼 필요가 있다. 악행을 진짜로 저지르지 않고 '악의 본성'을 체험해보는 길은 문학, 영화, 가상현실 등을 통해 '환상의 세계' 속에서 악의 본성을 실험해보는 것이다. 하리 할러는 그 무시무시한 자동차 사냥을 통해 바로 그런 '악의 이해'에 도달한 것이 아닐까. 악의 본질을 속속들이 이해한 사람만이 악의 치유에도 도달할 수 있으므로.

이 모든 것을 '유머'로 만들 수만 있다면

그토록 옥신각신 아귀다툼하던 것들이, 알고 보면 별것 아니었음을 깨달을 때가 있다. 실은 우리 삶의 많은 다툼이 그렇다. 자식의 꿈을 가로막는 부모와의 싸움, 별것도 아닌 일로 걸핏하면 충돌하는 부부들, 층간소음이나 주차공간 문제로 다투는 이웃들, 부모의 유산을 두고 티격태격하다가 의절하는 형제자매들까지. 이 모든 다툼이 실은 '아주 작은 것들'을 향한 우스꽝스러운 탐욕에서 비롯된다.

그런데 바로 그런 작은 것들을 위한 다툼이 인생에서 가장 커다란 부분을 차지한다는 점이 문제다. 각종 분쟁의 원인을 진지하게만 보면, 문제는 해결되지 않는다. 진지하고, 심각하고, 치명적인 것으로만 인지하는 한, 문제는 영원히 문제로만 남는다. 목숨 걸고 줄다리기를 하다가 어느 한쪽이 툭, 혈관이 튀어 오를 것만 같은 그 팽팽한 긴장의 손을 놔버려야 한다. 놓고 나면 아무것도 아닌 것을. 피식, 웃음마저 나오는 것을.

욕망을 향해 또 다른 욕망으로 맞서는 것이 비극을 초래한다면, 타인의 욕망을 향해 미소로 화답할 수 있다면 그것은 희극이 될 수 있다. 저쪽에서 팽팽하게 줄을 잡아당기는데, 내가 갑자기 그 줄을 탁 놓아버린다면 줄은 갈 길을 잃어 이리저리 힘없이 요동칠 테니 말이다. 그래서 하나의 이야기 안에서도 비극적인 요소와 희극적인 요소가 공존할 수 있다.

『춘향전』에서 변 사또가 춘향을 향해 수청을 요구했을 때 춘향은 완강하게 맞서 비극을 예고했다. 변 사또의 '수청'이라는 욕망에 춘향은 '수절'이라는 욕망으로 맞선 것이다.

그런데 춘향의 '수절'을 향해 이몽룡이 응대하는 방식은 어떤가. 감옥에서 애절하게 남편의 귀환을 기다리는 아내를 향해 이몽룡이 보여주는 모습은 우스꽝스러운 거지 신세다. 관객과 이몽룡 사이에 '너와 우리만 네가 암행어사임을 안다'는 합의가 전제되어 있기에, 이 상황은 희극적일 수가 있는 것이다.

춘향은 '목숨 건 수절'이라는 욕망으로 이야기의 밧줄을 팽팽하게 잡아당기는데, 몽룡은 거지꼴을 하고 나와 온갖 궁상을 다 떪으로써 춘향을 울리고 관객을 웃긴다. 비극 속의 희극이란 이런 이야기의 묘미를 자아낸다. 삶의 팽팽한 긴장을 어느 순간 탁, 풀어주는 것이다.

『황야의 이리』에도 이런 희극적 이완의 순간이 존재한다. 하리 할러는 점점 세속적이고 속물적으로 변해가는 세상에 적응하지 못해 그야말로 심각하게 방황하는 중이었다. 그는 금방이라도 자살할 것만 같은 얼굴로 도시를 유령처럼 배회한다. 헤르미네는 그런 그의 손을 잡아준다. '이제 난 곧 죽어버릴 겁니다'라고 선언하는 듯한 하리 할러의 심각한 얼굴에 헤르미네는 웃음꽃을 피운다.

그것은 '당신이 심각하게 고민하는 바로 그 문제가 당신을 죽이지는 않을 것'이라고 일깨워주었으며, 인생을 좀 더 사랑하고, 자신을 좀 더 긍정하며, 다가올 나날에 대한 불안을 잠재워주는 따스한 위로의 손길이었다. 헤르미네는 그를 마술극장으로 인도하고, '미친 사람만 입장할 수 있다'는 황당무계한 주문으로 하리 할러의 해묵은 깊은 우울증을 치유한다.

미친 사람만 입장할 수 있다니, 그 해괴망측한 입장 자격에 하리 할러의 얼굴은 자신도 모르게 미소 지었을 것이다. 나도 어지간히 미친 사람이니, 한번 입장해봐야겠다고 결정하는 순간, 우리는 마술극장의 시민이 될 수 있다. '게임의 규칙'을 너무 심각하지 않게, 진지하지 않게 수락하는 순간, 우리는 마술극장이 선사하는 모든 유머의 환락에 참여할 수 있게 된다.

하리 할러는 항상 자신의 '인간적인 면'과 '야수적인 면'이 충돌한다고만 생각했다. 정신적이고 사색적이며 지식과 예술을 사랑하는 자신의 모습이 '인간성'이라면, 야생적이고 충동적이며 야만적인 모든 측면, 사회의 규칙에 포섭되지 않는 모든 일탈적인 면은 '야수성'이라고 생각했다. 그 둘은 화해할 수 없고 양립할 수도 없다고 생각했다.

하지만 마술극장에 들어가서 선과 악의 구별도, 나와 타자의 구별도, 죽음과 삶의 구별조차도 희미해지는 환각의 세계를 경험해보니 그 모든 '경계'가 우스워진다. 하리 할러는 이제 인간도 야수도 아니었다. 인간적인 면과 야수적인 면이 모두 다 그의 것이기도 했고, 그 어느 쪽으로도 그를 규정할 수 없기도 했다. 그는 환각 속에서 자동차들을 쏘았고, 사람들을 향해 총구를 들이댔고, 인간의 야만성이 어디까지 다다를 수 있는지를 경험했다. 그것은 끔찍한 고통이기도 했지만, '그토록 비난하던 야만적인 본성이 내 안의 어딘가에 있었다는 사실'을 깨닫는 순간이기도 했다.

그는 남자도 아니고 여자도 아닌 양성적인 존재로 변신한 헤르미네에게 강렬한 매혹을 느끼기도 한다. 그저 '아름다운 여자'라고만 생각했던 헤르미네가 남장을 하니 그 교묘한 양성성이 하리를 더욱 매혹한 것이다.

남자도 아니고 여자도 아닌 상태의 헤르미네에게 그가 강하게 이끌리듯이, 이제 그는 인간도 야수도 아닌 상태, 나도 너도 아닌 상태, 삶도 죽음도 아닌 상태가 가능하다는 것을 깨닫는다. 그것은 삶의 모든 비극에 때로는 미소로 화답할 수 있는 여유를 되찾는 시간이었다. 하리 할러는 이제 자신을 옭아맨 모든 비극적 긴장의 밧줄을 한 번쯤 놓아줄 수 있게 된다.

하리 할러는 이 마술극장의 극단적인 쾌락과 환각을 통해 드디어 깨닫는다. 자신에게는 아직 아이처럼 웃을 힘이 남아 있음을. 괴테의 영원한 질서와 견고한 위엄보다는 모차르트의 경쾌한 유머와 일탈의 몸짓을 사랑하는 자신을 발견한다.

평생에 걸쳐 자신을 중요하고 위대한 사람으로 만든 괴테보다는 그저 음악을 통해 많은 사람을 행복하게 해주는 데서 기쁨을 찾은 모차르트야말로 하리 할러의 진정한 이상형이었다. 가난하고 불행하게 요절했을지라도, 모차르트는 우리에게 영원히 천진난만한 미소를 지으며 곡을 쓰고 또 쓰는 아이 같은 창조자로 남아 있다. 모차르트의 음악에 스민 비눗방울처럼 가볍고 경쾌한 유머를 이해할 때, 그 유머 앞에서 진정으로 웃을 수 있을 때, 우리는 진정 '인생의 희극성을 이해하는 사람'이 될 수 있지 않을까.

한평생 '인간성'과 '야수성' 사이에서 끊임없이 방황했던 지식인 하리 할러는 우리에게 조용히 속삭이는 것만 같다. 당신이 아직 웃을 수 있다면, 아직 우리에겐 희망이 있다고. 삶의 모든 어처구니없는 불행들을 때로는 유머로 승화시킬 수 있다면, 우리에겐 아직 희망이 남아 있는 거라고.

구도자

마침내 깨달음을 향하여 한 걸음

깨달음의 길을 떠나다

　헤세의 작품 중 가장 색다른 것을 꼽으라면 나는 『싯다르타』를 고를 것 같다. 헤세의 많은 작품이 자전적이거나 자신을 직간접적인 모델로 삼은 데 비해, 일단 『싯다르타』는 그런 느낌이 전혀 나지 않는다. 인도를 배경으로 한 공간적 특성 또한 이색적이다. 주로 독일의 마을이나 도시에서 영감을 받았던 다른 많은 작품과 달리, 『싯다르타』는 헤세 자신의 인도 여행에서 영감을 받았다.

　가장 색다른 점은 이 작품에 두 명의 싯다르타가 존재한다는 점이다. 한 사람은 우리가 잘 아는 부처, 고타마 싯다르타이고, 다른 한 사람은 이 작품의 진짜 주인공 싯다르타다.

　헤세는 영적 깨달음의 과정을 그리면서 부처의 실제 전기를 따르기보다는 자신의 인물이 어떤 선례도 없는 상태에서 자유롭게 움직이기를 바랐던 것 같다. 헤세는 역사 속에 등장하는 실제 부처와는 다른 노선에서 구도의 길을 걸어가는 인물을 그리고 싶었을 것이다.

헤세의 싯다르타는 고타마 싯다르타와 달리 결혼하지 않았다. 『싯다르타』에서 주인공은 온 마을의 기대를 한 몸에 받는 전도유망한 젊은이고, 부처는 '라후라(방해자)'라 불렀던 아들도 아직 없는 상태였다. 또한 고타마 싯다르타가 혈혈단신 홀로 길을 떠나는 것과 달리 헤세의 싯다르타는 절친한 벗 고빈다와 함께 고행의 길을 떠난다.

전 세계에서 다양한 언어로 번역된 『싯다르타』의 표지들을 찾아보니 가장 많은 표지 이미지 중 하나가 결가부좌를 틀고 명상을 하는 부처의 모습이었다. 하지만 작품의 진실한 의미에 가깝게 표지를 만든다면 떠도는 고행자의 쓸쓸한 뒷모습이 훨씬 어울릴 것 같다. 결가부좌를 틀고 앉아 참선에 든 부처의 안정된 모습보다는 '어디로 가야 할지' 알지 못하고 방황하는 영혼이야말로 헤세가 그리고 싶어 했던 소설 속 주인공이기 때문이다.

헤세의 싯다르타는 부모님은 물론 주변 사람들의 모든 기대를 저버리고 출가한다. 싯다르타의 아버지는 아들이 떠나는 것에 엄청난 충격을 받고 강경하게 반대하지만, 아버지 몰래 떠나려는 것이 아니라 반드시 허락을 받고 떠나려는 아들의 굳은 결심을 이해하고 마침내 그를 놓아준다.

싯다르타는 수많은 사람 속에서 몇 년 동안 수행하며 명상하는 법, 단식하는 법, 그리고 속세의 소식에 일희일비하지 않는 법을 배운다. 하지만 싯다르타는 만족할 수가 없다. 그는 다른 수행자들에 비해 월등한 깨달음의 경지에 올랐지만, 스스로 만족할 수도 없고 더 이상 배울 수 있는 것도 없다고 느낀다.

마침 고타마 싯다르타가 제자들을 이끌고 주변을 지나간다는 소식을 들은 싯다르타와 고빈다는 그를 만나기 위해 또다시 길을 떠난다. 고빈다는 부처의 가르침에 귀의할 요량이었지만, 싯다르타는 부처에게 고빈다를 맡긴 채 이제 진정으로 '혼자 떠나는 길'에 오를 참이었다. 어렸을 때부터 싯다르타를 그림자처럼 따르던 친구 고빈다를 두고 떠나는 길 위에서 싯다르타는 부처를 우연히 눈앞에서 조우한다.

두 명의 싯다르타가 열정적으로 대화하는 장면은 이 작품의 첫 번째 클라이맥스다. 고타마 싯다르타는 헤세의 싯다르타에게 길게 대답하지 않기에 이 장면은 거의 헤세의 싯다르타가 고타마 싯다르타에게 연설하는 것처럼 보이기도 한다. 싯다르타는 부처에게 질문한다. 왜 가장 중요한 것, 즉 해탈의 순간은 '가르칠 수 없는 것'이냐고. 가장 중요한 것을 가르칠 수 없다면, 당신 곁에서 배우기보다 홀로 깨닫기 위해 떠나는 것이 맞지 않겠느냐고. 세존은 미소 지으며 싯다르타에게 말한다. "오, 사문이여, 그대는 똑똑하군요." "그대는 재치 있게 말을 할 줄 아는군요. 그러나 너무 지나치게 똑똑하지 않도록 경계하시오." 부처 또한 싯다르타를 '가르칠 수 없다'는 것을, 가르침의 형태로 설득할 수 없는 사람임을 간파하고 있었던 것이다.

가르칠 수 없는 종류의 지식이 있다. 누군가가 일일이 타이르고 조언하고 손을 붙잡아줌으로써 가르칠 수 있는 지식에는 한계가 있다. 마지막 한 걸음은 혼자서 가야 하는데, 그 마지막 한 발자국을 떼는 일이 참으로 어렵다. 헤세의 싯다르타는 부처의 곁을 둘러싼 수많은 제자 중 한 사람이 된다면 바로 그 '마지막 한 걸음'을 홀로 뗄 수 없다고 생각한다.

어떻게 보면 지식은 쉽게 '공유'할 수 있는 것이 아니다. 객관적인 '정보'는 쉽게 공유할 수 있지만, 한 사람의 인생을 걸어야만 간신히 쟁취할까 말까 한 '지식'은 쉽게 공유할 수 없다. 진정으로 지식의 의미를 소중히 다루지 않는 사람에게, 지식의 쓰임을 알지 못하는 사람에게, 지식만을 전수해주는 것은 오히려 치명적인 무기를 어린아이에게 쥐여주는 것과 같은 위험한 일이 될 수도 있다.

> 그 사람 앞에 서면 시선을 떨구지 않을 수 없는 유일한 인간을 보았어. 앞으로는 다른 어느 누구 앞에서도 나의 시선을 떨구지 않아야지, 다른 어느 누구 앞에서도 말이야. 그의 가르침도 나를 유혹하지 못하였으므로, 어떤 가르침도 나를 유혹하지는 못할 거야.
>
> ─『싯다르타』

헤세의 싯다르타는 자기 자신에게 이렇게 속삭인다. 먼저 깨달아 앞으로 나아간 사람들이 '가르침'의 형태로 전달할 수 없는 길. 헤세의 싯다르타는 바로 그 외롭고 험난한 길을 향해 한 걸음 내딛는다.

헤세가 마지막 40여 년의 시간을 보냈던 몬타뇰라의 골목길.
아무리 오래 걸어도 지칠 것 같지 않은 아늑하고도 편안한 골목길이 오랫동안 기억에 남는다.

너무도 남성 중심적인, 헤세식 사랑법

어린 시절에는 잘 보이지 않다가 어른이 된 이후에야 조금씩 보이는 것들이 있다. 바로 여성인 나 또한 '남성 작가들이 표현한 여성들'의 전형적인 묘사에 길들어 있었다는 점이다.

오랜 시간 여성은 아주 호의적인 경우라도 '이해할 수 없는 신비'로 그려지거나, 남성의 모든 요구를 — 그것이 부당한 경우조차 — 두말없이 수용하는 수동적인 존재로 그려졌다. 스스로 남성임에도 여성을 '공정한 시선으로' 묘사하는 작가라든지, 고정된 여성 이미지에 저항하여 깊이 있는 여성상을 그리는 모습을 근대 이전의 작품에서는 찾아보기 매우 어렵다.

더욱 가슴 아픈 것은 내가 좋아하는 작가 헤세조차 그런 경우가 비일비재했다는 점이다. 헤세의 여성들은 철새처럼 빠르게 이동하는 남성의 마음에 따라 너무도 쉽게 버려진다. 게다가 버려지는 순간 지극히 아름다운 '추억'으로 채색된다. 여성의 가슴에 든 피멍은 헤세의 주인공들에게서는 좀처럼 보이지 않는다.

『나르치스와 골드문트』에서 주인공 골드문트는 끊임없는 여성 편력을 보여준다. 그는 고정된 일자리도 없고 무언가를 소유해본 적도 없으며 정착민의 안정된 생활을 바라지 않는다는 점에서 헤세가 자주 묘사하는 '방랑하는 예술가'의 전형이다. 하지만 그런 골드문트도 여성들의 마음을 훔쳐서 소유하는 데는 불세출의 귀재였다. 골드문트는 가는 곳마다 여성들의 마음을 홀리고, 하룻밤 또는 몇 달의 연애와 쾌락을 훔친 후 흔적도 없이 다른 지방으로 떠나버린다.

혜세 작품의 여성들은 너무 쉽게 사랑을 포기하고, 돌아오지 않는 남성을 기다리지도 않으며, 하룻밤의 인연을 아름다운 추억으로 채색하는 데 익숙하다. 그것은 당대 여성들이 정말로 '쿨하게' 사랑의 아픔을 잊어버려서가 아니라, 혜세가 여성들의 마음에 남긴 상처의 결을 미처 헤아리지 못했기 때문은 아닐까.

혜세의 작품 중 '여주인공'이라 할 만한 캐릭터가 거의 없다는 점역시 전형적인 남성 중심적 시선 때문은 아닐까. 혜세의 작중인물중에서 가장 중요한 비중을 차지하는 여성은 『데미안』의 에바 부인이나 『게르트루트』의 게르트루트 정도인데, 에바 부인은 '신비로운이상형'으로, 게르트루트는 '속을 알 수 없는 비밀의 여인'으로 그려진다.

『황야의 이리』에서 주인공에게 중요한 깨달음을 주는 헤르미네나 마리아는 매혹적인 팜므파탈로 그려지지만 결국 '주인공'이라 할만한 비중을 얻지는 못한다. 그녀들의 이미지는 철저히 남성 주인공하리 할러를 깨달음의 세계로 인도하기 위한 메신저에 그친다.

『크눌프』에서 주인공의 아이를 낳은 헨리에테는 아이의 아버지인 크눌프의 보살핌을 받지 못한 채 쓸쓸히 죽어가고, 『나르치스와골드문트』에서 주인공 골드문트와 가장 오래 함께했던 리자베타는흑사병에 걸려 죽는다. 여인들은 왜 이토록 쉽게 죽거나 사라지거나잊히는가. 헤세의 수많은 여성 인물들은 너무도 허무하게, '자신의목소리'를 한 번도 제대로 내지 못한 채 무대 저편으로 멀어져간다.

『싯다르타』의 카말라는 헤세의 여성 인물 중 그래도 꽤 적극적인편에 속한다. 싯다르타는 당대 최고의 기생으로 알려진 카말라의 모습에 반해 먼저 다가가 구애를 펼친다. 그런데 이 접근을 순수한 사랑으로 보기에는 어려운 점이 있다. 고빈다와 헤어져 생애 최초로 '완전한 혼자'가 된 싯다르타는 불현듯 속세의 삶이 그리워진다. 무엇보다도 사람의 온기가 그립다. 그리고 세속의 삶에서 무언가를 배워야 한다는 깨달음에 사로잡힌다.

그런 그가 저잣거리에서 가장 먼저 발견한 아름다운 여인이 바로 카말라였다. 거의 걸인이나 다름없는 형상을 한 싯다르타는 카말라의 집으로 찾아가 그녀에게 '사랑이 무엇인지 가르쳐달라'고 부탁한다. 완전한 구애가 아니라 카말라를 '사랑의 스승'으로 삼고 싶어 했다. 싯다르타는 카말라라는 여인 자체를 알고 싶었다기보다는 인간이 그토록 집착하는 '사랑'이 무엇인지를 탐구하고 싶었던 것이다.

하지만 카말라는 결코 녹록지 않다. 수많은 남성의 마음을 쥐락펴락한 경험이 있는 이 불세출의 여인은 그저 아름답기만 한 것이 아니라 사람의 마음을 꿰뚫어 보는 지혜를 갖춘 사람이다. 그런데 이런 카말라도 싯다르타 같은 남성은 처음이다. 유명한 남자, 돈 많은 남자, 잘생긴 남자, 유혹의 귀재임을 자처하는 남자, 그렇게 다채로운 남성들을 경험해보았지만, 이렇게 말하는 남자는 처음 본 것이다. "저는 사색할 줄을 압니다. 저는 기다릴 줄을 압니다. 저는 단식할 줄을 압니다."

장안의 모든 남자에게 선망의 대상이었던 카말라는 이토록 괴상하고도 신비로운 남자에게 탐구욕을 느낀다. 그녀는 부와 명예, 선망과 동경, 아름다움과 매력, 그 모든 것을 다 가져보았지만 진심으로 사랑하는 남자는 가져보지 못했다. 하지만 이렇게 강력한 캐릭

터인 카말라조차 『싯다르타』에서 차지하는 비중은 그리 크지 않다. 헤세의 싯다르타에게 카말라는 골드문트나 크눌프의 여인들처럼 '스쳐 가는 인연'이었다.

하지만 카말라는 싯다르타에게 자신의 모든 것을 내던진다. 이미 '사랑의 기술'을 모두 터득한 싯다르타가 그녀를 떠나버린 뒤에, 싯다르타도 모르게 그의 아들을 낳는다. 당대 최고의 기생에게 아이를 낳는다는 것은 어떤 의미였을까. 그것은 그녀의 인생 전체를 완전히 뒤바꿀 수밖에 없는 일생일대의 도전이자 고통의 시작이었을 것이다.

남성이 여성을 사랑하기 위해서는 그의 인생의 극히 '일부'만이 필요하지만, 여성이 남성을 사랑하기 위해서는 그녀 인생의 전부를 걸어야 한다는 딜레마. 그 안타까운 불균형이 내가 사랑하는 헤세의 소설에서도 어김없이 반복된다는 점이 가슴 아프다.

더욱 가슴 아픈 점은, 헤세의 시대보다 훨씬 여성의 사회 참여 기회가 확대된 오늘날에도 이 안타까운 불균형이 사라지지 않고 있다는 것이다. 헤세가 그린 사랑 이야기는 아름답지만, 헤세가 그린 여성들은 결코 아름답기만 하지 않다. 그녀들은 상처 입은 심장을, 돌이킬 수 없이 망가진 영혼을 홀로 끌어안은 채 죽거나 사라지거나, 아니면 흔적도 없이 망각되어야 했다.

헤세와 아내 니논 돌빈이 묻혀 있는 묘지 근처의 아본디오 교회.

욕망을 통제하는 기술을 넘어

　욕망의 끝까지 걸어가보면 욕망을 다스릴 수 있을까. 명예, 성공, 재물에 대한 욕망을 끝없이 채우고 또 채우면 멈출 수 없는 욕망의 회로에서 벗어날 수 있을까. 슬픔의 극한까지 걸어가보면 슬픔을 치유할 수 있을까. 사랑의 끝까지 걸어가보면 사랑을 알 수 있을까. 어떤 감정의 '극한'을 떠올려보면, 그것은 도저히 인간이 경험할 수 있는 감정이 아니라는 생각에 다다른다.

　사람들은 때로 '완전한 사랑'을 꿈꾸지만, 사랑이야말로 '완전'이라는 단어와 가장 어울리지 않는 감정이 아닐까. 사랑은 불완전한 존재들 사이의 간절한 소통의 의지다. 상대방이 그토록 불완전하지 않았더라면 우리는 그 사람을 처음부터 사랑할 수 없었을 것이다. 욕망의 극한이라는 것은 현실 속에서는 존재하지 않는다.

　헤세의 싯다르타는 욕망의 극한까지 걸어가봄으로써 욕망을 이해하려 했다. 그는 인간의 한계를 초월하는 깨달음의 경지를 꿈꿨으므로, 그러한 소망 또한 매우 싯다르타다운 것이었다. 그는 욕망을 통제하는 기술을 넘어 욕망을 욕망 자체로 즐기는 법을 배우려 한다. 싯다르타는 욕망을 억누르는 기술은 알지만 욕망을 즐기는 법은 몰랐기에 자신이 인간에 대한 완전한 앎에 이르지 못했다고 믿은 것 같다.

　세상 모든 남자의 유형을 다 알고 정복했다고 믿었던 카말라는, 사색할 줄 알고, 기다릴 줄 알고, 단식할 줄 안다고 말하는 싯다르타에게 첫눈에 반한다. 도대체 단식하는 것, 사색하는 것, 기다리는 것이 무엇에 쓸모가 있냐고 묻는 사람에게 싯다르타는 이렇게 대답한다.

> 단식은 먹을 것이 떨어졌을 때 인간이 할 수 있는 가장 현명한 방법이지요. 예컨대 싯다르타가 단식하는 법을 배우지 않았다면 당신한테서, 아니면 다른 데서라도 오늘 당장 아무 일자리건 얻지 않으면 안 되었을 겁니다. 배가 고파 그렇게 하지 않을 수 없게 될 테니까요. 그렇지만 싯다르타는 이렇게 태연하게 기다릴 수 있으며, 초조해하지도 않고, 곤궁해하지도 않으며, 설령 굶주림에 오래 시달릴지라도 웃어넘길 수 있습니다. 나으리, 단식이란 그런 데 좋은 것입니다.
>
> —『싯다르타』

그는 욕망을 절제하는 기술을 터득했기 때문에 인간사의 온갖 욕망에서 자유로울 수 있었지만, 매 순간 욕망에 휘둘리고 좌충우돌하며 살아가는 속세의 인간들을 이해할 수가 없었다. 인간의 한계를 뛰어넘기 위해 인간을 이해할 필요가 있었던 싯다르타는 카말라를 통해 속세의 심장부로 들어간다. 그는 드디어 배운다. 돈을 버는 법, 타인에게 권력을 휘두르는 법, 장사하는 법, 여인들과 쾌락을 즐기는 법, 술 마시는 법, 도박으로 돈을 흥청망청 쓰고 벌어들이는 법 등등. 인간을 '욕망의 감옥'에 빠뜨리는 온갖 쾌락의 기술에 통달한 싯다르타는 탁월한 감각과 뛰어난 지적 능력으로 속세의 세계에 빠르게 적응해간다.

하지만 그는 여전히 마음속 깊은 곳에서는 깨달음의 길을 가는 사문이었다. 그는 똑같이 쾌락을 탐하고, 욕망에 휘둘리고, 욕심에 짓눌리면서도, 자신이 다른 인간들보다 뛰어난 존재라고 생각하며 그들을 경멸한다.

그는 욕망의 메커니즘을 이해하는 데는 성공하지만, 사람들이 그토록 자주 실수하고, 절망하고, 패배하면서도, 다시 일어서게 만드는 희망과 애정, 삶에 대한 멈출 수 없는 의지를 배우지는 못한다. 그는 타인에게 '친밀감'과 '책임감'을 느낌으로써 삶의 따뜻함을 배우는 감수성이 결여되어 있었다. 싯다르타 자신은 그것을 깨닫지 못했다. 자신이 사랑의 '행위'에는 통달했지만 사랑의 '감정'을 느끼진 못한다는 것을.

사랑의 감정을 모르기 때문에 그는 인생에 대한 겸허함도 배울 수 없었다. 그는 이 세상 사람들을 모두 자신의 눈 아래에 둠으로써, 그 오만함 때문에 자신이 인간사의 결정적 요소를 이해하지 못하고 있다는 상황 자체를 인지하지 못한다. 그는 결코 이해하지 못한다. 인간은 때로 누군가를 진심으로 사랑하기 때문에 한없이 낮아지고, 비참해지고, 쓸쓸해진다는 사실을.

싯다르타는 이 세상 어떤 사람과도 친밀한 관계를 맺지 못하지만, 유일하게 카말라만이 그의 마음을 이해해주고 공감해준다. 놀랍게도 카말라는 싯다르타의 돈 버는 능력이나 탁월한 지적 능력보다도 그가 한때 구도의 길을 걸어가는 사문이었다는 점에 관심이 있었다. 카말라는 이 험난한 세상에서 살아남기 위해 자신의 몸을 쾌락의 도구로 사용하는 데 일시적으로 동의했지만, 언젠가는 자신이번 돈을 모두 기부하고 부처의 제자로 구도의 길에 입문할 꿈을 가지고 있었다.

카말라의 연인 싯다르타가 부처를 실제로 만난 적이 있다고 이야기하자 그녀는 부처가 어떤 분이냐며 밤새도록 질문 공세를 퍼붓는다. 눈을 빛내며 싯다르타의 이야기를 듣던 카말라는 깊은 한숨을 내리쉬며 고백한다. "언젠가는, 아마도 곧, 나도 그 부처님을 따르게 될 거예요. 나는 그분에게 이 유원지를 바치고 그분의 가르침에 귀의할 거예요."

카말라의 고백은 그저 말뿐인 욕심이 아니었다. 그녀는 진심으로 싯다르타가 걸어갔던 깨달음의 길에 목말라하고 있었다. 싯다르타는 카말라와 마지막 하룻밤을 보낸 후 자신이 그동안 얼마나 세속적인 욕망에 휘둘리고 있었는지를, 인간 세상의 원리를 깨닫는다는 핑계를 대며 실제로는 다른 인간들처럼 얼마나 탐욕에 지배되고 있었는지를 깨닫는다. 늙음에 대한 두려움, 죽음에 대한 두려움, 그리고 이렇게 권태와 절망에 물들어버린 채로 인생을 마감해야 할지도 모른다는 두려움에 빠져 그는 괴로워한다.

소년 시절 그는 다른 어떤 소리보다도 자기 '내면의 소리'를 잘 들을 줄 알았다. "떠나거라! 떠나! 너는 소명을 받은 몸이니라!" 그 내면의 소리에 이끌려 사문의 길에 입문했지만, 이제 그런 내면의 목소리를 마지막으로 들은 것이 언제였는지도 기억나지 않는다. 싯다르타는 드디어 깨닫는다. 그토록 갈망하던 속세를 다시 떠나야 할 때가 왔다는 것을.

절망을 배울 필요가 있을까

나이가 들수록 부쩍 늘어가는 후회가 있다. 그때 단지 좋아하는 일이라는 이유로 그 고생을 꼭 사서 해야 했을까. 그렇게 고통스러운 감정을 또 느껴야 한다면 과연 그 일을 선택할 수 있을까. 내가 '사랑하기 때문에' 선택했던 모든 일과 인간관계는 하나같이 쓰라린 고통을 주었는데, 과연 그 고통이 필수적이었을까. 혹시 나는 지나치게 감정 시스템에 '통점痛點'이 많은 것은 아닐까. 왜 나는 '눈감아준다'는 표현을 실천할 수가 없는 걸까.

아무것도 눈감을 수가 없고, 무심코 흘려들을 수가 없다. 조금 덜 아파도 좋을 텐데. 조금 덜 예민해도 좋을 텐데. 그 모든 미세한 감정을 일일이 다 느끼지 않아도 그 일을 해낼 수 있었을 텐데. 이런 후회로 가슴을 칠 때가 많다.

하지만 비슷한 일이 또 일어나도 나는 매번 똑같은 감정 패턴을 아둔하게 반복한다. 무지하게 깨지고, 거침없이 실수하고, 어처구니없이 쓰러지곤 한다. 그러면서 아주 조금씩, 한 발짝씩 앞으로 나아간다. 나는 이 방법 외에는 살아가는 길을 터득하지 못했다. 미련하고, 비효율적이며, 남에게 권장할 만한 방법도 아니지만, 일과 관계의 '과정'이 주는 모든 미세한 통증을 다 느껴야만 나는 그 일과 관계의 주인이 될 수 있다. 그것도 아주 간신히. 나는 배움에 느리고, 서툴고, 가끔은 잔꾀까지 부리다가 배움을 망치는 일이 많다. 하지만 천만다행으로 '배우는 일'을 이 세상 무엇보다도 좋아한다.

『싯다르타』를 읽으며 나는 '너무 탁월한 자의 고뇌'에 공감하기가 무척 어려웠다. 헤세의 싯다르타는 나처럼 미련하거나 아둔하지 않다. 그는 너무 뛰어나기에 누구의 이해도 받을 수가 없다. 자신보다 뛰어난 사람을 만난 적이 없기에 지독히 외로웠으며, 자신보다 뛰어난 사람이라고 인정할 만한 유일한 사람인 부처를 만났을 때조차도 그의 단점을 콕 집어내어 지적하느라 바빴다. 당신은 깨달음을 가르치려고 하는데, 깨달음이란 본래 가르칠 수 없는 성질이라는 것이 그가 부처를 비판한 요지였다.

혹시 그는 '그 무엇도 배울 수 없는 무능력'을 앓고 있는 것은 아니었을까. 물론 가르침에는 한계가 있고, 도저히 가르칠 수 없는 종류의 지식도 있다. 하지만 그는 부처에게 '귀의'한다는 행위 자체에 깃든 '고개 숙임'을 감당할 수 없었던 것이 아닐까. 그 누구에게도 머리를 조아려본 적이 없었으므로, 그 누구에게도 가슴 깊이 존경심을 느껴본 적이 없었으므로, 그는 부처 앞에서도 꼿꼿이 '나는 당신의 가르침이 필요 없소'라는 식의 제스처를 취할 수 있었던 것이 아닐까.

싯다르타는 카말라에게 사랑의 기술을 배우지만, 그것은 '기술'에 방점이 찍혀 있을 뿐 '사랑' 자체는 아니었다. 카말라는 싯다르타를 진심으로 사랑했지만, 싯다르타는 나이 마흔이 넘도록 누구도 제대로 사랑해보지 못했다. 카말라는 거의 나체나 다름없는 상태로, 누가 봐도 걸인에 불과한 상태로 자신을 찾아와 '사랑하는 방법'을 가르쳐달라는 해괴망측한 남자를 아무 조건 없이 받아주었다.

카말라는 자신의 미모와 웃음을 팔아 생활하고 있었지만 부처에게 귀의하는 순간 모든 재산을 헌납한다. 하지만 싯다르타는 끝내 카말라의 사랑을 제대로 이해하지 못한 채, 그녀의 배 속에 두 사람의 사랑의 결실인 아이만을 남긴 채 떠나버린다.

이제 싯다르타는 처음으로 완전한 고독, 완전한 절망, 완전한 회의를 느낀다. 카말라가 없으니, 그 많던 재산도 다 버리고 왔으니, 이제 그 무엇으로도 유혹을 느낄 수 없는 싯다르타. 그는 예전의 총명함을 잃고, 한없는 권태와 우울에 빠져 마침내 차라리 죽는 것이 낫다는 결론에 다다른다. 그는 권태와 굴욕을 참고 살아가는 법을 몰랐다. '오늘보다는 그래도 내일이 조금은 낫겠지' 하고 스스로를 위로하며 살아가는 보통 사람들의 겸허함을 배우지 못했다.

그는 도저히 이전의 싯다르타라고 믿을 수 없을 정도로 망가져서, 그를 속세의 길로 인도했던 강가로 찾아와 강물 속으로 뛰어들기로 한다. 강물 위에 자신의 얼굴을 비춰본 순간 자신도 모르게 '옴'이라는 단어를 발음하는 싯다르타. '옴'은 본래 '전체'와 '완성'을 뜻하는 불교 용어였다. 그의 마음속에서 흘러나온 '옴'이라는 소리는 마치 죽음 직전에 자신의 모든 과거를 파노라마처럼 경험하듯이 그가 잃어버린 모든 시간을 되찾아준다.

강물은 '죽음의 도구'가 되기를 거부하고, 싯다르타 스스로의 인생을 비춰주는 '깨달음의 도구'가 된다. 싯다르타는 자기도 모르게 '옴'이라는 단어를 발음했지만, 그것은 오래전 잊고 지낸 줄로만 알았던 깨달음의 현자 싯다르타가 세속의 욕망에 찌들어 좌절해버린 현재의 싯다르타에게 구원의 타전을 보낸 것이었다. 강물이 그 깨달음의 메신저가 된다. 그는 강물에 뛰어들어 죽으려 했으나, 오히려 강물이 그를 살려낸 것이다.

'옴'은 그가 그토록 찾고 싶어 했던 진리의 다른 이름이었다. 그는 '완전한 나'라는 허상에 빠져 생을 낭비했으며, 누구도 사랑하지 못했기에 결국 자기 자신조차 사랑할 수 없었다. 그가 죽음을 꿈꾼 것은 자기 자신에 대한 증오 때문이었다. '옴'은 그 불완전한 자아를 깨닫고 불멸의 지혜를 향해 한 걸음 다가가는 매개체가 된다. 그는 자살이 얼마나 어리석은 행동인지 깨닫고, '모든 것을 다 가졌지만 전혀 행복하지 않은 싯다르타'가 아닌 '이름 모를 한 사람의 수행자'가 되어 다시 살아갈 것을 결심한다.

억지스러운 죽음으로는 아무것도 얻어낼 수 없음을 알게 된 싯다르타는 부활과 재생을 꿈꾸는 기나긴 잠에 빠진다. 그 기나긴 잠은 창조적인 망각과 새로운 시작의 신호탄이 된다. 그 모든 오류와 절망을 다 씻어주는 듯한 오랜 잠에서 깨어나자 놀랍게도 그림자처럼 자신을 따라다니던 어린 시절의 친구 고빈다가 그의 곁에 앉아 있다. 위험한 강가에서 홀로 쓰러지듯 잠든 싯다르타를 발견한 고빈다가 그를 차마 그냥 내버려두지 못하고 깨어날 때까지 지켜주고 있었다.

장애물에서 구원을 발견하다

힘겨운 장애물에서 눈부신 구원을 발견할 때가 있다. 예를 들면 낯선 사람에게 말을 거는 것. 여행지에서 길을 잃거나 곤란한 상황에 빠졌을 때, 나는 매번 당황했다. 영어가 잘 통하지 않는 곳에서는 더더욱 꿀 먹은 벙어리가 되곤 했다. 하지만 겁먹은 내 표정만 보고 내가 물어보기도 전에 길을 가르쳐주는 사람들이 있었다. 손짓, 발짓을 섞어 말을 해주니 스페인어든 불어든 신기하게도 쏙쏙 이해가 되었다.

한 할아버지는 시간이 많다며 내 목적지까지 본인의 승용차로 직접 데려다주기도 했다. 길을 잃고 혼자 지도를 뚫어지게 쳐다보며 머리를 긁적이고 있는데 내 어깨를 툭툭 치며 도와주겠다고 나서는 사람도 있었다. 세상은 내가 상상하고 두려워하고 지레 겁먹은 것보다 훨씬 따뜻하고 너그럽고 자비로웠다.

'낯선 사람에게 말 걸기'나 '낯선 도시에서 길을 잃는 것'을 극도로 무서워하던 내게 그 모든 난처한 상황들은 차라리 구원의 빛이 되어주었다. 그때마다 '내 안의 현자'가 튀어나와 이렇게 속삭이는 듯했다. 네가 생각하는 것처럼 세상은 험난하기만 한 것은 아니란다. 방랑자를 도와주려는 사람들도 많아. 아주 따뜻한 마음씨를 가진 사람들도 많지.

헤세의 싯다르타도 자살의 곤경에 처했을 때 바로 이런 구원의 빛을 발견한다. 그는 처음에 그 구원의 빛이 자기 자신에게서 우러나온 줄 알았다. 강물에 자신을 비춰보며 물에 빠져 죽을 결심을 하던 순간, 그는 '옴'이라는 주문을 외우며 예전의 신성神聖함을 되찾는다.

하지만 진짜 구원은 외부에서 왔다. 그는 뱃사공 바주데바에게 큰 빚을 두 번 졌는데, 첫 번째는 속세로 돌아갈 때 공짜로 배를 탄 것이었으며, 둘째는 다시 수행자의 길로 돌아올 때 또 한 번 뱃삯을

지불하지 못한 것이었다. 바주데바는 아무런 대가 없이 싯다르타를
피안의 세계에 데려다주고, 다시 데리고 와주었다.

자살의 유혹에서 벗어난 직후 싯다르타는 세 번째 빚을 진다. 의
식주에 대한 대책이 없던 싯다르타에게 바주데바가 제안을 한 것이
다. 나와 함께 살며 뱃사공 일을 배우라고. 우리 집에 한 사람 더 먹
을 식량과 한 사람 더 머물 공간 정도는 있다고. 평범한 뱃사공 바주
데바의 따스한 자비심이 아니었다면 싯다르타는 그 어떤 깨달음의
길도 제대로 완성하지 못했을 것이다.

바주데바는 숲속에 숨어 있어 아무도 알아보지 못하는 위대한 현
자였다. 그 누구도 그가 깊은 성찰을 내면화한 훌륭한 수행자임을
알지 못했지만, 싯다르타는 노 젓는 기술, 나룻배를 고치는 기술, 강
물의 물살을 가르며 강을 건너는 기술을 바주데바에게 배우는 동안
처음으로 희열을 느낀다. 살아 있는 부처 고타마 싯다르타에게서도
무언가를 배우기 싫어했던 그가 생애 최초로 배움의 기쁨을 느낀
것이다.

카말라와 함께 있었을 때는 '돈 버는 기술'을 배웠지만 의식주를
스스로 해결하는 기술은 알지 못했고 관심조차 없었다. 하지만 모
든 것을 잃고 나서 다시 걸음마를 하듯 처음부터 세상을 배우려 하
자 놀라운 깨달음의 순간이 찾아온다. 바주데바는 그런 싯다르타를
보며 흐뭇해한다.

바주데바는 자신이 매일 노를 저으며 배운 진실을 이야기해준다.
강물로부터 매일 새로운 진실의 목소리를 '듣는다'는 바주데바. 그
에게 강은 단지 '건너야 할 장애물'이 아니라 매 순간 타오르는 진실

을 발화하는 진리의 현현顯現이었다.

> 나는 수많은 사람들, 수천의 사람들을 건네다주었지요. 그들에게
> 는 나의 강이 단지 여행하는 데 장애물에 지나지 않았어요. 그들이
> 여행하는 목적은 가지가지였어요. 돈과 사업을 위해 여행하는 사
> 람도 있었고, 혼인식에 가거나 순례를 떠나려고 하는 사람도 있었
> 어요. 그들에게는 이 강이 방해가 되었지요. 뱃사공은 그들이 장애
> 물을 신속하게 건널 수 있도록 해주기 위해 있는 것이지요. 하지만
> 그들 수천 명 가운데 몇 사람에게만은, 아주 몇 안 되는 너더댓 명
> 의 사람에게만은, 이 강이 장애물 노릇을 하는 것을 그만두었던 셈
> 인데, 그 까닭은 그들이 이 강의 소리를 들었으며, 그들이 이 강물
> 소리에 귀를 기울였기 때문이에요.
>
> ─『싯다르타』

　싯다르타는 자신에게 진정으로 결핍된 것이 무엇이었는지를 깨
닫는다. 그는 명상의 기술, 기도의 기술은 물론 기다림의 기술, 돈
버는 기술, 사랑의 기술까지 통달했다고 생각했지만, 평범한 사람
들이 일상을 유지하는 데 필요한 의식주의 기술, 지리멸렬한 삶을
견디는 기술, 아무 일도 일어나지 않는 삶에서 무언가를 배우는 기
술은 알지 못했다.

　그는 바주데바에게 바구니 짜는 법, 노 만드는 법, 밥 짓는 법을
배우며 처음으로 '흥겨움'을 느낀다. 살아간다는 것은 이렇게 소소
한 데서 즐거움을 느끼는 것이구나. 그는 그토록 경멸했던 보통 사

람들의 평범한 삶의 기쁨을 이해하기 시작한다.

그는 매일 건너는 강물에서 많은 것을 배운다. 다른 무엇보다도 '듣는 법'을 배운다. 그는 강으로부터 아무런 걱정도, 소원도, 판단도, 견해도 없이 귀 기울여 듣는 것을 배운다. 그는 비로소 분열된 자기 자신의 이미지들과 화해하기에 이른다.

결국 내가 단지 또다시 어린애가 되고 또다시 새롭게 시작할 수 있기 위하여, 나는 얼마나 많은 어리석은 짓, 얼마나 많은 악덕, 얼마나 많은 오류, 얼마나 많은 구토증과 환멸과 비참함을 거치지 않으면 안 되었는가. 하지만 그것은 제대로 난 길이었어. (…) 내가 절망을 체험하지 않으면 안 되었고, 모든 생각들 중에서 가장 어리석은 생각, 그러니까 자살할 생각까지 품을 정도로 나락의 구렁텅이에 떨어지지 않으면 안 되었던 것은, 자비를 체험할 수 있기 위해서였으며, 다시 옴을 듣기 위해서였으며, 다시 올바로 잠을 자고 올바로 깨어날 수 있기 위해서였어. 내가 바보가 되지 않으면 안 되었던 것은 나의 내면에서 나의 아트만을 발견해내기 위해서였어. 내가 죄를 저지르지 않으면 안 되었던 것은 다시 새로운 삶을 살기 위해서였어.

—『싯다르타』

헤세의 무덤. 헤세는 그의 아내 니논 돌빈과 함께 이곳에 묻혀 있다.

사랑에 이르는 길, 깨달음에 이르는 길

우리가 진정으로 철드는 순간은 언제일까. 내 경험으로 비춰보면, '상대방을 내가 더 많이 사랑했을 때, 그럼에도 그 사랑이 아깝거나 억울하거나 부당하다고 느껴지지 않을 때'였던 것 같다. 어린 시절에는 친구끼리라도 내가 그 아이를 더 많이 좋아하면 힘들고 슬프고 외롭기까지 했는데, 어른이 되고 나니 누군가를 진심으로 마음에 둔다는 것 자체가 '내가 더 많이 사랑하는 것을 두려워하지 않는 것'임을 알게 되었다.

내가 그를 걱정하는 만큼 그가 나를 신경 쓰지 않을 때조차도, 나는 그 사람이 그립다. 아무런 잘못을 저지르지 않은 순간에도, 그 사람에게는 항상 미안하다. 바로 그런 감정이 사랑임을 알았을 때 우리는 비로소 철이 드는 게 아닐까.

모든 사랑에는 어쩔 수 없는 불평등이 있다. 누군가가 더 많이 사랑하게 되어 있다. 완전히 똑같이 타오르고 완전히 같은 속도로 사그라지는 사랑은 없는 것 같다. 우리는 사랑의 아픔을 겪지 않기 위해 사랑 자체를 피하곤 하지만, 사랑은 계절처럼 그렇게 어김없이 다시 찾아온다. 그리고 결코 보답받을 수 없는 사랑을 통해 사랑의 본질이 '받음'이 아니라 '주고 또 줌'에 있음을 깨닫는다. 그리하여 우리는 아무도 사랑하지 않아 고통받지 않는 편안한 삶보다는, 사랑으로 고통받고 사랑으로 상처받는 삶이 낫다는 것을 깨닫는다.

싯다르타에게 결핍된 감수성, 그것은 '더 많이 사랑하는 사람이 겪을 수밖에 없는 아픔'이었다. 사실 싯다르타는 그 누구도 진심으로 사랑해본 적이 없었다. 부모를 떠나 출가할 때도 부모의 가슴이 천 갈래, 만 갈래로 찢어지는 것을 이해하지 못했다. 부모가 자신을 사랑하는 만큼, 아니 그 10분의 1만큼도 그들을 사랑하지 않았기 때문이다. 그는 출가한 뒤로 부모를 걱정해본 적도, 연락을 드린 적도 없었다. 무정해 보이지만 그것이 싯다르타의 성정이었다.

카말라는 그런 싯다르타의 무심함마저 사랑했다. 카말라가 싯다르타의 아이를 낳은 것은 그를 진심으로 사랑했기 때문이다. 싯다르타가 곁에 없다 해도, 싯다르타를 자신의 남편이나 아이의 아버지로 둘 수 없다 해도, 카말라는 싯다르타의 아이를 기름으로써 그를 영원히 사랑하고 싶었을 것이다. 싯다르타는 그런 카말라의 진심을 꿈에도 알지 못했다. 누군가를 제대로 사랑해본 적이 한 번도 없었기 때문이다.

그러나 카말라가 죽고 그 아들을 돌보게 된 순간, 싯다르타는 처음으로 사랑에 빠졌다. 아들을 처음 본 순간, 싯다르타는 더없이 순수한 사랑에 빠졌다. 카말라의 품에서 응석받이로 자란 아들은 싯다르타를 전혀 사랑하지 않았다. 오히려 뱃사공이 된 싯다르타의 초라한 입성과 가난한 살림을 경멸했다. 지극한 절제와 무소유로 이루어진 아버지의 소박한 삶을 결코 이해하지 못했다. 싯다르타는 아들을 곁에 두고 지극정성으로 키우고 싶었지만, 아들은 아버지에 대한 애정을 전혀 느끼지 못하고 마침내 도망쳐버린다.

그때부터 싯다르타는 평정심을 완전히 잃어버린다. 뱃사공 바주데바와 함께 지극히 평화로운 나날을 보내던 싯다르타는 아들이 도망쳐버리자 엄청난 상실감과 집착에 시달린다. 그토록 깊은 상실감을, 그토록 끈질긴 집착을, 그토록 가슴 시린 애정을 느껴본 적이 없었다.

싯다르타는 정신 나간 사람처럼 아들을 찾아 헤매기 시작한다. 허위허위 걷고 또 걸어 마침내 카말라의 옛집에 도착한 싯다르타. 아들은 싯다르타를 만나주기는커녕 하인들을 통해 문전박대하고, 아버지를 철저하게 무시한다. 싯다르타는 그래도 화가 나지 않는다. 보통 아버지들처럼 '이 녀석의 버르장머리를 고쳐줘야겠다'고 마음먹지도 않는다. 그저 한 번이라도 더 아들의 얼굴을 보고 싶을 뿐이다. 아들이 원하는 것을 하나도 줄 수 없는 자신의 처지가 비참할 뿐이다. 그는 아들 때문에 처음으로 모든 자존심을 내려놓는다. 제발 아들을 만날 수 있게 해달라고 하인들에게 부탁하는 싯다르타의 모습은 애처롭다 못해 처량하기까지 하다.

싯다르타는 남 앞에서 한 번도 아쉬운 소리를 해본 적이 없었다. 단식할 줄 아는 것, 기다릴 줄 아는 것, 명상할 줄 아는 것은 누군가에게 결코 '아쉬운 소리'를 할 필요가 없는 초인적인 절제를 의미했다. 그는 처음으로 기갈난 사람처럼 강렬한 갈증을 느낀다. 그 갈증은 바로 '사랑'을 향한 것이었다. 부모도 여인도 친구도 그만큼 사랑해본 적이 없었던 싯다르타가 자신의 혈육에게 처음으로 그런 감정을 느끼게 된 것이다.

그 순간에야 싯다르타는 그동안 자신이 거친 그 숱한 깨달음의 훈련에서 결정적으로 빠져 있던 것이 무엇이었는지를 깨닫는다. 인간에 대한 사랑, 인간의 부족하고 창피하고 덜떨어진 부분에 대한 사랑, 그리고 형편없이 망가져 보일지라도 여전히 모든 사람과 함께 바삐 돌아가는 세상에 대한 사랑. 그는 이 세상 모든 존재에 대한 '사랑'이 부족했다. 그런 사랑이 없다면, 그는 결코 깨달음의 길을 완성할 수 없었다. 싯다르타는 비로소 눈물을 흘린다. 자신을 위해서가 아니라, 깨달음을 위해서가 아니라, 사랑을 잃은 자의 슬픔을 비로소 이해하기 시작해서였다.

그 후 자신의 진정한 스승이었던 바주데바와도 헤어진 싯다르타는 더 깊은 깨달음을 얻게 된다. 그것은 바로 보통 사람들의 열망, 보통 사람들의 사랑, 보통 사람들의 그 모든 소소한 감정을 비로소 이해한 후의 깨달음이었다.

마침내 고빈다와 재회한 싯다르타는 이제 더는 '깨달음'이라는 과제에 집착하는 목마른 수행자가 아니었다. 그는 한 사람을 사랑함으로써 이 세상을 진정으로 사랑하게 된 사람, 인간의 치명적인 결함을 이해함으로써 인간을 더욱 사랑하게 된 사람, 무엇보다도 '사랑'을 통해 자연스럽게 깨달음에 도달한 사람이 되어 있었다.

> 사랑이라는 것 말일세, 고빈다, 그 사랑이라는 것이 나에게는 무엇보다도 중요한 것으로 여겨져. 이 세상을 속속들이 들여다보는 일, 이 세상을 설명하는 일, 이 세상을 경멸하는 일은 아마도 위대한 사상가가 할 일이겠지. 그러나 나에게는, 이 세상을 사랑할 수 있는 것, 이 세상을 업신여기지 않는 것, 이 세상과 나를 미워하지 않는 것, 이 세상과 나와 모든 존재를 사랑과 경탄하는 마음과 외경심을 가지고 바라볼 수 있는 것, 오직 이것만이 중요할 뿐이야.
> ─『싯다르타』

부디 내게도 그런 순간이 오기를

도자기를 굽는 도공陶工들은 잘 반죽한 흙 위에 유약을 바른 후 가마에 넣어 도자기가 되어 나오기를 기다린다. 그런데 그 도자기의 모습이 어떠할지는 완전히 예측할 수 없다. 살짝 일그러질지, 흠집이 날지, 원하는 빛깔이 나올지, 완전히 알 수는 없다. 불꽃의 성질, 잿물의 상태, 흙의 반죽 상태나 입자의 굵기 등 가마 속에서 어떤 변화가 생겨 예측 불가능한 빛깔과 모양을 나타낼지 알 수 없다. 이를 요변窯變이라 한다.

도공은 이 예측 불가능성을 온몸으로 받아들여야 한다. 작가의 의도대로 100퍼센트 완전한 모습을 갖추어 나오는 도자기는 없다. 불火이라는 예측 불능의 존재에 몸을 맡겨야 하는 도자기는 바로 그 요변 때문에 더욱 신비로운 예술 작품이 된다. 요변의 차이를 최소화하는 대량생산의 시스템은 도자기를 '작품'이 아닌 '상품'으로 만들 뿐이다.

　나는 글을 쓰는 과정이야말로 이 '요변'과 매우 비슷하다고 느낀다. 완벽한 글의 골격과 단어의 뉘앙스까지 다 결정해야 글을 쓰기 시작할 수 있는 사람도 있고, 우연의 힘에 몸을 맡기는 변화무쌍한 글쓰기를 좋아하는 사람도 있다. 나는 골격을 열심히 쌓아놓고도 내 손으로 허물어뜨리는 스타일이다. 골격이 단단할수록 자꾸만 중간 과정에서 더욱 대차게 허물고 싶어진다. 글이 마음대로 풀리지 않는 것은 '저주'가 아니라 지극히 자연스러운 현상이다. 술술 풀릴 때가 오히려 의심스럽다. 그럴 때는 오히려 내 글이 매너리즘에 빠질까 봐 두렵다.

　나는 헤세에 관한 글을 쓸 때마다 이 '요변'의 매혹을 십분 활용했다. 헤세는 내게 완벽한 골격을 요구하기보다는 그때그때의 감정 변화에 충실한 글쓰기를 가능하게 했다. 지금도 처음에 써놓았던 초고 파일이 어찌 된 셈인지 다 날아가서, 어쩔 수 없이 새로운 글을 써가는 중이다. 초고가 흔적도 없이 날아간 걸 알았을 때 가슴이 철렁했지만, 몇 시간 만에 정신을 차리고 마음껏 '요변'의 매력 속에 글을 맡기고 있다. 헤세는 정말 예측 불능이다. 나 자신의 마음처럼. 나 자신의 글처럼. 그리고 나 자신의 인생처럼.

———————

헤세의 책이 전시되어 있는 가이엔호펜의 여행 안내소.

BODENSE

Hermann Hesse
Wege nach Innen
25 Gedichte
Ausgewählt von
Siegfried Unseld
Insel-Bücherei Nr.

Hermann HESSE

nnerungen, Betrachtungen,
AHRE AM
ODENSEE
efe und Ged

Hermann Hesse

HESSE
Siddhartha

HESSE
Steppenw

헤세는 말랑말랑하다. 사뭇 단단한 문장 속에도 말랑말랑한 속뜻, 촉촉한 뉘앙스가 들어 있다. 그 한없는 부드러움이 나를 편안하게 해준다. 요변을 영어로 표현하면 '신비스런 해프닝a mysterious happening, 환상적인 경우a phantom case, 의심스러운 행동a suspicious behavior 이라고 한다. 이 얼마나 멋진가. 나는 글쓰기의 예측 불가능성 속에서 알 수 없는 신비와 환상의 힘을 깨닫는다. 의심스러운 상황마저도 온전히 받아들이는 마음연습을 하고 있다.

요변의 철학적 의미는 바로 작위성과 싸우는 것이다. 무엇이든 나의 뜻대로 할 수 있다는 믿음, 내가 창조하는 세계가 완전할 것이라는 믿음, 내가 의도한 대로 결과물이 나와 주리라는 확신. 그 지나친 작위성과 목적의식을 등 뒤로 할 때 진정한 요변이 가능하다.

헤세는 평생 정착민의 욕망과 싸웠다. 그가 가장 싫어한 것은 '시민적인 세계'의 고요함이었다. 책임감 있는 가장과는 거리가 멀었던 헤세의 글은 어쩌면 평화로운 세계, 책임감의 세계, 즉 시민적인 세계와의 결별을 대가로 치렀기에 가능했다.

나는 소시민적인 삶 속에서 어쩔 수 없는 정착민으로 살아가지만, 페터 카멘친트, 크눌프, 골드문트 등 헤세의 주인공들을 통해 유랑의 기쁨, 노마드의 행복을 배웠다. 내가 온전히 느낄 수 없는 기쁨일지라도, 상상하는 것만으로도, 가끔씩 어설프게 모방하는 것만으로도, 내 삶은 조금 더 말랑말랑하게 바뀔 수 있었다. 헤세는 나를 수많은 자기 인식의 편협함 속에서 구해주었다. '나는 이런 사람이야', '나는 반드시 이걸 해낼 거야', '나는 절대 이런 생각을 하지 않을 거야'라는 자기 규정에서 벗어날 수 있게 했다.

세상에는 남에게 배울 수 없는 종류의 지식이 있다. 아무리 훌륭한 스승도 가르칠 수 없는 지식, 바로 그것이 삶의 빛깔과 향기를 결정한다. 배움은 물론 평생 필요하지만, 배움 이상의 것으로 자신의 몸을 던지는 구도자의 몸부림이 필요한 순간이 있다. 내게 문학은 그렇게 '가르칠 수도 배울 수도 없는 종류의 지식'을 탐구하는 초월의 마당이었다. 헤세는 내가 문학을 엄격한 학문의 대상이 아닌, 친구처럼 연인처럼 내 삶 속에서 함께하는 '친밀한 대상'으로 여길 수 있도록 수많은 영감을 준 작가다.

무엇보다도 헤세를 통해 나는 내 그림자의 소중함을 깨달았다. 나는 내가 지닌 빛보다도 그림자로부터 더 많은 것을 배웠다. 나의 열정이나 재능은 '빛'에 속하고, 나의 상처나 두려움은 '그림자'에 속할 것이다. 그런데 빛은 자꾸 '더 빨리, 더 열심히' 살아가는 쪽으로만 나를 내몰았다. 빛 때문에 나는 간신히 살아남을 수 있었지만, 결국은 빛 때문에 소모되고 닳아지고 있었다.

그런데 그림자는 언뜻 나를 움츠리게 하고, 기죽게 만드는 것처럼 보였지만, 결국 나를 '성찰'하게 했다. '내가 왜 이토록, 필요 이상으로 아픈가' 하는 질문을 하게 했고, '왜 나는 별일이 없을 때조차도 스스로를 환자 취급하는가' 하는 궁극적인 물음으로 나를 데려다주었다. 빛은 때로 나를 오만하게 만들었지만, 그림자는 나를 허심탄회하게, 겸허하게, 그리고 우직하게 만들었다. 그림자와 대화하려는 나의 의지와 기다림이 나를 조금씩 성숙하게 했다.

나는 조직 생활에 소질이 없다. '삼삼오오'는커녕 인원이 두 명만 넘어가면 관계 맺기에 서툴기 그지없어 쩔쩔매곤 한다. 이 모든 관계 맺기의 두려움 밑바닥에는 '어차피 사람들은 나를 이해해주지 못할 거야'라는 비관이 깔려 있었다. 하지만 이제 나는 희대의 독학자 헤세를 통해 '혼자 걸어가도 괜찮아'라는 마음, '혼자 배우고, 혼자 느끼고, 혼자 나아가도 좋다'는 것을 알게 되었다. 혼자 가는 길이 결코 잘못되거나 고립을 자초하는 길이 아님을, '머리'가 아닌 '마음'으로 받아들이게 되었다.

물론 내게도 사랑하는 사람들, 아끼는 사람들이 있지만, '조직 생활을 하지 못하는 나 자신'에 대한 실망감이 나를 내리누를 때가 많았다. 헤세와 함께하는 시간 동안 나는 진정 그물에 걸리지 않는 바람처럼, 무소의 뿔처럼 혼자서 가는 길의 아름다움을 온몸으로 느꼈다. 어떤 정파나 학파에도 속하지 않고, 어떤 정당이나 조직에 들어가지 않아도, 당당하게 자신만의 길을 걸어간 헤세를 예전보다 더 깊이 사랑하게 되었다.

무엇보다도 헤세는 내가 절망한 것은 결코 허무 때문이 아님을 일깨워주었다. 헤세는 『유리알 유희』에서 이렇게 말한다.

신은 우리를 죽이기 위해 절망을 보내는 것은 아니다. 우리의 내부에 새로운 생명을 각성시키기 위해 신은 우리에게 절망을 보내는 것이다.
　　　—『유리알 유희』(저자 번역)

이런 헤세를 어찌 사랑하지 않을 수 있겠는가. 나는 헤세를 통해 절망조차도 '새로운 생명'으로 바꾸는 힘, 절망의 그림자를 속속들이 받아들여 언젠가 내가 지닌 가장 뜨거운 희망의 에너지로 바꾸는 사랑의 힘을 발견하고 있다. 헤세, 그 사랑의 길 위에서 여러분과 함께 걸을 수 있어 행복한 시간이었다.

01 데미안

『데미안』은 헤세의 명실상부한 대표작
이며, 끊임없이 새로운 방식으로 읽히
는 풍요롭고 다성적인 텍스트다. 데미
안을 통해 싱클레어는 자신이 세계의
'반쪽'만 알고 있었음을 깨닫는다. 어른
들이 '공식적으로' 가르치는 것은 오직
선하고 아름답고 올바른 것이었다. 데
미안은 사악하고 추하고 옳지 못한 '세
계의 나머지 반쪽' 또한 세상의 소중한
진실임을 가르쳐준다. 데미안은 신에게
예배를 드린다면 악마에게도 똑같이 예
배를 드려야 한다는 충격적인 메시지
로, 온실의 화초처럼 자란 싱클레어를
혼란에 빠뜨린다. 데미안이 싱클레어에
게 일관된 신비주의 콘셉트로 접근하는
방식 또한 흥미롭다. 수수께끼 같은 화
두를 일단 던져놓고 상대방을 애타게

『데미안』(1919)

만들어놓은 후, 오랫동안 사라졌다가 상대방이 궁금증을 스스로 해결했을 때 나타나 그
깨달음의 의미를 해석해주는 것이다. 데미안은 싱클레어 혼자서는 도저히 해결하기 힘든
과제를 무작정 던져놓고 몇 년씩 사라져버린다. 싱클레어는 점점 더 길어지는 '헤어짐' 속
에서 홀로 넘어지고 엎어지며 데미안의 화두를 스스로 풀어가는 방법을 배운다.

02 탈주

그가 학교에서 도망치고 아버지의 구속으로부터 도망치려 했던 것, 자살을 통해 삶으로부터 도망치려 했던 것은 탈주의 열망이었다. 첫 번째 부인과의 결혼에서 가장으로서 책임을 지지 않고 끊임없이 '여행'과 '집필'을 핑계로 가정을 소홀히 하고 아내와 가정을 돌보지 않은 것도 탈주의 일종이었다. 자신이 결혼이나 정착에 맞지 않는 사람이라는 것을 깨닫고 혼자 살아가려 하지만 여인들의 구애와 사랑을 향한 그의 지칠 줄 모르는 열정은 그를 잠시도 놓아두지 않는다.

03 카를 구스타프 융

헤세가 『데미안』을 자신의 이름이 아닌 '싱클레어'라는 작중인물 속의 이름으로 펴냈을 때, 그것을 가장 먼저 알아본 사람이 바로 카를 구스타프 융이었다. 아무도 '이 훌륭한 작품이 도대체 누구의 작품인지' 알아보지 못할 때, 그는 눈부신 통찰력을 발휘하여 헤세의 작품임을 알아보았다. 헤세와 융의 우정은 살아 있을 때는 삐걱거리기도 하고, 끊어질 뻔하기도 했다. 하지만 그들이 떠나고 난 뒤 오히려 오늘을 살아가는 우리에게 '삶이 끝나도 끝나지 않는 우정의 길'을 알려주는 것 같다.

04 고통

고통으로 가득 찬 운명의 잔을, '독약처럼 비장하게'가 아니라, '포도주처럼 달콤하게' 마시는 것이야말로 헤세의 인생 비결이었다. 고통 자체가 달콤할 리는 없지만, 고통조차 인생의 일부로 기꺼이 받아들이는 태도는 분명 달콤한 것이다. 가장 안타까운 점은 고통 때문에 중요한 결정을 그르치는 것이다. 지혜로운 결정을 내리기보다 고통으로부터 도피하는 것을 우위에 둘 때, 우리는 잘못된 결정을 내리게 된다. 고통이 우리 삶의 심장부를 꿰뚫을 때조차도, 인생의 시계는 어김없이 움직인다. 그 고통 또한 언젠가는 지나갈 것이다. 고통이 계속되는 동안에도 삶의 운전대를 포기하지 않을 때, 우리는 진정으로 자기 인생의 주체가 될 수 있다.

05 고향

헤세는 고향을 떠나고 싶으면서도 어디서나 고향처럼 느끼고 싶었다. 그는 영혼의 노마드가 되어야만 했다. 세상 모든 것과 친밀감을 느끼면서도 그 모든 친밀한 것들과 언제든 작별할 준비가 되어 있어야 했다. 『크눌프』나 『페터 카멘친트』, 『나르치스와 골드문트』, 『싯다르타』 등 헤세의 대표작들은 '고향을 떠나 지금까지와는 전혀 다른 삶을 꿈꾸는 주인공'의 방랑이 담겨 있다.

가이엔호펜 헤세 박물관 정원에는 헤세의 동상이 서 있다.

06 방랑

헤세 자신은 물론 그의 작중인물을 보면 '방랑하면서 안주를 꿈꾸고, 안주하면서 방랑을 꿈꾸는' 인간의 이중성을 보여주는 인물들이 많다. 골드문트의 방황, 싯다르타의 방랑, 크눌프의 여행 속에는 '영원한 고향'을 향한 간절한 희구가 담겨 있다. 『게르트루트』, 『페터 카멘친트』, 『황야의 이리』에는 정착민으로 살고 있으면서 마음만은 늘 머나먼 황야를 내달리는 불안한 영혼의 꿈틀거림이 영롱하게 묘사되어 있다. 방랑의 자유 속에는 정착을 향한 아련한 그리움이 녹아 있고, 정착의 안락함 속에는 방랑을 향한 미칠 듯한 갈구가 녹아 있다. 그들은 작품의 끝에서 자신을 강렬하게 추동하는 그 무언가를 발견한다. 그것은 작품을 창작하고자 하는 예술가의 뜨거운 영감이기도 하고, 새로운 깨달음을 얻고자 하는 구도의 열정이기도 하며, 정착에서도 유목에서도 완전한 만족을 얻지 못하는 자기 자신의 본성에 대한 깨달음이기도 하다.

07 자아

헤세는 엄청난 개혁, 대단한 혁명이 한꺼번에 제도적으로 가능하다고 생각하지 않는다. 그는 지인에게 보낸 편지에서 이렇게 쓴다. "우리가 변화시킬 것, 그리고 변화시켜야만 하는 것은 우리 자신입니다. 또한 성급함, 이기주의, 쉽사리 등을 돌리는 태도, 사랑과 관용의 결여 등입니다. 그 외의 일체의 세계 개혁은, 가령 아무리 선의에서 출발한다고 해도 무익하다고 생각합니다." 우리가 진정으로 변화시켜야 할 것은 우리 자신의 마음이지 제도나 정치가 아니라고 믿은 헤세에게는 '성급함, 이기주의, 쉽사리 등을 돌리는 태도, 사랑과 관용의 결여'로부터 해방되는 것이 중요했다. 제도나 정치가 변화한다고 해서 인간의 '마음'이 변하는 것은 아님을 일찍이 꿰뚫어 본 것이다. '성급함, 이기주의, 쉽사리 등을 돌리는 태도, 사랑과 관용의 결여'에서 공통점은 무엇일까. 바로 나르시시즘이다. 가장 변화시키기 어려운 것, 그것은 바로 인류의 나르시시즘이었다.

08 독학

신학교에서 한 번, 인문계 고등학교인 김나지움에서 한 번, 헤세는 퇴학을 당했다. '시인이 되고 싶다'는 생각과 '신학도가 되어야 한다'는 생각은 충돌할 수밖에 없었다. 시인의 열망이 그의 내면에서 자발적으로 솟아나는 충동이었다면 신학도의 꿈은 아버지로부터 주입된 열망에 가까웠다. 하지만 헤세는 좌절하지 않았다. 두 번이나 퇴학을 당하며 제도 교육에서 환영받지 못했던 헤세는 독학자의 길을 개척하며 인생과 예술, 학문이 하나 되는 또 하나의 길을 닦아나간다. 헤세는 서점 직원으로 일하며 엄청난 분량의 독서를 했고, 그런 독학의 체험이 훗날 작가가 되는 데 자양분이 되었다. 그는 아버지가 바라는 모범생이 되지 못했지만, 학교에서 배우지 못한 것들을 '길 위에서' 배우고, 익히고, 실천하는 삶을 산다. 그는 신학자이자 목회자가 되고 싶었지만 그 길에서 추방당한 뒤, 좌절된 신앙을 예술의 감동으로 승화하는 길을 꿈꾸었다. 그러기 위에선 필연적으로 '목적지가 없는 방랑'이 필요했다. 그에게 예술이란 책이나 이론의 학습이 아니라 험난한 세상과 완전한 합일을 통해서만 가능한 육체적 모험이 아니었을까.

09 그림자

융은 자신의 그림자와 대화해야 한다고 말했다. 그래야만 궁극적인 나의 모습을 발견하고 다가갈 수 있으니까. 자신의 깊은 상처, 즉 그림자와 소통하고 마침내 그림자와 춤출 수 있으려면 끊임없이 그림자를 탐구해야 한다. 헤세의 작품은 끊임없이 그림자를 탐구하는 인간의 여정을 그린다. 『황야의 이리』에서는 전쟁의 폭력을 탐구했고, 『싯다르타』와 『나르치스와 골드문트』에서는 끊임없이 자기 안의 어둠과 싸우는 인물들을 보여줬다. 그 모두가 그림자와의 투쟁이다. 그림자를 깨닫는 것 자체가 자기가 누구인지를 깨닫는 과정이다. 사실 그림자라는 것은 욕망의 대가다. 그림자는 욕망이라는 빛이 드리우는 필연적인 결과이기 때문에, 욕망 자체에 대해서 성찰하지 못한다면 내가 누구인지도 깨닫지 못한다. 결국 진정한 개성화는 나의 어두운 그림자를 깨달음으로써 나 자신을 전체적으로 이해하는 데서 출발해야 한다. 자신의 가장 어두운 그림자, 트라우마, 상처와 용감하게 대면함으로써 자신을 치유하는 힘을 발견하는 것이 바로 헤세 문학의 공통점이다.

10 자연

헤세가 정착할 때나 방랑할 때나 변함없이 집착하는 대상이 하나 있다. 그것은 바로 '자연'
이다. 그는 도시에서 온순한 시민으로 살아가는 삶, 소시민으로서의 삶을 가장 두려워했
다. 그런 소시민적 안락함 속에서는 자신의 창작 열정이 굳어가는 것을 느꼈으며, 자연과
차단된 삶에서 느끼는 갑갑함을 견디지 못했다. 그는 방랑할 때나 정착할 때나 언제나 자
연 속에 있었다. 작품 속에서 가장 많이 묘사되는 이미지도 숲과 강과 호수 같은 자연의 풍
광이다. 1970년대에 미국에서 일어났던 '헤세 르네상스'는 자연으로의 회귀와 관련이 있
다. 베트남 전쟁에 반대하고, 기성세대의 보수적 사고방식에 반대했을 뿐만 아니라 소시민
적 삶을 거부하고 자연으로 돌아가자는 메시지를 지지했던 히피 세대는 헤세에 열광했다.

헤세의 무덤이 있는 아본디오 교회 묘지.
알프스의 산자락과 몬타뇰라의 따스한 공기가 헤세의 무덤을 아늑하게 감싸고 있다.

1877 7월 2일 독일 남부 시인의 고장 뷔르템베르크 소재 소도시 칼프에서 개신교 선교
      사이던 아버지 요하네스 헤세와 어머니 마리 군데르트(1842~1902) 사이에서 장남
      으로 태어나다.
1881~1886 양친과 함께 바젤로 이사하여 거주하다.
1883 아버지가 스위스 국적을 얻다.
1886 9세 때 다시 칼프로 돌아가다. 1889년까지 실업학교에 다니다.
1890 신학교 시험 준비를 위해 괴팅겐의 라틴어 학교에 다니다. 뷔르템베르크 국가시
      험에 합격, 신학자를 위한 첫 관문을 통과하다. 이를 위해 아버지는 뷔르템베르크
      국적을 얻다.

1891 신학교에 입학하지만 신경쇠약증에 걸리다

14세 때인 1891년 명문 개신교 신학교이자 수도원인 마울브론 기숙 신학교에 입학하지만
1892년 신학교를 도망쳐 나온다. 부적응과 신경쇠약증이 발병한 것과, '시인이 되지 못하
면 아무것도 되지 않겠다'라는 것이 중퇴한 이유다. 6월에 짝사랑으로 인한 자살을 기도해
한동안 정신요양원에서 생활하다 11월에 칸슈타트 김나지움에 입학한다. 신학교 때의 경
험은 소설 『수레바퀴 아래서』에서 비판적으로 묘사되었다.

1893 10월 학업을 중단하다. 서점 직원으로 들어갔으나 이틀 만에 그만두고, 1894~
      1895년 시계부품공장 견습공으로 일하다. 2년간 방황하던 헤세는 튀빙겐에서 서
      점 직원으로 일하며 글을 쓰기 시작하면서 비로소 삶의 안정을 찾다.
1899 첫 시집 『낭만의 노래Romantische Lieder』, 산문집 『한밤중의 한 시간Eine Stunde
      Hinter Mitternacht』을 출간하다. 가을에 바젤의 서점으로 옮기다.
1901 처음으로 이탈리아를 여행하다. 『헤르만 라우셔의 유작과 시Hinterlassene Schriften
      und Gedichte von Hermann Lauscher』를 출간하다.

1902　『시집*Gedichte*』을 출간하다. 어머니가 사망하다.

1903　서점을 그만두고 두 번째 이탈리아 여행을 떠나다.

1904 본격적으로 문학에 전념하다

『페터 카멘친트*Peter Camenzind*』를 발표하다. 출세작이 되어 경제적 안정 속에서 문학의 길에 전념하다. 제1차 세계대전이 시작할 즈음에 『페터 카멘친트』는 6만 부 이상의 판매를 기록한다. 평전 『복가치오*Boccaccio*』와 『아시시의 프란츠*Franz von Assisi*』를 발표한다. 마리아 베르누이(1868~1963)와 결혼하다. 그녀는 헤세보다 아홉 살 연상으로 수학가 가정의 출신이다. 그녀와 사이에 세 아들이 있다. 브루노(1905~?), 하이너(1909~?), 마르틴 (1911~1968). 보덴 호수 근처 가이엔호펜으로 이주한다.

가이엔호펜 헤세 박물관에 있는 헤세 서적들. 온갖 판본으로 인쇄된 헤세의 책들이 가득하다.

『도상에서』(1911)

1906 『수레바퀴 아래서Unterm Rad』를 출간하다. 널리 알려진 자서전적 요소가 많은 작품이다.

1907 중단편 소설집 『이편에서Diesseits』를 출간하다. 월 2회 발행하는 잡지 《3월März》을 1912년까지 편집하다.

1908 단편집 『이웃 사람들Nachbarn』을 출간하다.

1909 취리히, 독일, 오스트리아로 강연 여행을 하다. 독일의 시인이자 소설가 빌헬름 라베(1831~1910)를 방문하다.

1910 『게르트루트Gertrud』(한국에서는 '봄의 폭풍우', '사랑의 3중주'로도 번역)를 출간하다. 부제는 '사랑과 죽음과 고독의 서'로, 음악 소설이다.

1911 시집 『도상에서Unterwegs』를 출간하다. 부부생활에 환멸을 느껴 화가 한스 쉬틀제네거와 함께 스위스 수도 베른으로 이사하다. 단편집 『우회로Umwege』를 출간하다.

1914 전쟁 발발, 극단적 애국주의를 비판하다

화가를 주인공으로 한 예술가 소설이자 첫 번째 결혼 경험이 투영된 『로스할데Rosshalde』를 출간하다. 제1차 세계대전 발발 후 입대를 자원했으나 군무불능 판정을 받는다. 베른의 독일군 포로 후생사업에 가담한다. 극단적 애국주의를 비평하는 글을 써서 매국노라는 비난을 받는다.

『로스할데』(1914)

1915 떠돌이 인생 이야기를 담은 『크눌프Knulp』를 출간하다. 시집 『고독한 자의 음악 Musick des Einsamen』, 단편집 『길가에서Am Weg』를 출간하다.

풍경기이자 여행기인 『방랑Wanderung』과 헤세 자신이 그린 그림과 스케치가 함께 들어 있는 시집 『화가의 시Gedichte des Malers』를 출간하다. 정신적 안정을 위해

1916 융의 제자, 랑에게 정신 치료를 받다

단편 『청춘은 아름다워라Schoen ist die Jugend』를 출간하다. 아버지가 죽고, 막내아들 마르틴이 중병에 걸리고, 아내마저 정신병이 악화하여 입원하는 등 삶에 나쁜 일이 겹쳐 정신적 위기에 빠진다. 정신분석학자 C. G. 융의 제자인 랑의 치료를 다음 해까지 받는다.

1919 필명으로 『데미안』을 출간하다

『귀향Die Heimkehr』을 출간하다. 에밀 싱클레어라는 필명으로 『데미안Demian』을 출간하다. 젊은 작가가 받는 폰타네 문학상의 수상자로 선정되자 상을 반려하고 헤세 자신이 저자임을 밝힌다. 『동화집Märchen』, 단편집 『작은 정원Kleiner Garten』, 정치평론집 『차라투스트라의 복귀Zarathustras Wiederkehr』를 출간하다. 그해 봄, 홀로 남스위스의 몬타놀라로 이주한 후 집필에 전념하며 죽을 때까지 이곳에서 거주한다. 월간지 《생명의 절규Vivos Voco》를 공동 편집하다.

1920 수채화를 많이 그리다. 단편집 『클링조어의 마지막 여름Klingsors letzter Sommer』을 출간하다. 고흐의 마지막 순간을 연상시키는 화가 소설이다.

1921 도스토옙스키에 관한 두 편의 에세이를 실은 『혼돈 속으로의 조망Blick ins Chaos』, 『시선집Ausgewählte Gedichte』, 『테신에서의 수채화 11점Elf Aquarelle ausdem Tessin』을 출간하다. 우울증으로 인해 융의 정신분석 치료를 받다.

1922 어느 정도 우울증을 극복한 후 종교적 성장소설인 『싯다르타Siddhartha』를 출간하다.

1923	첫 번째 부인 마리아와 정식으로 이혼한 후 스위스 국적을 취득하다. 『싱클레어의 비망록Sinclairs Notizbuch』을 출간하다.
1924	스무 살 연하였던 루트 벵거(1897~?)와 결혼하다.
1925	요양지 바덴에서의 자서전적 기록인 『요양객Kurgast』, 수채화와 함께 자필로 쓴 사랑의 동화 『픽토르의 변신Piktors Verwandlungen』을 출간하다. 작가 토마스 만 (1875~1955)을 방문하다.
1926	기행과 자연풍물에 대한 감상을 모은 『그림책Bilerbuch』을 출간하다. 프로이센 예술원 회원으로 선출되었으나 1930년에 탈퇴하다.
1927	『황야의 이리Der steppenwolf』를 출간하다. 두 번째 부인 루트 벵거와 이혼하다.
1928	수상록 『관찰Betrachtungen』과 시집 『위기Krisis』를 출간하다.
1929	시집 『밤의 위안Trost der Nacht』과 세계 문학을 읽기 위한 색인서인 『세계 문학 문고Eine Biliothek der Weltliteratur』를 출간하다.
1930	장편소설 『나르치스와 골드문트Narziß und Goldmund』를 출간하다. 비평가들 사이에서 헤세의 "가장 아름다운 책", "드디어 이루어진, 고통스럽게 탄생한 조화의 가장 아름다운 증거"로 평가받았다.

황야의 이리(1927)

나르치스와 골드문트(1930)

1931	18세 나이 차가 나는 오스트리아의 예술사가 니논 돌빈(1895~1966)과 결혼하다. 몬타뇰라의 새집으로 이사하다. 『유리알 유희Das Glasperlenspiel』 집필을 시작하다.

1932   『동방순례Journey to the East』를 출간하다.
1933   단편집 『작은 세계Kleine Welt』를 출간하다.
1934   시선집 『생명의 나무에서Vom Kleine Welt』를 출간하다.
1935   단편을 모은 『우화집Fabulierbuch』를 출간하다.
1936   전원시집 『전원에서의 시간Stunden im Garten』을 출간하여 고트프리트 켈러상을
         수상하다.
1937   가까이 지내던 사람들에 대한 개인적 회상과 애도와 그리움을 서술한 『회고기
         Gedenkblaetter』를 출간하고, 『신시집Neue Gedichte』과 어린 시절의 회상기인 『불구
         소년Der Lahme Knabe』을 자비 출판한다.
1939   제2차 세계대전이 본격화하면서 1945년 종전까지 헤세의 작품이 독일에서 출판
         되는 것이 금지된다.
1942   이때부터 자르캄프 사와 합의하여 취리히에서 헤세 전집이 단행본으로 출간된
         다. 헤세의 시를 총망라한 최초의 전집 『시집Gedichte』이 출간되다.
1943   1931년부터 집필하기 시작한 대작 『유리알 유희』를 출간하다.
1945   시선집 『꽃가지Blutenzweig』, 동화집 『꿈의 발자취Traumfaehrte』, 1907년에 쓰인
         미완성 소설 『베르톨트Bertold』를 출간하다.

1946 노벨 문학상을 받다

『유리알 유희』로 노벨 문학상과 괴테상을 수상하다. 전쟁과 정치에 대한 시사평론집 『전
쟁과 평화Krieg und Frieden』를 출간하다.

1947   고향 칼프시의 명예시민이 되다.
1950   브라운슈바이크시가 수여하는 빌헬름 라베상을 수상하다.
1954   『헤세-롤랑 서신 교환집Briefe: Hermann Hesse-Romain Rolland』을 출간하다.
1955   서독 출판협회로부터 평화상을 수상하다.
1956   바덴뷔르템베르크의 독일예술촉진위원회에서 헤르만 헤세상을 제정하다.
1962   몬타뇰라의 명예시민이 되다. 8월 9일, 뇌출혈로 몬타뇰라에서 사망하다. 이틀
         후 아본디오 묘지에 묻히다.

참고 문헌

헤세, 헤르만, 『게르트루트』, 황종민 옮김, 현대문학, 2013.

헤세, 헤르만, 『나르치스와 골드문트』, 임홍배 옮김, 민음사, 2002.

헤세, 헤르만, 『데미안』, 안인희 옮김, 문학동네, 2013.

헤세, 헤르만, 『수레바퀴 아래서』, 한미희 옮김, 문학동네, 2013.

헤세, 헤르만, 『싯다르타』, 박병덕 옮김, 민음사, 2002.

헤세, 헤르만, 『크눌프』, 이노은 옮김, 민음사, 2004.

헤세, 헤르만, 『클링조어의 마지막 여름』, 황승환 옮김, 민음사, 2009.

헤세, 헤르만, 『테신, 스위스의 작은 마을』, 정서웅 옮김, 민음사, 2000.

헤세, 헤르만, 『페터 카멘친트』, 김화경 옮김, 현대문학, 2013.

헤세, 헤르만, 『헤세가 사랑한 순간들』, 배수아 옮김, 을유문화사, 2015.

헤세, 헤르만, 『헤세의 여행』, 홍성광 옮김, 연암서가, 2014.

헤세, 헤르만, 『헤르만 헤세 시집』, 송영택 옮김, 문예출판사, 2013.

헤세, 헤르만, 『황야의 이리』, 김누리 옮김, 민음사, 2002.

Hesse, Hermann, *Das Glasperlenspiel*, Suhrkamp Verlag GmbH, 2002.

보나르, 아벨, 『우정론』, 황명걸 옮김, 집문당, 2014.

융, 카를 구스타프, 『카를 융 기억 꿈 사상』, 조성기 옮김, 김영사, 2007.

프로젝트 구텐베르크(http://www.gutenberg.org/ebooks)

사진 크레디트

001-003, 017-269, 276-282, 284 ⓒ 이승원

008, 274, 284, 287 ⓒ Wikimedia Commons

몬타뇰라의 헤세 박물관.

클래식 클라우드 022

헤세

1판 1쇄 발행 2020년 7월 15일
1판 5쇄 발행 2024년 11월 8일

지은이 정여울
펴낸이 김영곤
펴낸곳 아르테

편집팀 정지은 김지혜 박지석 이영애 김경애 양수안
출판마케팅팀 한충희 남정한 나은경 최명열 한경화
영업팀 변유경 김영남 강경남 최유성 전연우 황성진 권채영 김도연
제작팀 이영민 권경민

출판등록 2000년 5월 6일 제406-2003-061호
주소 (10881) 경기도 파주시 회동길 201(문발동)
대표전화 031-955-2100 팩스 031-955-2151

ISBN 978-89-509-8874-6 04000
ISBN 978-89-509-7413-8 (세트)
아르테는 (주)북이십일의 문학·교양 브랜드입니다.

경계를 허무는 콘텐츠 리더

네이버오디오클립/팟캐스트 [클래식 클라우드─책보다 여행], 유튜브 [클래식클라우드]를 검색하세요.
네이버포스트 post.naver.com/classic_cloud
페이스북 www.facebook.com/21classiccloud
인스타그램 www.instagram.com/classic_cloud21
유튜브 youtube.com/classiccloud21